নাঙছিংখাম্

(মূলাগাভৰুৰ জীৱনীভিত্তিক উপন্যাস)

প্ৰভাত গোস্বামী

The Land of Knowledge and Civilization

হেৰিটেজ ফাউণ্ডেশ্যন
কে.বি.ৰোড, পল্টন বজাৰ
গুৱাহাটী - ৭৮১০০৮ (অসম)

Nangchingkham
An Assamese Novel based on the life of veerangana Mulagabharu written by Prabhat Goswami and Published by **Heritage Foundation** , K.B. Road, Paltan Bazar, Guwahati - 781008
ISBN : 978-81-952366-8-8

নাঙছিংখাম্

প্ৰথম প্ৰকাশ ঃ ২০০৯
দ্বিতীয় প্ৰকাশ ঃ জানুৱাৰী, ২০২২
তৃতীয় প্ৰকাশ ঃ এপ্ৰিল, ২০২২
চতুৰ্থ প্ৰকাশ ঃ ডিচেম্বৰ, ২০২৪

প্ৰকাশক ঃ
হেৰিটেজ ফাউণ্ডেশ্যন
কে.বি ৰোড, পল্টন বজাৰ
গুৱাহাটী-৭৮১০০৮ (অসম)

প্ৰকাশন কাৰ্য্যালয় ঃ
হেৰিটেজ ফাউণ্ডেশ্যন
ভূৱন চন্দ্ৰ ৰোড, উজান বজাৰ,
গুৱাহাটী - ৭৮১০০১(অসম)
দূৰভাষ ঃ ০৩৬১-২৬৩৬৩৬৫

মূল্য ঃ ১৮০.০০ টকা

আৱৰণ সজ্জা ঃ নক্ষত্ৰ গ্ৰাফিক্স

মুদ্ৰক ঃ
আঙ্গিক প্ৰকাশন, আমবাৰী
গুৱাহাটী - ৭৮১০০১

উৰ্ছগা

মোৰ দেউতা স্বৰ্গীয় বিনন্দ গোস্বামী
যি মোক শিকাইছিল
নিষ্ঠা আৰু নিয়মানুৱৰ্তিতা
আৰু
মোৰ মা স্বৰ্গীয়া সৰস্বতী গোস্বামী
যি মোক শিকাইছিল
মানুহক ভাল পাবলৈ
দুয়োৰে হাতত শ্ৰদ্ধাৰে

- পোনা

লেখকৰ দু-আষাৰ

বুৰঞ্জীমূলক উপন্যাস হ'লেও পাঠক সকলে মনত ৰখা উচিত যে নাঙছিংখাম্ পূৰ্ণাংগ বুৰঞ্জী নহয়। মূলাগাভৰুৰ দৰে এগৰাকী মহিয়সী নাৰীৰ বিষয়ে বুৰঞ্জীত দুটামান শাৰী উল্লেখ কৰিয়েই সামৰণি মাৰিছে। এই মহান চৰিত্ৰটিক আমি উত্তৰ-প্ৰজন্মৰ মাজত পৰিচিত কৰিব লাগিব। সেই উদ্দেশ্যেৰে এই উপন্যাসখন ৰচনাৰ কাম হাতত লৈছিলো। এই উপন্যাসখন ৰচনা কৰোতে বহুত বুৰঞ্জী, সেই সময়ৰ অন্য ঐতিহাসিক ঘটনা-পৰিঘটনা, কিংবদন্তি আৰু মানুহৰ মুখে মুখে বাগৰি অহা তথ্য সংগ্ৰহ কৰা হৈছিল। কিন্তু বুৰঞ্জীত মূলাগাভৰুৰ বিষয়ে অতি তাকৰ তথ্য থকা বাবে কিছু শূন্য স্থান কল্পনাৰেও পূৰণ কৰিহে এই উপন্যাসখন ৰচনা কৰা হৈছে। কিন্তু আমাৰ বাবে অতি আনন্দৰ কথা যে পৰৱৰ্তী সময়ত অনেক বুৰঞ্জীক লৈ গৱেষণা কৰা শিক্ষাৰ্থী আৰু গ্ৰন্থ প্ৰণয়ন কৰোতাই আমাৰ এই উপন্যাসখনকেই আধাৰ হিচাপে গ্ৰহণ কৰিছে।

এইয়া উপন্যাসখনৰ চতুৰ্থ সংস্কৰণ। প্ৰথম সংস্কৰণ শেষ হোৱাৰ পাছতো বিভিন্নজনে অনুৰোধ কৰিছিল দ্বিতীয় সংস্কৰণৰ বাবে। এইক্ষেত্ৰত আমি মৃণ্ময় লহকৰৰ ওচৰত কৃতজ্ঞ যে তেওঁ পুনৰ মুদ্ৰণৰ দায়িত্ব মূৰ পাতি লৈ তিনিটাকৈ সংস্কৰণ পাঠকক উপহাৰ দিয়াৰ ব্যৱস্থা কৰিছে। দ্বিতীয়ৰ পৰা চতুৰ্থ সংস্কৰণলৈ প্ৰকাশ কৰাৰ বাবে হেৰিটেজ ফাউণ্ডেশ্যনৰ সমূহ কৰ্মকৰ্তালৈ মোৰ কৃতজ্ঞতা জনালো। প্ৰথম সংস্কৰণৰ প্ৰকাশক সমীৰণ গোস্বামীকো এই ছেগতে ধন্যবাদ জনাইছো। লগতে মুদ্ৰক আঙ্গিক প্ৰকাশনকো ধন্যবাদ।

আমাৰ উপন্যাসখনক আদৰি লোৱাৰ বাবে আমি পাঠকসকলৰ ওচৰত চিৰকৃতজ্ঞ। সকলোলৈকে ধন্যবাদ।

প্ৰভাত গোস্বামী
২, শান্তিপথ
জু-ৰোড, গুৱাহাটী - ২৪
ফোন - ৯৪৩৫১৪৯০৭৭

[illegible]

তাৰ সহজ কথা নহয়। [illegible]

[illegible] হাবিত। [illegible]

[illegible] আচৰিত হ'ল। [illegible] বুলি [illegible] ৰজাসকলে [illegible] কাৰণ ৰজাসকলৰ ৰাজধানীৰ পৰা আঁতৰত, নগা পাহাৰৰ [illegible] চিকাৰলৈ আহিছিল।

ঃস্বৰ্গদেউ, স্বৰ্গদেউ, তেওঁ শীঘ্ৰে ইয়াৰ পৰা [illegible] যাব।

এক

বহল চোতালখনত শাৰী পাতি থিয় হৈ থকা নগা ডেকাবোৰৰ দলটো চঞ্চল হৈ উঠিল। সিহঁতৰ সকলোৰে আগত থিয় হৈ আছে সিহঁতৰ খুন্‌বাও কাৰংমা। বান্‌ফঙ্গীয়া নগা সিহঁত। পাহাৰত থাকে। কিন্তু বছৰেকত এবাৰকৈ এনেদৰে আহিব লাগে। কৰ-কাটল দিয়াৰ লগতে ৰজাদেৱৰ টোললৈ আহি, টোলৰ চোতালত ৰণচালি দেখুৱাব লাগে। যুদ্ধ-বিগ্ৰহ হ'লে ৰজাদেৱৰ কৰতলীয়া বাবে যুদ্ধ-বিগ্ৰহলৈও যাব লাগে। এইবাৰো খুন্‌বাও কাৰংমাৰ অধীনত আহিছে সিহঁত। টোলৰ বাহিৰত বাহৰ পাতি আছে। ৰজাদেৱে টোলৰ চোতালত ৰণচালি চোৱাৰ নিয়ম। অকল ৰজাদেৱেই নহয়, কুঁৱৰীসকল, গাভৰুসকল, মন্ত্ৰী-বিষয়াকে আদি কৰি সকলোৱে চায়।

পৰীয়াই দিয়া সাৱধানবাণীত নগাৰ দলটো চঞ্চল হৈ উঠিছিল। স্বৰ্গদেউ চুপিম্‌ফা আহি নিৰ্দিষ্ট কৰি থোৱা আসনত বহিল। লগতে ওজা লিগিৰা, ৰণুৱা লিগিৰা, পাঁচনি, চোঁৱৰ ধৰা, পিক বান ধৰা— সকলো বহিলহি। তামুলী লিগিৰাটোহে স্বৰ্গদেউৰ একেবাৰে ওচৰতে থাকিল। কাৰংমাৰ নিৰ্দেশত নগা ডেকাৰ দলটোৱে ৰণচালি আৰম্ভ কৰাৰ আগতে স্বৰ্গদেউক সেৱা জনালে। স্বৰ্গদেউৰ মুখত হাঁহি বিৰিঙি উঠিল। ধুনীয়াকৈ কাপোৰ-কানি পিন্ধি আহিছে ডেকাবোৰে; কঁকালৰ পৰা আঁঠুৰ ওপৰলৈ ওলমি থকা ক'লা কাপোৰ, তাৰ মূৰত কণ্ডি লগোৱা। বাহুত হাতীদাঁতৰ বা পিতলৰ বাজু। মূৰত চৰাইৰ ফান লগোৱা বেতৰ টুপি। ভৰিতো বেতৰ সাতা আৰু ডিঙিৰ পাছফালে কড়ি। দুটা দল হৈ ডেকাবোৰে যাঠিৰে, নগা দাৰে যুদ্ধ কৰি দেখুৱালে। অনেক আখৰা কৰি দেখুওৱাৰ পাছত আকৌ স্বৰ্গদেউক সেৱা কৰিলে। তেওঁলোকৰ ৰং-ধেমালি শেষ হোৱাত স্বৰ্গদেউ ঘৰৰ ভিতৰলৈ গ'ল। তামুলী লিগিৰাক স্বৰ্গদেৱে কিবা এটা কোৱাত তেওঁ সাউৎ কৈ গৈ কাৰংমাক স্বৰ্গদেৱৰ আদেশ শুনালেগৈ।

স্বৰ্গদেউৰ তলতীয়া অঞ্চলবোৰৰ ৰজাবোৰ এনেদৰে বছৰেকত এবাৰ আহি

কৰ-কাটল দিয়ে আৰু ৰণচালি দেখুৱায়। স্বৰ্গদেৱে বৰচ'ৰাত কুশল-মংগল সোধে, আদেশ-উপদেশ দিয়ে; কিন্তু এই নগা ফৈদটোৰ কথা অলপ সুকীয়া। ইহঁতৰ খুন্‌বাও কাৰংমা স্বৰ্গদেউৰ সখি। সখি হোৱা বা স্বৰ্গদেউৰ আদৰৰ হোৱাৰো কাহিনী আছে। মাজে মাজে স্বৰ্গদেৱে হাবিত পহু মাৰিবলৈ যায়। এবাৰ কেনেবাকৈ গম পালে যে কাৰংমা নামৰ নগাৰ খুন্‌বাওটো পহু মৰাত পাকৈত। স্বৰ্গদেৱে এবাৰ তাক লগত লৈ গ'ল। পাহুৱাল ডেকা কাৰংমাৰ দেহৰ ভাঁজে ভাঁজে শক্তি থকাৰ চিন। দেখিবলৈও ধুনীয়া সি। মুখখনত অনবৰতে এটা মধুৰ হাঁহি লাগি থাকে। তাক প্ৰথম দেখিয়েই স্বৰ্গদেউৰ মনটো ভাল লাগি গৈছিল। তাক লগত লৈ পহু মাৰিবলৈ হাবিলৈ গ'ল। ডাঙৰ মতা সুগৰী পহু এটা ৰজাই কাঁড় মাৰি খুট লগালে। ডাঙৰ দমৰা এটা যেন পহুটো ৰজাৰ কাঁড়পাট গাত লৈয়েই হাবিত সোমাল। ৰজাদেৱে তৰ্কিবই নোৱাৰিলে, খুন্‌বাৰে নিজেও কাঁড়পাট যোৱাদি গৈ হাবিত সোমাল। কিছু সময় হোৱা দেখি ৰজাদেৱে তাৰ পাছত টাঙোন ধৰা এটা পাঁচিলে। কিছু খেণ পাছত ৰজাদেৱে দেখিলে যে টাঙোন ধৰাটোৰে সৈতে মৰা পহুটো লৈ আহিছে কাৰংমাই। তাৰ হাতত থকা দাৰে পহুটো ঘৈয়াই মাটিত বগৰাই দিছিল। তাৰো গা পহুৰ তেজেৰে ৰাঙলী। ৰজাদেৱে বৰ আনন্দ পালে। কাৰেঙলৈ ঘূৰি আহি ৰজাদেৱে চাংমাইক পহু ৰান্ধিবলৈ দিলে। সেইদিনা একেলগে স্বৰ্গদেউৰ লগত খোৱা-বোৱাও কৰিলে। কাৰংমা আকৌ পাহাৰলৈ ঘূৰি গ'ল।

মাজে মাজে ৰজাদেৱে হাবিলৈ ডঁৰিক চৰাই ধৰিবলৈ যায়। ডঁৰিক চৰাই ধৰা বৰ সহজ কথা নহয়। গছৰ ডালত বৰ ওপৰত ডঁৰিক চৰাই বহি থাকে। ডঁৰিক চৰাই ধৰিবলৈ গ'লে লগত সৰহকৈ মানুহ লৈ গৈ ফান্দ পাতিব লাগে। ইয়াকে ডঁৰিকৰ ঘাই পতা বোলে। এদিন ৰজাদেৱে ডঁৰিকৰ ঘাই পাতিবলৈ পাইক-পৰীয়াৰ সৈতে প্ৰায় চল্লিশ জনমান লোক লৈ গ'ল হাবিলৈ। ডঁৰিক পৰে একেবাৰে মাজ হাবিত। ডঁৰিকৰ ঘাই পাতি আছে লোকে, চাই আছে স্বৰ্গদেৱে। এনেতে দৌৰি দৌৰি কাৰংমা নগা আহি ফোপাই-জোপাই স্বৰ্গদেউৰ ওচৰ ওলাল। স্বৰ্গদেউ আচৰিত হ'ল। সি ডঁৰিক ধৰিবলৈকে এনেদৰে অহা বুলি ভাবি আনন্দও পালে ৰজাদেৱে। ৰজাদেৱে তাক আগতে বাৰ্তা দি মতাই ননাৰ বাবে বেয়াও লাগিল। কাৰণ ৰজাদেৱে ৰাজধানীৰ পৰা আঁতৰত, নগা পাহাৰৰ সমীপতে এইদৰে ডঁৰিক চিকাৰলৈ আহিছিল।

ঃ স্বৰ্গদেউ স্বৰ্গদেউ, তই শীঘ্ৰে ইয়াৰ পৰা পলাই যাবি।

আচৰিত হ'ল স্বৰ্গদেউ। বিপদৰ গোন্ধ পালে স্বৰ্গদেৱে।

ঃ কথাটো কি থোৰতে কোৱা হওক।

তাৰপাছত কাৰংমাই ক'লে যে, সিহঁতৰ আশীটামান নগাৰ এটা ডাঙৰ দলে স্বৰ্গদেউক মাৰিবলৈ পাং পাতি আহি আছে। হাবিতে ধৰিবহি। লগে লগে ৰজাদেৱে ডঁৰিকৰ ঘাই তাতে এৰি, পালি-পহৰীয়া লৈ ৰাজধানীৰ ফালে ঢাপলি মেলিলে; কাৰণ স্বৰ্গদেউৰ লগত আছিল মাত্ৰ চল্লিশটা মানুহ। ইফালে নগা আহিছিল বোলে আশীটামান। দলটো আহি স্বৰ্গদেউক নাপাই উভতি গ'ল। কিন্তু স্বৰ্গদেৱে এই সকলো বতৰা লৈ পেলালে। তেতিয়াৰ পৰা স্বৰ্গদেৱে কাৰংমাক বুকুৰ আপোন বুলি ভাবি লৈ সখি পাতিলে। কাৰংমাক তেওঁ মাজে মাজে ৰজা টোললৈ লৈ আনে। দুই-এসাঁজ ভালকৈ খুৱায়। বিভিন্ন ৰং-ৰহইচ কৰে। এই নগা যে স্বৰ্গদেউৰ সখি, সেই কথা কুঁৱৰীসকলেও গম পায়।

নগাৰ দলটো ৰণচালি শেষ কৰি বাহিৰলৈ গ'ল। এতিয়া সিহঁত নগা পাহাৰলৈ যাবগৈ। স্বৰ্গদেউৰ আদেশত সিহঁতক ভাত, শুকান মাছ আৰু মঙহৰ যোগান ধৰিছে বৰুৱা এজনে। কাৰংমা কিন্তু সিহঁতৰ লগত নাই। কাৰংমাই স্বৰ্গদেউৰ আদেশত স্বৰ্গদেউৰ বৰচ'ৰাত সোমালহি।

চাংমাইশালত ইপিনে স্বৰ্গদেউ আৰু কাৰংমাৰ খোৱাৰ যোগাৰ চলিছে। প্ৰকাণ্ড প্ৰকাণ্ড দুখন ৰূপৰ কাঁহীৰ ওপৰত সৰু কাঁহী আৰু সোণৰ বাটিত বিধে বিধে ব্যঞ্জন সজাই দিয়া হৈছে। ৰূপৰ কাঁহীৰ ওপৰত সোণৰ কাঁহীত দিয়া হৈছে জহা চাউলৰ মলমলাই থকা ভাত। পহুৰ মঙহৰ পৰা হাঁহৰ মঙহলৈকে আঞ্জা। শাক-পাচলিৰ বিধে বিধে ব্যঞ্জন। মাছৰ বিবিধ আঞ্জা। সৰু কাঁহী-বাটি থকা ডাঙৰ কাঁহী দুখন আকৌ থোৱা হৈছে কাঠৰ দুখন পীৰাৰ ওপৰত। তাৰ লগত বহিবলৈ ধুনীয়া দলিচা। চাংমায়ে যোগাৰ দিছে যদিও সকলোবোৰৰ তদাৰক কৰিছে চমুৱা কুঁৱৰী আজলীয়ে। আচলতে ৰজাৰ চমুৱা কুঁৱৰীসকলেই পাল পাতি ৰজাৰ চাংমাইশালত খোৱা-বোৱাৰ তদাৰক কৰে। বৰ কুঁৱৰীয়ে এই দায়িত্ব কুঁৱৰীসকলক ভগাই দিয়ে। ভাগে ভাগে কুঁৱৰীসকলে দায়িত্ব পালন কৰে। আজলীয়ে কেউফালে তদাৰক কৰিছে। ক'ৰবাত কিবা এটা খুঁত থাকিলে কথা বিষম হ'ব। সোৱাদ লগা নহ'লেও চাংমাইৰ গালৈ ঘাটি। গতিকে সোৱাদ লগাকৈ ৰান্ধে চাংমায়ে। বৰ সাৱধানে ৰান্ধে। তাতে আজি স্বৰ্গদেউৰ সখি নগা ৰজাটোৱে সাঁজ খাব। গতিকে

সকলো বেছ সাৱধান। নগাবোৰক খুওৱাত বৰ বিপদ নাই। ৰজাঘৰীয়া খোৱা-বোৱাত সিহঁতে সোৱাদ পায়। তথাপি ক'ব নোৱাৰি, কি কথাত স্বৰ্গদেউৰ দায় লাগে কোৱা টান। অকণমান সময় বৈ থকাৰ পাছত স্বৰ্গদেৱে হাঁহি হাঁহি কাৰংমাক লৈ চাংমাইশাললৈ সোমাই আহিল। দুয়ো খাবলৈ বহিল। চাংমায়ে যোগাৰ দিছে আৰু আজলীয়ে আগবঢ়াই দিছে। এই সময়ত অন্যবোৰ লগুৱা বা লিগিৰী ওচৰলৈ অহাৰ নিয়ম নাই। কুঁৱৰীয়েই সকলো আলপৈচান ধৰে। আজলীয়ে দুয়োৱে খোৱা চাই আছে। পাহুৱাল নগা ডেকাটো চাই আজলীৰ ভাল লাগিছে। সি গোগ্ৰাসে গিলিছে। ৰজাঘৰীয়া ব্যঞ্জনৰ সোৱাদেই বেলেগ। ৰজাদেৱেও খাইছে আৰু কথাৰ মহলা মাৰিছে। আজলীয়ে আগবঢ়াই দি আছে। তাতে তাই বৰকৈ কাম-বন কৰিব পৰা হৈ থকা নাই। কাৰণ তাইৰ গাত লেঠা। স্বৰ্গদেউৰ সন্তান ধাৰণ কৰি আছে তাই। তথাপি তাই পাটীত পৰি থকাটোও বেয়া। গতিকে এইবোৰ লঘু কাম-বন কৰিব পাৰে। কাৰংমালৈ চাই তাই মুগ্ধ যে হৈ পৰিছে, সেই কথা স্বৰ্গদেৱে লক্ষ্য কৰি নথকা নহয়। কিন্তু আজলীয়ে সেই কথা লক্ষ্য কৰা নাই। কথা স্বৰ্গদেৱে বেছিকৈ কৈছে, কাৰংমাই মুখেৰে ওঁ-আহ কৰিছে। আজলীৰ পেটে পেটে হাঁহি উঠিছে। ৰজাদেৱে কেৰাহিকৈ আজলী আৰু কাৰংমাক লক্ষ্য কৰি হাতত তুলি ল'লে পানী থকা ৰূপৰ গিলাচটো। দুঢোক মাৰি আকৌ পানীৰ বাবে হাত আগবঢ়ালে ৰজাদেৱে। কিন্তু আজলীয়ে সেই ফালে চোৱা নাই। তাই কাৰংমালৈ চাই বৈ আছে। ৰজাদেৱৰ কপালৰ গাঁঠি কোঁচ খালে। খঙেৰে চালে চমুৱা কুঁৱৰী আজলীলৈ। দূৰত কিন্তু সকলো লক্ষ্য কৰি বৈ আছিল তামুলী কুঁৱৰীগৰাকী। তেওঁ আজলীলৈ নবৈ, সাউৎকৈ ৰজাদেৱৰ কাষলৈ আহি ওচৰৰ সোণৰ কলহৰ পৰা পানী ঢালি দিলে। তেতিয়া আজলীৰ হুঁচ আহিল। তাই কি দোষ কৰিলে তেতিয়াহে উপলব্ধি কৰিব পাৰিলে। এনেয়েও ৰজাদেৱৰ মনৰ ওচৰ চাপিবলৈ সকলো কুঁৱৰীয়ে ইচ্ছা কৰে। তাতে ইজনীয়ে-সিজনীক চেৱাই কেনেকৈ ওচৰ চাপে, তাৰে চেষ্টা চলিয়েই থাকে। অন্য কুঁৱৰীসকল তেনেকৈ আল ধৰিবলৈ নাহিলেও এই তামুলী কুঁৱৰীগৰাকীয়ে ৰজাদেৱৰ লগত লাগি থাকিবলৈ বিচাৰে। ৰজাদেৱেও তাইক বৰ মৰম কৰে। তায়ো আলধৰি আনন্দ পায়। স্বৰ্গদেৱে লগে লগে ক'লে—

ঃ এই মোলৈ মন নকৰিলে। তাইৰ মন নগাতহে সোমাল।

চিৰিংকৈ গ'ল কুঁৱৰীৰ বুকু। ৰজাদেৱে খং কৰা মানে গতি বিষম। তাই খৰ-

ধৰকৈ যদিও আগবাঢ়ি আহিল, তেতিয়ালৈ ৰজাদেৰৰ খোৱা প্ৰায় শেষেই হ'ল। কিছু সময়ৰ পাছত স্বৰ্গদেউ বৰঘৰত সোমালহি। চমুৱা কুঁৱৰী আজলীক মতাই পঠিয়ালে। ইফালে ৰজাদেৱৰ সখি কাৰংমা বিদায় ল'বলৈ বৈ আছিল। স্বৰ্গদেৱে চমুৱা কুঁৱৰী আজলীক ক'লে—

ঃ মোৰ কুঁৱৰী হৈ তই নগাতহে ভজিলি। তোক নগাত দিলোঁ।

স্বৰ্গদেউৰ আদেশ শুনি সকলো সেইফালে থৰ লাগিল। চমুৱা কুঁৱৰী কান্দি-কাটি বাউলী হ'ল। স্বৰ্গদেউক বাৰে বাৰে ভৰিত ধৰি নগাক নিদিবলৈ কাকূতি-মিনতি কৰিলে। কিন্তু স্বৰ্গদেউৰ মুখৰ পৰা ওলাল যি ওলাল।

ঃ বঙহৰদেউ, মোৰ পেটত আপোনাৰ বীজ আছে, বঙহৰদেউ।

ঃ অসতীৰ সঁজাত নাই। তই নগাত যাবই লাগিব।

তৎকালে কথাটো কাৰেঙত প্ৰচাৰ হৈ পৰিল। চমুৱা কুঁৱৰীৰ লগৰ লিগিৰীকেইজনীৰো চুলিৰ আগে জীৱ গ'ল। যদি কুঁৱৰীকে ৰজাই নগালৈ দিয়ে, সিহঁতো কুঁৱৰীৰ লগত নগা-চাঙলৈ যাব লাগিব। কথাষাৰ ৰাজমাওৰ কাণতো পৰিল। কিন্তু ৰজাদেৱৰ ওপৰত মাতে কেনেকৈ

ৰজাদেৱে ইতিমধ্যে নগাৰ বুঢ়াৰজা আৰু কাৰংমাক মতাই আনি কুঁৱৰীক লৈ যাবলৈ ক'লে।

ঃ স্বৰ্গদেউ ঐ, আমি কুঁৱৰী নিব নোৱাৰে। আমাক নেলাগে। দেও সঁচ মাইকী মানুহ আমাক নেলাগে।

বাৰে বাৰে ৰজাদেৱক কোৱাত ৰজাদেৱে খং খালে আৰু নগাক ক'লে—।

ঃ তহঁতে কুঁৱৰীক নিনিলে তহঁতক হিলৈৰ আগত দি মাৰিম।

নগাই ভয় খাই নিবলৈ মান্তি হ'ল। আজলীয়ে নিজৰ ভাগ্যক ধিয়াই নগাৰ লগত যাবলৈ ওলাল। বাকী কুঁৱৰীসকলৰ দুই-একে বেয়া পালেও তামুলী কুঁৱৰীকে ধৰি দুই-একে আনন্দই পালে। যিমানেই হওক সতিনী টোলৰ ভিতৰে-বাহিৰে বু-বু বা-বা হ'বলৈ ধৰিলে। কিছুমানে দুষিলে কুঁৱৰীক। বাকীবোৰে মনে মনে ৰজাদেৱক। কুঁৱৰীৰ লগত নগা-চাঙলৈ যাবলৈ অন্য নোলাল, কুঁৱৰীৰ হাত ধৰা লিগিৰী ৰূপহী কিন্তু ওলাল। তাই কুঁৱৰীৰ লগত অহা। গতিকে ৰজাঘৰৰ

বতাহতকৈ কুঁৱৰীৰ সংগ তাইৰ বেছি প্ৰিয়।

স্বৰ্গদেৱে যদিও কুঁৱৰীক নগাৰ লগত দিলে, তথাপি একবস্ত্ৰে নপঠিয়াই লগুৱা-লিকচৌ, বন্দী-বেটীৰ সৈতেহে পঠিয়াবলৈ আদেশ দিলে। চকুৰ পানীৰে বাট নেদেখা হোৱা চমুৱা কুঁৱৰীয়ে কাকো লগত নল'লে, ৰূপহীক লৈ দোলাত উঠি নগাৰ লগত টোলৰ পৰা ওলাই গ'ল।

নীৰৱে চাই ৰ'ল ৰজাঘৰীয়াই।

দুই

নগা-চাঙত বহি চমুৰা কুঁৱৰীয়ে নিজৰ ভাগ্যক দুষিছে। আগতে আছিল ৰজাৰ কুঁৱৰী। একে নিশাতে হ'লহি নগাৰ চাঙৰ ঘৈণী। ভাগ্যৰ বাহিৰে কি হ'ব পাৰে? নগা ৰজা কাৰংমা সঁচাকৈ ধুনীয়া ডেকা। অকণমান চাপৰ হ'লেও ৰজাদেৰতকৈ ধুনীয়াহে। ডেকাটোলৈ চোৰাটোতে দোষ হ'ল তেওঁৰ। আচলতে ৰজাদেৱৰ ঈৰ্ষা হ'ল। নহ'লেনো নগাটোলৈ চাওঁতেই তেওঁক এনেদৰে খেদিব লাগেনে ৰজাদেৱে জানো এজনী কুঁৱৰীত মজে তেওঁৰ দেখোন এগালমান কুঁৱৰী। অ' ৰজা হ'লে বা মতা মানুহ হ'লে বহুজনী কুঁৱৰী বা ঘৈণী ৰাখিব পায়, তিৰোতা হ'লে এটালৈ অহাৰ পাছত অন্য এটালৈ চালেও জগৰ লাগে। এবাৰ বোলে আগৰজনা স্বৰ্গদেউৰ দিনত কুঁৱৰী এগৰাকীৰ লগত ৰজাৰ ভাগিনিয়েক চোৰ পৰিল। ৰজাদেৱে প্ৰাণে নামাৰি দুয়োকে ৰাজ্যৰ বাজ কৰি দিলে। এতিয়াতো তেনে হোৱা নাই। তাইৰ অৱশ্যে এই নগা ডেকাটোক দেখি মনটো নমজাও নহয়, মজিছিল। তিৰোতাৰ মন ক'ত, কেতিয়া মজে ধৰিবলৈ টান। কিন্তু সেই বুলি স্বৰ্গদেৱে এনে কৰাটো অন্যায় হৈছে। তাই নগাৰ লগত কথা এষাৰো পতা নাই, মাত্ৰ তালৈ চাইছিল। স্বৰ্গদেউ সুপুৰুষ। প্ৰকাণ্ড মানুহ। তেওঁৰ তুলনাত নগাটো পাহুৱাল যদিও চুটি-চাপৰ। স্বৰ্গদেউৰ বয়স হৈছে। সেই বুলি পুৰুষ হিচাপে তেওঁ বেছ সবল হৈয়ে আছে। চমুৰা কুঁৱৰীও ওখই-পাখই বৰ এজনী। স্বৰ্গদেউৰ লগতহে যোৰ হয়। কিন্তু কি হ'ব তাইৰ দেহত স্বৰ্গদেউৰ সঁচ একলা-দুকলাকৈ ডাঙৰ হৈছে। তথাপি তাই অসতী হ'ল। ৰজাঘৰৰ পৰা খেদা খালে। নগা-চাঙলৈ তাইক পঠিয়াওঁতে দোলা-ঘোঁৰাৰেই অৱশ্যে পঠিয়াইছে। কিন্তু তাই ৰূপহীৰ বাদে কাকোৱেই লগত নাৰাখিলে। তাইৰ ভাগ্যৰ লগত বাকী লগুৱা-লিকচৌক তাই কিয় সাঙুৰিব তাতে তাই এতিয়া ৰজাঘৰৰ কুঁৱৰী নহয়। তাই নগাৰ ঘৰত নিজে কি পায়, তাৰো নিশ্চয়তা নাই; গতিকে অন্যক কি দিব?

নগা খুন্‌বাও কাৰংমাই বুঢ়া খুন্‌বাওটোৰ সৈতে আলচ কৰি তাইক ধুনীয়া

চাংঘৰ এটাকে দিছে। লগত মাত্ৰ ৰূপহী। তাইৰ গাটো দেখিয়েই সিহঁতে গম পাইছে যে তাই গা-ভাৰী মানুহ। এনেয়ে স্বৰ্গদেৱে কাৰোবাক যুদ্ধ কৰিবলৈ যোৱাৰ আগতে বা যুদ্ধত জিকিলে কোনোবা গাভৰুক দিয়াৰ নিয়ম আছে। কেতিয়াবা নিজৰ কুঁৱৰীকো দিয়ে। অন্য কিবা কাৰণত স্বৰ্গদেউৰ বা ৰাজ্যৰ ভাল কৰিলেও স্বৰ্গদেৱে কুঁৱৰী দিয়ে। লগুৱা-লিকচৌ, বন্দী-বেটীৰে দিয়ে। নাইবা স্বৰ্গদেৱেও কেতিয়াবা অন্য ৰজাক মাৰি বা যুঁজত জিকি, সন্ধিৰ বাবে অন্যৰ কুঁৱৰীক আনি নিজৰ কুঁৱৰী কৰে। স্বৰ্গদেৱে দিয়া গাভৰুৱেই হওক বা কুঁৱৰীয়েই হওক, যাক দিয়ে সিয়েই নিজৰ পাটীৰ তিৰোতাৰ দৰেই ৰাখে। কিন্তু এই খুন্‌বাওটোৱে তাইক তেনে ব্যৱহাৰ কৰা নাই। তাইক দেও সঁচ মাইকী বুলিয়েই হওক বা সগৰ্ভা বুলিয়েই হওক গোসাঁনী ৰখাদি ৰাখিছে; সেই লৈ তাইৰ কোনো চিন্তা কৰিবলগীয়া হোৱা নাই। সি নিজৰ তিৰোতা কৰি ৰখা হ'লেও তাইৰ আপত্তি কৰিবলগীয়া নাছিল। দেশৰ দস্তুৰেই এইটো— যি যাক অধিকাৰ কৰিব, তাৰেই তিৰোতা হ'ব লাগে সেইজনী। গতিকে তাইৰ দেহাটোৰ ওপৰত সম্পূৰ্ণ অধিকাৰ কাৰংমাৰ। কিন্তু সি সেইদৰে ভবা নাই। ভবা নাই বাকী নগা মানুহবোৰেও। সকলোৱে তাইক কুঁৱৰীৰ দৰে ৰাখিছে।

সকলো সপোন যেন লাগে কুঁৱৰীৰ। তাই আছিল দেবেৰা খাৰঘৰীয়া ফুকনৰ জী। তাইৰ ৰূপৰ কথা ৰাজ্যত জনাজাত। কত ডেকাই তাইলৈ হুতাহ কৰিছিল। কিন্তু তাই কাৰো ওচৰত মন দিয়া নাছিল। ওখ-পাখ, লাহি কঁকালেৰে তাইৰ চুলিকোছা কঁকালৰ তললৈকে পৰা আছিল। তাইৰ ৰূপৰ কথা কাৰোবাৰ মুখেৰে স্বৰ্গদেউৰ কাণতো পৰিল। তাৰপাছত দেউতাক দেবেৰা ফুকনক স্বৰ্গদেৱে মতাই পঠিয়ালে। এনেয়ে ৰজাৰ বিষয়া, তাতে স্বৰ্গদেৱে নিজে জোঁৱাই হ'ব খুজিছে যেতিয়া পিতাকে আপত্তি নকৰিলে। মাকে কিন্তু আপত্তি কৰিছিল। ৰজাদেৱৰ বয়সটো বৰ কম নহয়। ইফালে ছোৱালীৰ বয়স কম। কিন্তু ৰজাদেৱৰ আজ্ঞা পেলোৱা ডাঙৰ কথা। গতিকে আপত্তি নৰজিল। আজলীৰো আপত্তি কৰাৰ কথা নাছিল। যিমানেই নহওক কিয়, তাই দেশৰ ৰজাৰ ৰাণী হ'ব, তাতকৈ ডাঙৰ কথা কি হ'ব পাৰে। তাই জানিছিল যে ৰজাৰ কুঁৱৰী কেইবাগৰাকীও থাকে। কিন্তু সকলো কথা ভালদৰে জনা নাছিল। ৰজাদেৱৰ লগত বিয়া খাটাং হোৱাৰ পাছত তাহাঁতৰ গাঁৱৰে বুঢ়ী এগৰাকীয়ে তাইক বহুত কথাই শিকাইছিল ৰজাঘৰৰ বিষয়ে। গাভৰু কালত বোলে তাই ৰজাৰ লিগিৰী আছিল। ৰজাঘৰৰ তলা-নলা

তাই বুজি পায়। ৰজাদেৱে প্ৰথমতে বিয়া কৰোৱা গৰাকী বৰকুঁৱৰী। এগৰাকী পৰ্বতীয়া কুঁৱৰী আৰু এগৰাকী ৰাইডঙ্গীয়া কুঁৱৰী থাকে। তাৰ বাহিৰেও থাকে চমুৱা কুঁৱৰীসকল। স্বৰ্গদেউৰ কোনোবা লিগিৰীও ধুনীয়া হ'লে কেতিয়াবা চমুৱা কুঁৱৰী কৰি লয়। এই কুঁৱৰীবোৰৰ একোখনকৈ মেল থাকে। এই মেলবোৰ হ'ল ৰাইডঙ্গীয়া মেল, পৰ্বতীয়া মেল, ন-মেল, পুৰণি মেল ইত্যাদি। এই প্ৰত্যেক মেলৰে ফুকন, বৰুৱা, হাজৰিকা, শইকীয়া, বৰা আদি থাকে। কুঁৱৰীসকলে এইবোৰৰ দ্বাৰাই নিজৰ মেলৰ মাটি-বাৰী চলাইছিল আৰু গোচৰ সুধিছিল। এই মেলৰ উপাৰ্জনেৰে নিজৰ খৰচ চলায় কুঁৱৰীসকলে। তাই ৰজাদেৱৰ ঘৈণী হ'ব বুলি বুকু ফিন্দাই থাকিলেও লাহে লাহে বুজিছিল যে ৰজাদেৱ অকল তাইৰে নহয়। তাই মাত্ৰ চমুৱা কুঁৱৰীহে। তাইৰ ল'ৰাও ৰজা হ'ব নোৱাৰে। অন্য বিষয়বাব পাব। কাৰণ ৰজা সাধাৰণতে বৰকুঁৱৰীৰ ল'ৰাহে হয়। কেতিয়াবাহে পৰ্বতীয়া কুঁৱৰী বা ৰাইডঙ্গীয়া কুঁৱৰীৰ পুতেক ৰজা হয়। ৰজাৰ যে অকল কুঁৱৰীয়েই থাকে, এনে নহয়। হাতধৰা লিগিৰীৰ লগতো স্বৰ্গদেউৰ হাট-বাট চলে। আনকি হাতধৰা লিগিৰীৰ গৰ্ভত সন্তান হ'লেও ডেকাৰ মৰ্যাদা পায়। কোঁৱৰ হ'ব নোৱাৰে মাত্ৰ। এনেবোৰ কথাৰ বাবে সাজু হৈয়েই তাই ৰজাদেৱৰ ঘৰত সোমাইছিলগৈ।

বিয়াৰ পাছতে ৰজাদেৱে তাইক লৈয়েই কিছুদিন মজি আছিল। সতিনীৰ চকুত তাই ঈৰ্ষা দেখি আৰু গৰ্ব কৰিছিল। কিন্তু সেয়া বেছিদিনলৈ নাথাকিল। বছৰটো নৌঘূৰোঁতেই স্বৰ্গদেৱে লেকাই চেতিয়াৰ জীয়েক চুক্লেনক আকৌ কুঁৱৰী কৰি আনিলে। তাইহে স্বৰ্গদেউৰ লাগী হৈ পৰিল। তাৰ বাহিৰেও হাতধৰা লিগিৰী ৰহিমলা অহাৰ পৰা তাইৰ আদৰ আৰু কমিল। সোণবৰণীয়া দেহাৰে ৰহিমলা আছিল দেৰগএগ্ৰা নাচনী। স্বৰ্গদেউৰ টোলৰ চোতালত বিহু নাচিছিল। তাৰপাছত তাই কেতিয়ানো হাত ধৰা লিগিৰী হৈ টোলত সোমাল কোনেও ততকে ধৰিব নোৱাৰিলে। তাই ৰজাদেৱৰ মন যোগাই যোগাই ৰজাদেৱৰ একেবাৰে চেনেহৰ লিগিৰী হৈ পৰিল। আচলতে স্বৰ্গদেউৰ লাগী হৈ বেছিদিন কোনো থাকিব নোৱাৰে। সদায় নতুন নতুন নাৰীৰ আদৰ লাগে ৰজাদেৱক।

বিয়াৰ ধামখুমীয়াতে কিছুদিন পাৰ হৈ যোৱাৰ পাছতহে তাই ৰাজকাৰেঙৰ আওভাও পাবলৈ আৰম্ভ কৰিছিল। ৰজাৰ কুঁৱৰী হৈ কিছুমান বিশেষ নিয়মৰ মাজত থাকিব লাগে। দেউতাকে ভাৰে-ভেটীয়ে-যৌতুকে তাইক কাৰেঙত থৈ অহাৰ দিনাৰ পৰা ঘৰৰ মানুহ বুলিবলৈ তাই কাকো দেখাই পোৱা নাই। কাৰেঙৰ

মানুহবোৰকে লাহে লাহে আপোন কৰি লৈছে তাই। কাৰেঙৰ ভিতৰতো অনেক মেৰপেঁচ। তাই যিটো আন্তৰিকতা আৰু আগ্ৰহেৰে কাৰেঙত সোমাইছিল, সেই আগ্ৰহ আৰু আন্তৰিকতা কিন্তু ৰজাঘৰত কাৰো নাছিল। ৰাজমাৱে নতুন কুঁৱৰীক আদৰিব লাগে কাৰণেই আদৰি লৈছে। তেওঁ যেন নিৰ্বিকাৰ। প্ৰকৃততে বহুত দেখি দেখি, শুনি শুনি তেওঁ আচলতে প্ৰতিক্ৰিয়া প্ৰকাশ কৰিবলৈ যেন পাহৰিয়েই গৈছে। লাহে লাহে তাই বুজি উঠিল যে এই কাৰেংবোৰ সিহঁতৰ ঘৰবোৰৰ দৰে নহয়। চাৰিওফালে বতাহত যেন অহৰহ এক ষড়যন্ত্ৰৰ গোন্ধ। কোনেও যেন কাকো বিশ্বাস নকৰে। কোন সময়ত কোন স্বৰ্গদেউৰ ৰোষৰ বলি হ'ব লাগে, তাৰ কোনো নিশ্চয়তা নাই। চাৰিওফালে যেন ৰাজনীতিৰ মেৰপাক। সকলো সৰু সৰু দলত বিভক্ত। সকলোৰে এটাই চেষ্টা— কেনেকৈ স্বৰ্গদেউৰ কাষৰ মানুহ হৈ থাকিব পাৰে। অৱশ্যে ন-কুঁৱৰীৰ লগত মজি থাকিলেও স্বৰ্গদেউ মাজে মাজে দুই-এনিশা বৰকুঁৱৰীৰ কাষলৈও যায়। সেই দিনকেইটা বৰ কষ্টকৰ হৈ উঠে চমুৱা কুঁৱৰীৰ বাবে। তেতিয়াহে তাই উপলব্ধি কৰিছিল সতিনীৰ জ্বালা কি সকলো ভগাই খোৱা সহজ, কিন্তু নিজৰ স্বামীক কেনেকৈ ভগাব? কিন্তু সেয়াই কৰিব লাগে নাৰীয়ে। বিশেষকৈ ক্ষমতাশালীসকলে এজনী স্ত্ৰীতে সন্তুষ্ট নাথাকে। বহু ৰমণীৰ দেহৰ সোৱাদ লাগে। এজনী নাৰীয়ে কিন্তু দুজন পুৰুষৰ লগত সম্পৰ্ক কৰিলে সেয়া হয় ব্যভিচাৰ।

তাইৰ কাৰণে লাহে লাহে সকলো সহজ হৈ আহিছিল। ৰাজকাৰেঙৰ আওভাও বুজি পোৱা হৈছিল। কিন্তু ৰজাদেৱ লাহে লাহে তাইৰ কাষৰ পৰা যেন আঁতৰি গৈছিল। তাইৰ বিশ্বাসী লিগিৰী ৰূপহীৰ সহায়ত তাই সকলো খবৰ লৈ আছিল। তাইৰ লগতে মন্ত্ৰণাও কৰিছিল। এটাই মাত্ৰ চিন্তা— স্বৰ্গদেউক কেনেকৈ হাতত ৰাখিব পাৰি

কিন্তু হঠাৎ যেন সকলো ওলট-পালট হৈ গ'ল। কুঁৱৰী গুচি একেকোবে নগাৰ চাঙত উঠিবহি লগা হ'ল। অৱশ্যে এই নগা মানুহবোৰৰ মনত তাই দেৱী। ৰজাদেৱে যিটো চিন্তাৰে তাইক ইহঁতৰ লগত খেদিলে, সেই ধৰণৰ চিন্তা এই সৰল মানুহখিনিৰ মনত নাই।

এটা দীঘল হুমুনিয়াহ ওলাই আহিল চমুৱা কুঁৱৰীৰ। গাত কঢ়িয়াই লৈ ফুৰা ৰজাৰ সঁচ থকা পেটটোলৈ চালে তাই। চকুৰেদি পানী বৈ আহিল চমুৱা কুঁৱৰীৰ।

তিনি

অন্ধকাৰ হোৱালৈকে বাট চাই আছিল দেবেৰা খাৰঘৰীয়া ফুকনে। কাৰণ ৰজাঘৰৰ তেওঁ এতিয়াও বাব খাই আছে। তাতকৈ ডাঙৰ কথা, ৰজাই খেদি পঠিওৱা চমুৱা কুঁৱৰীৰ তেওঁ পিতাক। তাতে তেওঁ এনে এজন মানুহৰ ওচৰলৈ আহিছে, যি ৰজাৰ প্ৰতি পেটে পেটে আক্ৰোশ পুহি ৰাখিছে বুলি সকলোৰে জ্ঞাত। খুন্‌লুং বুঢ়াগোহাঁইৰ ঘৰৰ পদূলিমুখত থিয় হৈ চাৰিওফালে চালে ফুকনে। নাই, কোনো নাই। দীঘল পদূলিৰে ঘৰটোৰ ফালে চালে। নিমাওমাও ঘৰ। দীঘল বাটটোৰ দুয়োকাষে কাকিনি তামোলৰ গছ। পদূলিমুখতে দুফালে দুজোপা নাহৰ। মাজৰ বাটটোৰ দুয়োকাষে ডাঙৰ চাৰিখন বাৰী। কি গছ নাই বুঢ়াগোহাঁইৰ বাৰীত এইখন আগবাৰী। এতিয়া নিমাওমাও ঘৰখন দেখি ফুকনৰ এটা হুমুনিয়াহ ওলাই আহিল। এটা সময়ত ৰাজমন্ত্ৰী হৈ থাকোঁতে কি আছিল ঘৰখন, এতিয়া কি হ'ল সঁচাকৈয়ে ভাগ্য। অৱশ্যে বুঢ়াগোহাঁইৰ ক্ষেত্ৰত অকল ভাগ্যই নহয়, কৰ্মও জড়িত হৈ আছে। আগৰজনা স্বৰ্গদেউক বধ কৰাৰ চক্ৰান্তৰ লগত জড়িত তেওঁ। গতিকে এইজন ৰজা ৰাজপাটত উঠিয়েই তেওঁক মন্ত্ৰী পদৰ পৰা আঁতৰালে। অৱশ্যে এইজন ৰজাক ৰজা পতাৰ ইচ্ছা বুঢ়াগোহাঁইৰ নাছিল। তেওঁ আগতেই জানিছিল যে পিতৃ-বৈৰীক নতুন ৰজাদেৱে কেতিয়াও প্ৰধানমন্ত্ৰীৰ পদত নাৰাখে। এই ৰজাৰ ওপৰত খৰ্গহস্ত হৈ আছে বুঢ়াগোহাঁই ডাঙৰীয়া। সুবিধা পোৱা নাই। সুবিধা পালেই কোনদিনা ৰজাক শিঙৰি ঘৰৰ পৰা নমায় ঠিক নাই।

সৰু কথা এটাৰ পৰা লাগিয়েই আগৰজনা স্বৰ্গদেৱে ঘাতকৰ হাতত প্ৰাণ দিলে। আচলতে লান্‌তৰুণ্‌বান্ নামৰ এটা আহোমে ৰাজভঁৰালৰ ধান চুৰকৈ খালে। ৰজাদেৱে চোৰ পাই তাক এশ ৰূপ ডাঁৰিলে। এই কথাক লৈ ৰজাদেউৰ ওপৰত পেটে পেটে তাৰ খং আছিল। ইফালে খুন্‌লুং বুঢ়াগোহাঁইৰ ৰজাদেৱৰ ওপৰত পেটে পেটে অনীহা হৈ আছিল। অনীহা হোৱাৰ কাৰণ কেইবাটাও। প্ৰথম কথা হ'ল কছাৰীৰ সৈতে যুঁজ। এবছৰমান আগতে এবাৰ চ'তৰ মাহত

কছাৰীয়ে টুংচুত ৰণ ধৰিলেহি। এই কথা শুনি চেলাওচেং নেওগক টুংচুত গড় বান্ধিবলৈ ক'লে। লগতে ডা-ডাঙৰীয়া সমন্বিতে খুন্‌লুং বুঢ়াগোহাঁইক চাওপ্লেংলুক আৰু প্লায়লুং নামে দুটা হাতী দি ৰণলৈ পঠিয়াইছিল। কিন্তু কছাৰীয়ে গড়ৰ কাষেৰে আহি ৰণত ধৰিলেহি। ৰণত বুঢ়াগোহাঁই হাৰিল। তেওঁ দিখৌ নৈ সাঁতুৰি কোনোমতে জীৱনটো ৰক্ষা কৰিলে। এই কথাত ৰজাদেৱে তেওঁক ককৰ্থনা কৰিলে। তাতেই বুঢ়াগোহাঁইৰ ৰজাদেৱৰ প্ৰতি অসূয়া জাগিল। ৰজাদেৱে কছাৰীক এজনী তিৰোতা আৰু বন্দী দহটা দি প্ৰীতি কৰিলে।

তাৰপাছত খুন্‌লুং বুঢ়াগোহাঁয়ে লান্‌তৰুণ্‌বানক মনে মনে ৰজাদেৱক বধিবৰ বাবে উচটাবলৈ ধৰিলে। তাৰ বাহিৰেও ৰজাদেৱৰ লগত বিভিন্ন কথাত বুঢ়াগোহাঁইৰ মতৰ অমিল হ'ল। সাতে-পাঁচে মিলি ষড়যন্ত্ৰ কৰি ১৪১৫ শকত মাচাঙৰ চোঁচ সলাবৰ বাবে অন্য লোকৰ লগত লান্‌তৰুণ্‌বানো গ'ল। বাঁহৰ চুঙাত যাঠি সুমুৱাই আনি ৰজাদেৱক খুঁচি মাৰিলে।

তাৰপাছত ঘটনাই বেলেগফালে গতি কৰিলে। ৰজাদেৱক বধ কৰি খুন্‌লুঙে ভাবিছিল যে তেওঁৰ কথা মতে চলা এজনক ৰাজপাটত বহুৱাব। কিন্তু ৰজাৰ বৰপুত্ৰ চুপিমফাক ৰজা পাতিলে বাকী ডা-ডাঙৰীয়াসকলে। আপত্তি কৰিছিল খুন্‌লুঙে; কিন্তু বাকী ডাঙৰীয়াসকল খুন্‌লুঙৰ কথাত মান্তি নহ'ল। ৰজা হৈয়েই চুপিম্‌ফাই প্ৰথমতে পিতৃহন্তাক শেষ কৰোঁ বুলি লানতৰুণ্‌বানক সপৰিয়ালে শূলত দি মৰালে। লান্‌তৰুণ্‌বানৰ মুখৰ পৰা ৰজাদেৱে শুনিলে যে এই ষড়যন্ত্ৰৰ গুৰিত খুনলুং বুঢ়াগোহাঁই। কিন্তু ৰাজমন্ত্ৰীক হঠাৎ দণ্ড দিয়াও সহজ কথা নহয়। গতিকে অন্য মন্ত্ৰী-ডাঙৰীয়াৰ সৈতে আলচ কৰি তেওঁক ৰাজমন্ত্ৰী বুঢ়াগোহাঁই পদৰ পৰা আঁতৰাই নাগিনী কুঁৱৰীৰ ল'ৰা চুংলুঙক আনি খুনলং খামপেং নাম দি বুঢ়াগোহাঁই পাতিলে। সেই নাগিনী কুঁৱৰীৰো আকৌ এক কাহিনী। তেওঁ আগতে চুহেন্‌ফা স্বৰ্গদেউৰ কুঁৱৰী আছিল। এদিন ৰজাদেৱৰ সম্বন্ধৰে লাঙিপুং নামৰ মানুহ এটা কুঁৱৰীত চোৰ পৰিল। ৰজাদেৱে দুয়োকে প্ৰাণে নামাৰি লঙ্কালৈ খেদিলে। তেওঁলোকৰে বৰ চালাক-চতুৰ ল'ৰা চুংলং।

ঃ ৰাজশহুৰ এই সময়ত আমাৰ পঁজাত? কি বাৰ্তা লৈ বা আহিল?

খুন্‌লুং বুঢ়াগোহাঁইৰ কথাত উচপ খাই উঠিল দেবেৰা খাৰঘৰীয়া ফুকন। কোন সময়তনো তেওঁ আহি বুঢ়াগোহাঁইৰ চ'ৰাঘৰ পাইছিল তাৰ হুঁচেই নাছিল। তেওঁ

অতীতৰ মাজতে বিচৰণ কৰি আছিল। আঁঠুকাঢ়ি মূৰ দোঁৱালে দেবেৰাই।

ঃ এতিয়া আমি ভগা মন্ত্ৰী। সাধাৰণ প্ৰজা। চমুৱা বিষয়াই আঁঠু ল'ব নালাগে। তাতে ৰজাদেৱৰ শহুৰ।

ঃ ডাঙৰীয়াই হ'বপায় আমাৰ দুৰ্যোগ শুনা নাই

ঃ ইকাণ-সিকাণ সহস্ৰ কাণ। শুনিছোঁ। বিশ্বাস হোৱা নাছিল। স্বৰ্গদেউৰ ইচ্ছা। আমি কি ক'ম

ঃ এয়া অন্যায়।

ঃ ন্যায়-অন্যায় বিচাৰ কৰাৰ গৰাকী আমি নহয় ফুকন।

ঃ দেৱে আগতে এবাৰ বিচাৰ কৰি থৈছে বাবে এইবাৰো শৰণ লৈছোঁ।

চমুৱা কুঁৱৰীক খেদি পঠিওৱাৰ বাবে জ্বলি আছিল দেবেৰা। ইফালে ৰজাৰ পিতৃ হত্যাৰ প্ৰধান ষড়যন্ত্ৰকাৰী বুঢ়াগোহাঁয়ো মন্ত্ৰী পদৰ পৰা ভগা বাবে ৰজাৰ ওপৰত বিতুষ্ট হৈ আছিল। দুয়ো লগ লাগি ৰজাৰ বিপক্ষে আলচ কৰিবলৈ ধৰিলে।

ঃ ফুকনে পাছত জোঁৱাই বুলি হোঁহকা মাৰে জানোচা?

ঃ সইত সইত তিনি সইত। শদিয়াৰ কেঁচাইখাঁতী গোসাঁনীৰ শপত। আমি জোঁৱাইৰ মৃত্যু বিচাৰিছোঁ। অকলে সাহস কৰিব নোৱাৰোঁ, শক্তি নাই।

কিছু সময় চিন্তা কৰিলে বুঢ়াগোহাঁয়ে। তাৰপিছত ক'লে—

ঃ এটা এটা কৰি মানুহ গোটাব লাগিব। ৰজাদেৱৰ প্ৰতি অনীহা কৰা মানুহ। গোপনে, অতি গোপনে কৰিব লাগিব এই কাম।

দেবেৰাই ভাবিলে— ঠিকেই কৈছে বুঢ়াগোহাঁয়ে। আগৰবাৰৰ অভিজ্ঞতাই তেওঁক নতুন কথা শিকাইছে। আগৰবাৰ তেওঁ ভাবিছিল যে ৰজাদেৱক হত্যা কৰি নিজৰে পচন্দৰ ৰজা বহুৱাব। কিন্তু কাৰ্যক্ষেত্ৰত সেয়া হৈ নুঠিল। ৰজাদেৱক হত্যা কৰাৰ পাছত কেইবাজনো ডাঙৰীয়া মিল হ'ল। নতুন ৰজা পাতিলে। বুঢ়াগোহাঁইৰ ইচ্ছা অনুসৰি কাম নিসিজিল। ইতিমধ্যে জনাজনি হৈ গৈছিল যে ৰজা হত্যাৰ ষড়যন্ত্ৰৰ আচল নায়ক বুঢ়াগোহাঁই। আপত্তি আছিল বুঢ়াগোহাঁইৰ। কিন্তু বাকী ডাঙৰীয়াসকলৰ বিপক্ষে মাতিবলৈ তেওঁ সাহস নকৰিলে। হাজাৰ হ'লেও তেওঁৰ মনত ৰজা হত্যাৰ পাপ আছিল। ৰজাক হত্যা কৰা লান্‌তৰুণ্‌বানক

সপৰিয়ালেতো বধিলেই। গতিকে এইবোৰ কামত গোপনে নালাগিলে প্ৰাণ যোৱাৰ ভয়।

ঃ ৰজাদেৱৰ প্ৰতি আক্ৰোশ নথকা মানুহ ল'ব নালাগে। অতি গোপনে হত্যা কৰিব লাগিব; যাতে কাৰো সন্দেহ নহয়। কোন ডা-ডাঙৰীয়া আমাৰ ফালে আহে বজাই চাব লাগিব। সেয়া আমাৰ দ্বাৰা সম্ভৱ নহ'ব।

ঃ সেয়া আমি কৰিম দেৱ। আপুনি মাত্ৰ পৰামৰ্শ দিব। বুকুৰ এই জুইকুৰা নুমুৱালৈ ৰজাৰ তেজৰ আহুতি দিবই লাগিব।

লাহে লাহে বুঢ়াগোহাঁইৰ ঘৰৰ পৰা ওলাই দেবেৰা অন্ধকাৰত মিলি গ'ল।

চাৰি

চমুৰা কুঁৱৰীৰ যন্ত্ৰণাকাতৰ মুখখনলৈ চাই আছে ৰূপহীয়ে। তাই সহ্য কৰিব পৰা নাই এই যন্ত্ৰণা। কুঁৱৰীয়ে ৰজাদেৱৰ সন্তান প্ৰসৱ কৰিবলৈ ওলাইছে। নগা-চাঙৰ ঢাৰিৰ ওপৰত প্ৰসৱ যন্ত্ৰণাত ছটফটাই থকাটো কেনে হৃদয় বিদাৰক, তাক মাত্ৰ ৰূপহীয়েহে বুজি পাইছে। ৰূপহী চমুৰা কুঁৱৰীৰ গা-ধৰা লিগিৰী আছিল। বিয়াৰ পাছত লগত অহা লিগিৰী তাই। নগা-চাঙলৈ খেদি দিওঁতেও তাই লগতে আহিছে। স্বৰ্গদেৱে যদিও তাইক নগাত দিলে, তথাপি কুঁৱৰীৰ মৰ্যাদাৰে বিদায় দিছে। লগত হাতধৰা লিগিৰীজনীকো দিছে, বাকীবোৰক কুঁৱৰীয়েহে নাৰাখিলে।

কুঁৱৰী থকা চাঙৰ বাহিৰত নগাবোৰৰ কেইবাটাও ডেকা-বুঢ়া কিবা আলোচনা কৰাত ব্যস্ত। ৰূপহীয়ে বুজিছে যে কুঁৱৰীৰ কথা আলোচনা কৰি আছে তেওঁলোকে। ৰজাৰ কুঁৱৰী যেতিয়া ৰাণীৰ দৰেই ৰাখিছে তেওঁক নগাবোৰে। আহল-বহল চাংঘৰ এটাত প্ৰয়োজনীয় সকলোবোৰ যোগান ধৰিছে। এতিয়া ৰাণীৰ সন্তান জন্মাক লৈও চিন্তিত তেওঁলোক। তেওঁলোকৰ কাৰ্যকলাপ লক্ষ্য কৰি আছে ৰূপহীয়ে। আকৌ যন্ত্ৰণাত চিঞৰি উঠিল কুঁৱৰী। যন্ত্ৰণাৰ চিঞৰ বোধকৰো নগা দলটোৱেও শুনিলে। এইবাৰ বয়োজ্যেষ্ঠ নগা এটা ওচৰৰ চাং এখনলৈ গ'ল। তাৰপিছত চাংঘৰৰ পৰা বুঢ়ী নাগিনী এজনীও নামি আহিল। দোৱানতে ওচৰৰ চাংঘৰকেইটালৈ চাই কিবাকিবি চিঞৰিলে। লগে লগে আৰু তিনিজনী মানুহ চাংঘৰৰ পৰা ওলাই আহিল। নিজৰ ভিতৰতে কথা পাতি তিনিওজনীয়ে কুঁৱৰীক বেছ ভালদৰে পৰীক্ষা কৰিলে। তাৰপাছত আলোচনা কৰি সিহঁতৰ ভাষাত ৰূপহীক কিবা ক'লে। ৰূপহীয়ে একো নুবুজিলে যদিও এইটো বুজিলে যে কুঁৱৰীৰ সন্তান প্ৰসৱৰ সময় হৈছে। তাৰপিছত কুঁৱৰীক সিহঁতৰ হাতত এৰি ৰূপহী অন্য এটা কোঠালিলৈ গ'ল। বুঢ়ীকেইজনীৰ এজনীয়ে লগে লগে অন্য এখন চাঙলৈ গৈ কিবাকিবি বস্তু

যোগাৰ কৰি আনিলে।

বহুত পৰ কুঁৱৰী যন্ত্ৰণাত ছটফটাই থাকিল আৰু বুঢ়ীকেইজনীয়েও কুঁৱৰীৰ লগতে লাগি থাকিল। ৰূপহীয়ে মনে মনে চোমদেউ আৰু দেৱ-দেৱীসকলৰ নাম ল'বলৈ ধৰিলে। তাইৰ চকুৰে পানী বৈ আহিল। যিজনী ছোৱালীয়ে জীৱনত কষ্ট কি বুজি নাপালে, তাই ৰজাৰ ঘৈণী হৈ আজি নগা-চাঙত ৰজাৰ সন্তান প্ৰসৱ কৰিব লগা হৈছে। এয়াই ভাগ্য

হঠাৎ কেঁচুৱাৰ কান্দোনৰ শব্দ শুনি জাঁপ মাৰি উঠিল ৰূপহী। তাই কুঁৱৰীৰ কোঠাৰ ফালে দৌৰি গ'ল। এজনী বুঢ়ী নাগিনীয়ে তাইক বাধা দিলে। ইংগিতেৰে কিছু সময় অপেক্ষা কৰিবলৈ ক'লে। লগে লগে তাই চিঞৰি তলত থকা নগাবোৰক কিবা এটা ক'লে। লগে লগে সেইবোৰেও উল্লাসতে চিঞৰি উঠিল। চাৰিওফালে এটা আনন্দৰ ঢৌ বাগৰি গ'ল। নগা-চাংবোৰত নিজে নিজেই বিভিন্ন বাদ্যযন্ত্ৰ বাজি উঠিল। সকলোফালে এক আনন্দৰ খবৰ। দেশৰ ৰজাৰ বংশধৰৰ জন্ম হৈছে, তাকো নগাচাঙত। তাতকৈ আনন্দৰ কথা কি হ'ব পাৰে হঠাৎ ৰূপহীৰ চকু পৰিল কাৰংমা নামৰ নগা ডেকাটোলৈ। উদাস দৃষ্টিৰে আকাশৰ ফালে চাই আছে সি। তাৰ চকুত দুটোপাল পানী যেন জিলিকি আছে। তালৈ চোৱা বাবে স্বৰ্গদেৱে কুঁৱৰীক খেদিলে। সি ৰজাৰ ঘৈণীক কেনেকৈ গ্ৰহণ কৰিব সিহঁতৰ বাবে পূজ্য এইগৰাকী মানুহ। দেৱীৰ দৰে ৰাখিছে, পূজিছে। চমুৱা কুঁৱৰী সাংঘাতিকভাৱে ৰূপৱতী। যিকোনো পুৰুষকে আকৰ্ষণ কৰিব পৰাৰ ক্ষমতা আছে তেওঁৰ। কিন্তু স্বৰ্গদেৱে ত্যাগ কৰি কাৰংমাক দিয়াৰ পাছতো এবাৰো সি হাবিয়াস কৰা নাই কুঁৱৰীলৈ। কোনো বাধাও নাই তাৰ বাবে কুঁৱৰীক নিজৰ কৰাৰ। ডেকা ল'ৰা কাৰংমাৰ এজনী ঘৈণীয়েক আছে। কেঁচুৱা এটাও আছে। কিন্তু দুজনী বা তিনিজনী ঘৈণীয়েক থকাটো একো ডাঙৰ কথা নহয়। কিমান সৰল এই মানুহবোৰৰ মন তাইৰ যেন কিবা এটা মৰম লাগি গ'ল নগা ডেকাটোলৈ। বুকুৰ মাজৰ ক'ৰবাত মৰম উথলি উঠিল। কিন্তু স্বৰ্গদেউ? কিমান কুটিল মনৰ মানুহ এই স্বৰ্গদেউ কুঁৱৰীয়ে নগা ডেকাটোক চালে বুলিয়েই, তাতে কি এনে জগৰ হ'ল? নিজেই বিয়া কৰাব চাৰি-পাঁচজনী। তথাপি নাটে। আকৌ হাত-ধৰা লিগিৰীকেইজনীৰ ফালৰো দুটামান নুফুকালে নহয়।

উচাপ খাই উঠিল তাই। কেঁচুৱাটোৱে কান্দিছে। বুঢ়ীকেইজনীয়েও সিহঁতৰ

দোৱানতে কিবাকিবি কৈছে। পৰিৱেশটো বৰ ভাল নালাগিল ৰূপহীৰ। কুঁৱৰী থকা কোঠালিটোলৈ তাই সোমাই গ'ল। মাটিত নগা ঢাৰিৰ ওপৰতে পৰি আছে কুঁৱৰী। কেঁচুৱাটো এজনী নাগিনীৰ কোলাত। বগা নগা চেলেং এখনেৰে মেৰিয়াই থোৱা আছে কেঁচুৱাটো। ল'ৰা নে ছোৱালী গমেই পোৱা নাই ৰূপহীয়ে। লাহে লাহে তাই কেঁচুৱাটোৰ ফালে আগবাঢ়িল। লাহেকৈ কাপোৰখন আঁতৰাই চালে। ল'ৰা; মনটো তাইৰ ভাল লাগি গ'ল। এই অভিশপ্ত কুঁৱৰীৰ গৰ্ভত ছোৱালী সন্তান জন্ম হৈ কি হ'ব ৰজাৰ ঘৰত হোৱা হ'লে কথা বেলেগ আছিল। কেঁচুৱাটো ৰূপহীৰ হাতত তুলি দিলে নাগিনীজনীয়ে। এক নাম নজনা শোকে খুন্দা মাৰি ধৰিলে ৰূপহীৰ বুকুখন। চমুৱা কুঁৱৰীৰ মাকৰ মুখখন মনত পৰিল তাইৰ। কিমান আশাৰে বৈ আছিল তেওঁ নাতিৰ মুখ চাবলৈ কিন্তু নগা-চাঙত এয়া জন্ম হ'ল তেওঁৰ নাতিৰ। বৰ সাদৰী আছিল মানুহজনী। অনবৰতে মুখৰ পৰা হাঁহি নুগুচেই। কিন্তু এতিয়া চাগে কি গতি হৈছে না তেওঁ নগা-চাঙলৈ আহিব পাৰে, না নাতি দেখুৱাবলৈ নিব পাৰি।

বৰ ধুনীয়া ল'ৰাটো। চকু দুটা উজ্জ্বল। গাটো ৰঙা-বগা। হাত-ভৰিবোৰ পাহুৱাল। এসময়ত হয়তো সি বৰ ডাঙৰ বীৰ হ'ব — ভাবিলে ৰূপহীয়ে।

হঠাৎ কুঁৱৰীৰ মুখৰ কেকনিৰ শব্দত ৰূপহীয়ে কুঁৱৰীলৈ চালে। কুঁৱৰীৰ যে অশেষ কষ্ট হৈছে তাই বুজিলে। কি কৰিব লাগে, কি কৰিব নালাগে, তাই বুজিব নোৱাৰিলে। তথাপি তাই নাগিনীকেইজনীক ক'লে কুঁৱৰীৰ কষ্টৰ কথা। সিহঁতৰে এজনীয়ে ভগা ভগা অসমীয়াতে ক'লে যে কোনোবা এটা বেজ আনিবলৈ গৈছে। হঠাৎ কুঁৱৰীয়ে চকু মেলিলে। ৰূপহীলৈ চালে। ইংগিতেৰে ওচৰলৈ মাতিলে। কোলাত কেঁচুৱাটো লৈয়ে কুঁৱৰীৰ ওচৰ চাপি গ'ল তাই। কুঁৱৰীয়ে কিবা এটা কোৱাৰ চেষ্টা কৰিলে। মুখৰ কথা স্পষ্ট নহ'ল। দুৰ্বল হাতখনেৰে ৰূপহীৰ হাতখন কেঁচুৱাটোৰ গাত লগালে। কেঁচুৱাটোৱে দুখন হাতৰ হেঁচা সহ্য কৰিব নোৱাৰি কান্দি উঠিল। মুখৰ ভিতৰতে কুঁৱৰীয়ে কিবা ক'লে। দুয়োটা চকুৰে দুধাৰি চকুপানী ওলাই আহিল। তাৰপাছত কিবা কৈ থাকোঁতেই হঠাৎ চকু দুটা লুটি খাই গ'ল। মুখখন বেঁকা হৈ গ'ল আৰু হাতখন কেঁচুৱাটোৰ গাৰ পৰা খহি পৰিল। ৰূপহীৰ মনটো এক অজান আশংকাত কঁপি উঠি মুখেৰে এটা বিকট চিঞৰ

ওলাল।

ঃ আইচু দেউতা

তাইৰ চিঞঁৰত নাগিনীকেইজনীও ব্যস্ত হৈ পৰিল। সকলো ওচৰ চাপি আহিল। কুঁৱৰীলৈ চালে। তাৰপাছত ইজনীয়ে সিজনীলৈ। এজনী বাহিৰলৈ ওলাই গৈ দোৱানতে কিবা চিঞৰিলে। লগে লগে আনন্দ কৰি থকা মানুহবোৰ জঁই পৰি গ'ল।

ৰূপহীৰ বুজিবলৈ বাকী নাথাকিল যে কুঁৱৰী আৰু নাই। কেঁচুৱাটো বুকুত সাবটি হাওহাওকৈ কান্দি উঠিল ৰূপহী। লগতে কেঁচুৱাটোৱেও।

পাঁচ

বাগৰি অহা বতৰাৰে গম পাইছে দেবেৰা খাৰঘৰীয়া ফুকনে যে চমুৰা কুঁৱৰী— তেওঁৰ মৰমৰ জীয়াৰী আজলীৰ মৃত্যু হৈছে। এটা ল'ৰা সন্তান প্ৰসৱ কৰিছে বুলিও গম পাইছে। কিন্তু ৰজাৰ বিপক্ষে যোৱাৰ সাহস তেওঁৰ নাই। নগাৰ চাঙলৈ তেওঁ যাবও নোৱাৰে, কাৰণ ৰজা বৰ একাচেকা। ক'ত জগৰ ধৰে ঠিক নাই। আজলীৰ মাকৰ চকুৰ পানীয়ে তেওঁৰ হৃদয় আৰু কঠিন কৰি তুলিছে। তেওঁৰ নাতি আজি ৰজাৰ কোঁৱৰ হ'ব লাগিছিল। এতিয়া হ'লগৈ চাঙৰ নগা। কুঁৱৰী যেতিয়া মৰিলেই, আৰু একো সম্পৰ্ক নাই ৰজাৰ লগত। ৰজাক বধ কৰিবই লাগিব। যেনে- তেনে ষড়যন্ত্ৰ কৰি। তেওঁ তাৰো ব্যৱস্থা কৰিছে। চমুৰা কুঁৱৰীৰ লগত তিনিজনী লিগিৰী পঠিয়াইছিল আৰু দুটা লগুৱা। ৰজাৰ ঘৰত সিহঁত ৰৈ গ'ল। মাত্ৰ ৰূপহীহে কুঁৱৰীৰ লগত নগা-চাঙলৈ গ'ল। গতিকে বুঢ়াগোহাঁইৰ লগত কৰা আলোচনা মৰ্মে তেওঁ ৰজাঘৰত থকা লগুৱা পুহাইক খবৰ দিয়াই মতাই পঠিয়াইছে। পুহাই তেওঁৰ ঘৰত ডাঙৰ হোৱা লগুৱা। অত্যন্ত বিশ্বাসী। চমুৰা কুঁৱৰীক ৰজাই খেদি দিয়াৰ বাবে মনত তাৰ বৰ দুখ। কিন্তু সাৱধানে আগনাবাঢ়িলে বিপদ হ'ব পাৰে।

বুঢ়াগোহাঁয়েও ৰজাক বধ কৰোৱাৰ চেষ্টা অব্যাহত ৰাখিছে। মন্ত্ৰী কিংলুং বুঢ়াগোহাঁইৰ সম্পৰ্কীয়। কিংলুঙৰ লগতো যে মনে মনে ষড়যন্ত্ৰ কৰিছে, এইটো ঠিক। স্বৰ্গদেৱে পিতাকক হত্যা কৰা বাবে বুঢ়াগোহাঁইক মন্ত্ৰী পদৰ পৰা আঁতৰোৱাৰ বাদেও সন্দেহত থকা বহুতক শাস্তি দিয়েই আছে। লান্‌তৰুণ্‌বান্‌, পুতেক আওফ্ৰং আৰু খুনতাওক চেপি মাৰিলে, বাকী চাৰিঘৰ চমুৰাক কছাৰীৰ ৰাজ্যলৈ খেদিলে। কাৰোবাক বা উগ্ৰ শাস্তি দিলে। এনে এটা অৱস্থা ৰাজ্যত চলিছে যে কোনোবাই যদি কাৰোবাৰ শত্ৰুতা কৰে, কেনেবাকৈ স্বৰ্গদেউৰ কাণত পেলালেই হ'ল যে তেওঁ পিতাকৰ হত্যাৰ ষড়যন্ত্ৰত চামিল আছিল। লগে লগেই তাৰ শাস্তি। ষড়যন্ত্ৰত চামিল থকাৰ প্ৰমাণ কৰা সহজ কথা। কিন্তু নিজকে ৰজাৰ আগত নিৰ্দোষী বুলি

প্ৰমাণ কৰাহে কঠিন। গতিকে কিমান মানুহে সঁচাই-মিছাই শাস্তি খাইছে, তাৰ ঠিকনা নাই। চাৰিওফালে যেন এটা অৰাজক অৱস্থা। এই কথা লৈ প্ৰধানমন্ত্ৰী বুঢ়াগোহাঁয়ে এদিন মন্ত্ৰণা কক্ষত স্বৰ্গদেউক ক'লে—

ঃ স্বৰ্গদেউ ঈশ্বৰ, কথা এটা কওঁ।

ঃ কোৱা হওক ডাঙৰীয়া।

ঃ স্বৰ্গদেউ ঈশ্বৰ, আমাৰ কালজনা স্বৰ্গদেউৰ হত্যাকাৰীক দণ্ড দিয়া হ'ল আৰু বাকী লগৰীয়াবোৰকো দণ্ড দিয়া হৈছে। কিন্তু এতিয়াও এই প্ৰক্ৰিয়া চলি থাকিলে প্ৰজাৰ অমংগল হ'ব যেন পাওঁ।

ঃ ডাঙৰীয়াৰো কোনোবা বঙহৰ মানুহ পৰে বুলি শংকা হৈছেবা ?

ঃ তেনে শংকা নাই স্বৰ্গদেউ। আমি মন্ত্ৰী। স্বৰ্গদেউক সজ মন্ত্ৰণা দিয়াই আমাৰ কৰ্তব্য।

ঃ সজ-অসজৰ বিচাৰ কৰিব পৰা বুদ্ধি আমাৰ আছে ডাঙৰীয়া।

সেয়াই আছিল শেষ আলোচনা। তাৰপাছতো ক্ষান্ত নহ'ল স্বৰ্গদেউ। কাৰোবাৰ কাৰোবাৰ কথা মতে শাস্তি পৰ্ব চলিয়েই থাকিল। প্ৰকৃততে স্বৰ্গদেৱে ভাবিছিল যে এনেদৰে ষড়যন্ত্ৰকাৰীক শাস্তি দিলে আগলৈ কোনেও ৰজাৰ বিপক্ষে ষড়যন্ত্ৰ নকৰিব। কিন্তু যে হিতে বিপৰীত হৈছে, গম পোৱা নাই স্বৰ্গদেৱে।

ইফালে খুন্‌লুং বুঢ়াগোহাঁইৰ ঘৰত নিশা নিশা মন্ত্ৰণা চলিয়েই আছে। স্বৰ্গদেউৰ অত্যাচাৰত অতিষ্ঠ হোৱা মানুহ এটা এটাকৈ বাঢ়িছেহে। অনবৰতে দেবেৰাৰ শংকা কিন্তু আছেই স্বৰ্গদেৱে গম পাব বুলি। ইফালে খুনলুং বুঢ়াগোহাঁইৰ দল অলপ শকত হ'লেই খাৰঘৰীয়া ফুকনে তেওঁৰ কাম আৰম্ভ কৰিব। ৰজা ভঙা-পতা কেইবাধৰণেও হয়। দুজন মন্ত্ৰী একগোট হৈ ৰজা ভাঙিব পাৰে। কিন্তু এনে এটা অৱস্থাত দুজন মন্ত্ৰী একগোট হৈ এই কাম নকৰে। এনে এটা পৰিস্থিতি হোৱা নাই। তাৰ বাহিৰেও এনে কৰিলে আগৰ ৰজাৰ হত্যাত তেওঁলোকৰ হাত আছে বুলি প্ৰজাই সন্দেহ কৰিব। ৰজা ভঙাৰ বাবে গুপ্তহত্যা কৰিব লাগিব। নহ'লে বিদ্ৰোহ কৰি ৰজাৰ পৰা ৰাজধানী দখল কৰিব লাগিব। এতিয়া মাত্ৰ এটাই পন্থা আছে— ৰজাক যেনে-তেনে হত্যা কৰিব লাগিব। তাৰ বাবে লাগিব কোনোবা অসীম সাহসী মানুহ— যি প্ৰাণলৈ চিন্তা নকৰি ৰজাক বধ কৰিব।

তাতেও বহু বিপদ। ৰজাই গম পালে নচঁচা শূলত দিব। অকলে নহয়, গোটেই পৰিয়ালটোক। তদুপৰি যদি ৰজাৰ হত্যা হ'ল, তাৰ পাছৰজন ৰজাৰ হাততো শাস্তি পোৱাৰ আশংকা শেষ হৈ নাযায়। বৰঞ্চ বেছিকৈহে থাকে। এনেকৈয়ে কিছুদিন পাৰ হৈ গ'ল। খুন্‌লুং বুঢ়াগোহাঁয়ে এতিয়ালৈ আগুৱাই যোৱাৰ বাবে সংকেত দিয়া নাই। দুইজনা মন্ত্ৰীক একলগ কৰি ৰজা ভাঙিব নোৱাৰে খুন্‌লুং বুঢ়াগোহাঁয়ে। যি কৰে মনে মনেই কৰিব লাগিব। অন্ততঃ দুই-এজন মন্ত্ৰীৰ পৰা কিবা চল পালে আগবাঢ়িব পাৰে। কালজনা ৰজাৰ হত্যা সম্পৰ্কত তেওঁক মন্ত্ৰী ভাঙিলে, কিন্তু শাস্তি দিয়াৰ সাহস নহ'ল; কাৰণ প্ৰত্যক্ষ প্ৰমাণৰ অভাৱ। এতিয়া যদি কেনেবাকৈ ষড়যন্ত্ৰৰ গোন্ধ পায়, তেন্তে তেওঁক শুদাই নেৰিব।

এনেকৈ আৰু দিনচেৰেক পাৰ হ'ল। ভিতৰি ভিতৰি অধৈৰ্য হৈ উঠিছে খাৰঘৰীয়া ফুকন। যেনে-তেনে ৰজাক হত্যা কৰি জীয়েকৰ প্ৰতি কৰা অবিচাৰৰ প্ৰতিশোধ ল'ব লাগে। আৰু অপেক্ষা কৰিব নোৱাৰি। কিন্তু উপযুক্ত ক্ষণৰ বাবে অপেক্ষা কৰি আছে বুঢ়াগোহাঁয়ে। মাজে মাজে ভাবে ফুকনে— এই বুঢ়াগোহাঁইক দলত নোলোৱা হ'লেই ভাল আছিল। তেওঁ এই কামটো কৰিব পাৰিলেহেঁতেন। অৱশ্যে তেনেদৰে ভবাৰ কাৰণো নথকা নহয়। পুহাই নামৰ লগুৱাটোৱে আহি এদিন দেবেৰা খাৰঘৰীয়া ফুকনক গোপনে লগ কৰিলে।

ঃ দেউতা ঈশ্বৰ, বন্দীক কিয় বা বিচৰা হৈছিল?

ঃ পুহাই, তই ৰজাৰ লোণ খাইছ?

ঃ হয় দেউতা ঈশ্বৰ।

ঃ আমাৰ লোণৰ সোৱাদো পাহৰা নাই তই

ঃ দেউতা ঈশ্বৰৰ যহতে আজি ৰজাঘৰৰ লগুৱা। মনটো কিন্তু দুখত আছে দেউতা। যি কুঁৱৰীৰ লগত গৈছিলোঁ, সেই কুঁৱৰীয়ে নাই যেতিয়া কি সুখত ভাত খাম

ঃ ৰূপহী নগা-চাঙলৈ গ'ল। বাকী দুজনী?

ঃ বাকী দুজনীয়ে যাবলৈ মন নকৰিলে। ৰাজমাওক কাকূতি কৰি ৰৈ গ'ল।

ঃ তোক?

ঃ ওজা লিগিৰাই যাবলৈ বাধা কৰিলে।

ঃ শুন পুহাই, তই মোত ভজিবি নে স্বৰ্গদেউত ভজিবি ক?

পুহাই বৈ গ'ল। কথাৰ পাক একো ধৰিব নোৱাৰিলে। সৰুৰে পৰা ফুকনৰ ঘৰত ডাঙৰ হৈছে। আজলীৰ লগতে ডাঙৰ হৈছে। আজলীৰ প্ৰতি এটা স্নেহ আছিল। আজলীৰ এই দুৰ্দশাত সিও বৰ কষ্ট পাইছে। কিন্তু সি সাধাৰণ লগুৱা। ৰজাদেৰৰ বিপক্ষে সি কি ক'ব বা কি কৰিব কিন্তু তাৰ মনত এটা ক্ষোভ এতিয়াও দানা বান্ধি আছে।

ঃ পুহাইঙ্গ

ঃ দেউতা ঈশ্বৰঙ্গ

ঃ তই দেখোন একো নামাতিলি। যদি তই মোক নভজি স্বৰ্গদেউক ভজ, মোৰ ক'ব লগা একো নাই। আমি সকলো স্বৰ্গদেউৰ প্ৰজা। কিন্তু মই বৰ কষ্ট পাইছোঁ। কিবা এটা কৰিম, নহ'লে আপোনঘাতী হ'ম।

ঃ ফুকন দেউতা, এই বন্দী আছোঁ। কি কৰিব লাগে ক'লৈই হ'ল।

ঃ তই জানই, মোৰ তলত ছহেজাৰ পাইকে খাটে। কিন্তু মই তোকহে দায়িত্ব দিম।

ঃ মৰিলেও আপোনাতে বশ দেউতা।

ঘপ্‌কৈ বহাৰ পৰা উঠিল খাৰঘৰীয়া ফুকন। ইংগিতেৰে তাক অনুসৰণ কৰিবলৈ ক'লে। আচৰিত হৈ পুহায়ে ফুকনৰ পিছে পিছে গ'ল। ঘৰত থকা ডামৰ খুঁটাত তাক সেৱা কৰিবলৈ ক'লে। ফুকনেও সেৱা কৰিলে। তাৰপাছত পুহাইক শপত খুৱালে যে যি কাৰ্য তেওঁ সমাপন কৰিবলৈ দিব, পুহায়ে যাতে গোপনে ৰাখে। পুহায়ে তেওঁ কোৱা মতে শপত খালে। তাৰপাছত পুহাইৰ আগত ফুকনে মনৰ গোপন কথা ভাঙিলে।

ঃ স্বৰ্গদেউক মই জীয়াই থাকিবলৈ নিদিওঁ। তেওঁ কাল হ'ব লাগিব। তই কৰিব লাগিব এই কাম।

উচপ খাই উঠিল পুহাই। সি সেই ধাতুৰ মানুহেই নহয়। আজিলৈকে এটা কঠিন কাম কৰি নাপালে। পাৰ চৰাই এযোৰ মুচৰি নমৰা মানুহটোৰে ৰজাদেৰক

হত্যা কৰিব? উস্ অসম্ভৱ।

ঃ ফুকন দেউতা ঙ্গ ... মই ... মই ...।

ঃ জানো তোৰ সেই পিত নাই। তই ৰজাক অস্ত্ৰৰে মাৰিব নোৱাৰ। কিন্তু তই মোক সহায় কৰিব লাগিব।

ঃ কেনেকৈ?

ঃ ৰজাৰ লিগিৰীকেইজনীৰ মাজৰ কোনজনী সিয়ান বিচাৰি ল'বি। তাইৰ মনটোৰ উমান ল। স্বৰ্গদেউৰ এলাগী লিগিৰী হ'লে ভাল। স্বৰ্গদেউক ফটিকা নি দিয়া লিগিৰীজনী হ'লে অতি উত্তম।

কঁপনি উঠিছিল পুহাইৰ। তথাপি সি কথাষাৰ মনতে লৈ গৈছিল। তাৰপাছতো দিন বাগৰি গৈছিল। খাৰঘৰীয়া ফুকন বহি থকা নাছিল। তলে তলে তেওঁৰ বিশ্বস্ত এক পাইকক এটা গধুৰ দায়িত্ব দিছিল। যোগী সম্প্ৰদায়ৰ এই পাইকক কৈছিল শঙ্খচূড় সাপৰ বিষ যোগাৰ কৰিবলৈ। অৱশেষত এটা সৰু কাক বাঁহৰ চুঙাত দুটোপাল কি তিনি টোপাল শঙ্খচূড় সাপৰ বিষ আনি দিলে তেওঁক।

তাৰপাছতো তেওঁ পুহাইক লগ পাইছে দুবাৰো। পুহায়ে মন কৰিছে। কাকো সি লগত নলয়। যিমানে মানুহ বাঢ়ে, সিমানে বিপদ। ক'ৰবাত কেনেবাকৈ কাণ বাগৰিলে তাক ৰজাই কেঁচাইখাঁতীৰ আগত বলি দিব। তাৰ কোনো নাই; না আছে মাক-দেউতাক, না আছে বাই-ভনী, সি ঘাট-মাউৰা। খাৰঘৰীয়া ফুকনেই তাৰ সকলো। গতিকে তাৰ বংশ-পৰিয়ালে শাস্তি পোৱাৰ কথাই নাই। বহুত চিন্তা কৰাৰ পাছত সি নিজেই স্বৰ্গদেউক শেষ কৰাৰ পৰিকল্পনা প্ৰস্তুত কৰিলে। পুহাই লগুৱা হ'লেও তাৰ বুদ্ধি কম নহয়। তাৰ শাৰীৰিক শক্তি কম। কিন্তু মাউৰাৰ বুদ্ধি সদায় বেছি। গতিকে সি এক যোজনা ঠিক কৰিলে। স্বৰ্গদেউৰ এটা প্ৰধান দুৰ্বলতা হ'ল ধঁপাত। ফুৰফুৰকৈ গোন্ধোৱা ধঁপাতবোৰ গুৰগুৰিত লৈ খায় স্বৰ্গদেৱে। ৰজা হোৱাৰ আগৰে পৰাই খায়। ফটিকাতকৈও নিচা তেওঁৰ ধঁপাতত বেছি। গতিকে কিবা যদি কৰা হয়, ধঁপাততে কৰিব লাগিব। খাৰঘৰীয়া ফুকনে পুহাইৰ কথা মনা নাছিল। কাৰণ ধঁপাতত বিষ মিহলালেও মানুহ নমৰে। পুহাইৰ দৃঢ় বিশ্বাস মৰিব। কাৰণ সি তেনেকৈ এটা মানুহ মৰা কথা তাহানিতে শুনিছিল।

ফুকনে এইবোৰ কথা গোপনে ৰাখি মাত্ৰ খুন্‌লুং বুঢ়াগোহাঁইৰ লগত ষড়যন্ত্ৰ

কৰি আছে ৰজাক কেনেকৈ আঁতৰাব পাৰি। ইফালে ৰজাৰ অত্যাচাৰত বিদ্রোহী হোৱা মানুহৰ সংখ্যা লাহে লাহে বাঢ়ি গৈছে। সকলোৰে ইচ্ছা এটা সাহিয়াল মানুহেৰে ৰজাক কাৰেঙতে হত্যা কৰাৰ। কিন্তু ভিতৰৰ সাহিয়াল মানুহ পোৱা নাই। আগৰজনা ৰজাৰ হত্যাৰ শাস্তিয়েও সকলোকে নিৰুৎসাহ কৰিছে। গতিকে সুযোগৰ অপেক্ষাত সকলো। প্ৰধানমন্ত্ৰী বুঢ়াগোহাঁইৰ বাহিৰে বাকী মন্ত্ৰীকেইজনে ৰজা ভঙাটো বিচাৰে। কিন্তু বুঢ়াগোহাঁয়ে সন্মতি দিব যে তাত সন্দেহ আছে।

সাপৰ বিহৰ সৰু চুঙাটোৰ পৰা বিহৰ টোপালকেইটা এটা ৰূপৰ সৰু সঁফুৰাত সুমুৱাই পুহাইৰ হাতত অৰ্পণ কৰিছে ফুকনে। এতিয়া মাত্ৰ সুযোগৰ অপেক্ষাত। দুয়োফালে দুটা দলে ষড়যন্ত্ৰৰ জাল ৰচিছে। এটা দলত খাৰঘৰীয়া ফুকন আৰু পুহাই। আনটো দলত খুন্‌লুং বুঢ়াগোহাঁইৰ নেতৃত্বত স্বৰ্গদেউৰ বিপক্ষে থকা মানুহ আৰু লগতে মন্ত্ৰী দুজনা আৰু খাৰঘৰীয়া ফুকন। কিন্তু দলত কোন কোন আছে বুঢ়াগোহাঁই আৰু খাৰঘৰীয়া ফুকনৰ বাদে কোনেও নাজানে। ইফালে খাৰঘৰীয়াৰ ষড়যন্ত্ৰৰ কথা নাজানে বুঢ়াগোহাঁয়ে। আনফালে পুহাই প্ৰস্তুত হাতত বিহৰ টোপোলা লৈ। এতিয়া ৰজাৰ ভৱিষ্যৎ সম্পূৰ্ণৰূপে নিয়তিৰ হাতত।

ছয়

চুহুংমুং কোঁৱৰে প্ৰকাণ্ড হাউলীটোৰ চোতালত ঘোঁৰাৰ পৰা নামিল। তেওঁৰ লগত আৰু তিনিটা মানুহ। জেঠমহীয়া ৰ'দত ঘামি-জামি আহিছে তেওঁ। দৌৰি আহি দাস এটাই ঘোঁৰাটো ধৰিলে। হঠাৎ শুনিলে তেওঁ এটা মিহি কেঁচুৱাৰ কান্দোন। ৰৈ গ'ল কোঁৱৰ। লগে লগে দবা-শংখ, ঢোল-খোল বাজি উঠিল কোঁৱৰৰ হাউলীত।

স্বৰ্গদেউ চুপিম্‌ফাৰ বৰপুত্ৰ এই চুহুংমুং কোঁৱৰ। বাকীকেইজন কোঁৱৰো ৰাজ্যৰ বিভিন্ন স্থানত একো একো অঞ্চল শাসন কৰি আছে। ডাঙৰজন বাবে তেওঁ দিহিঙৰ পাৰৰ অঞ্চলবোৰ চায়। মুখত হাঁহি বিৰিঙি উঠিল চুহুংমুং কোঁৱৰৰ। তিনিজন পুতেক ইতিমধ্যে ডাঙৰেই হৈছে। এইবাৰ এজনী ছোৱালী আশা কৰিছে। স্বৰ্গত থকাজনে কিবা কৰে লাহে লাহে ভিতৰলৈ সোমাই গ'ল কোঁৱৰ।

দৌৰ মাৰি আহিল কনকা নামৰ দাসীজনী।

ঃ দেউতা ঈশ্বৰ, দেউতা ঈশ্বৰ। ছোৱালী এজনী জনম পাইছে।

সঁচাকৈয়ে এইবাৰ আনন্দেৰে উপচি পৰিল চুহুংমুঙৰ মুখ। তিনিজন পুত্ৰৰ পাছত এইজনী কন্যা। ঘৰখন ধৰিবলৈকে কন্যা এজনী লাগে। ক'ৰবাৰ পৰা আহি অকণমান মুখখন চাই আনন্দ লভিবলৈ জীয়াৰী এজনী নহ'লে নহয়। ঘৰৰ জেউতি কন্যাজনী। তেওঁ ৰাজকোঁৱৰ, অৱশ্যে কোঁৱৰ হোৱা আজি প্ৰায় তিনি বছৰমানহে হৈছে। জ্যেষ্ঠ বাবে তেওঁ ৰজা হোৱাৰ সম্ভাৱনা প্ৰবল। তাৰ প্ৰস্তুতি ইতিমধ্যে চলিছেই। তেওঁক চাৰিং খণ্ড শাসন কৰিবলৈ ৰজা পাতি দিছে স্বৰ্গদেৱে। তেওঁতকৈ কনিষ্ঠ দুজনক পাতিছে নামৰূপীয়া ৰজা, টিপমীয়া ৰজা। এই তিনিজনৰ ভিতৰতে এজন যে ৰজা হ'ব, সেই কথা খাটাং। নিজৰ নিজৰ প্ৰজা-পাইকক লৈ তেওঁলোকে বিষয় খাই আছে। এইবাৰ প্ৰজাৰ খেতি-বাতিও ভাল হ'ব যেন লাগিছে। দেৱতাসকল সন্তুষ্ট হ'লে ৰাজ্যত মাৰি-মৰক নহ'লেই ৰক্ষা।

দেশৰ ৰজাৰ কোঁৱৰসকলক সাধাৰণতে বিষয়বাব দিয়া নহয়। তাৰ দুটা কাৰণ আছে— এটা হ'ল অন্য বিষয়াৰ সৈতে মিলি ৰজাক ভাঙি নিজে ৰজা হ'ব পাৰে, নহ'লেবা অন্য বিষয়াৰ তলত বিষয়বাব খাই আকৌ ৰজা হ'লে তেওঁলোকক চলাবলৈ অসুবিধা হ'ব বুলি। গতিকে তেওঁলোকক মেলডঙীয়া ৰজা কৰি থয়। চাৰিঙীয়া, নামৰূপীয়া, টিপমীয়া, সৰুমেলীয়া আৰু মাজুমেলীয়া ৰজাও আছে। এই ৰজাবোৰ সকলো ৰজাৰ বংশৰ। ৰজা হোৱাৰ যোগ্য কোঁৱৰ। তেওঁলোকে এক এক খণ্ড শাসন কৰাৰ লগতে নিজেই ৰজাৰ দৰে ফুকন, বৰুৱা, হাজৰিকা, শইকীয়া, বৰা আদি পাতি লৈ নিজৰ নিজৰ খণ্ড ৰাজ্য শাসন কৰে। এই তিনিজনৰ পৰাই পৰৱৰ্তী ৰজা নিৰ্বাচন কৰে। তেওঁলোক ৰাজচ'ৰাত উপস্থিত থাকি ৰজাক পৰামৰ্শ দিয়াৰ লগতে ৰজাক যুদ্ধত সম্পূৰ্ণৰূপে সহায় কৰে। যুদ্ধক্ষেত্ৰলৈও যাব লাগে। সৰুমেল আৰু মাজুমেলৰ ৰজাসকলেও স্বৰ্গদেৱে দিয়া মাটি-বাৰী চাই মেল সুধিছিল। যুদ্ধলৈও যায় এওঁলোক ৰজাদেৱৰ আদেশত।

মনটো আনন্দেৰে ভৰি পৰিছিল চুহুংমুং কোঁৱৰৰ। ছোৱালী মানে লক্ষ্মী। ঘৰলৈ লক্ষ্মী আহিছে। তেওঁৰ মনটো বহুত মুকলি হৈ পৰিল। দুদিনমান তেওঁৰ মনটো গধুৰ হৈ আছিল। হঠাতে তেওঁৰ মনত পৰিল যে ছোৱালী জন্মাৰ খবৰটো বংশ-পৰিয়ালৰ সকলোলৈ পঠিয়াব লাগে। স্বৰ্গদেউক জনাব লাগে।

স্বৰ্গদেউৰ কথা মনলৈ অহাত অকণমান অস্থিৰ হৈ উঠিল কোঁৱৰ। তেওঁৰ পিতৃ স্বৰ্গদেউ, তথাপি তেওঁ পিতৃৰ লগত বহুত কথাত একমত হ'ব নোৱাৰে। তেওঁৰ পুথাওক হত্যা কৰা হত্যাকাৰীক পৰিয়ালৰ সৈতে ৰজা হৈয়েই প্ৰাণদণ্ড দিলে। বুঢ়াগোহাঁইক মন্ত্ৰী পদৰ পৰা বিদায় দিলে। তাতেই এই অধ্যায় শেষ হ'ব লাগিছিল। কিন্তু তেওঁ এতিয়ালৈকে বিভিন্নজনক শাস্তি দিয়েই আছে। তাৰ বাহিৰেও সগৰ্ভা চমুৱা কুঁৱৰীগৰাকীক খেদি দিয়াটো অন্যায় হৈছে। পৰিপক্ক ৰাজনীতিৰে দেশ শাসন নকৰিলে বিষয়া, মন্ত্ৰী আৰু সাধাৰণ প্ৰজাই বিদ্ৰোহ কৰিবলৈ বিচাৰে। কিন্তু প্ৰকাশ্যে বিদ্ৰোহ অতি কমেইহে কৰে। হয় ৰজা ভাঙে, নহয় হত্যা কৰে। এনে কিবা এটা হোৱাটো তেওঁ বিচৰা নাই। তেওঁৰ চৰ ৰাজ্যখনত ঘূৰি ফুৰে। তেওঁ তেনে এটা কথাৰ উমান নোপোৱাও নহয়। খুন্‌লুং বুঢ়াগোহাঁইৰ হাউলীত মনে মনে কেইবাজনো চমুৱা বিষয়া আৰু কোনোবা কোনোবা ফুকন গোট খাই আলচ কৰাৰ বাতৰি তেওঁ পাইছে। এনেয়েও খুন্‌লুং বুঢ়াগোহাঁই ভগা মন্ত্ৰী হৈ পেটে পেটে ৰজাৰ প্ৰতি অনীহা হৈ আছেই। তাতে চমুৱা কুঁৱৰীক

নগাত দিয়াতো খাৰঘৰীয়া ফুকন খঙত জ্বলি আছে। ইয়াৰ বাহিৰেও শাস্তি পোৱা প্ৰজা আৰু ডাঙৰীয়াও লগ লাগিছেহি। এই বিষয়ত পিতাকক সাৱধান কৰোঁতে পিতাকে ওলোটাই তেওঁকহে ককর্থনা কৰিলে। পিতাকৰ কার্যত দুইজনা মন্ত্রীৰে অসন্তোষ। কিবা এটা হ'লে মন্ত্ৰীকেইজনেও ৰজাৰ কাষত থিয় নহয়। নিয়ম মতে এতিয়া ৰজা পাতিলে তেওঁকেই পাতিব লাগিব। কিন্তু যদি ষড়যন্ত্ৰ কৰি কোনোবা কোঁৱৰক ৰজা পাতে ক'ব নোৱাৰি।

গুৰগুৰিত ধঁপাত এচিলিম আনি দিলে দাস এটাই। এইটো দাস তেওঁৰ লগত বহুত দিনৰ পৰাই আছে। পাহাৰৰ মানুহৰ ল'ৰা। কোনোবা এটাই ধৰি আনি তেওঁক বেচিছিলহি। তেতিয়াৰ পৰাই তেওঁৰ তাতে আছে। তেওঁ তাৰ মুখখনলৈ চালে। শান্ত এখন মুখ। কোনো উৎকণ্ঠা নাই। দুবেলা দুমুঠি খাবলৈ পাইছে আৰু কাম কৰিছে। ৰাজ্যৰ কথাও চিন্তা কৰিবলৈ নাই, সংসাৰৰ কথাও নাই। এই দাস-দাসীবোৰৰ জীৱনটোৱেই সুখৰ। হয় ইহঁতক যুদ্ধত হৰুৱাই ধৰি আনে, নহয় শক্তিশালী জাতিয়ে ধৰি আনি অন্যৰ ওচৰত বিক্ৰী কৰে। ইহঁতৰ ল'ৰা-ছোৱালীয়েও দাস হৈয়েই জন্মগ্ৰহণ কৰে। যুদ্ধলৈ যাব নালাগে ইহঁতে। মাত্র কাম কৰা আৰু থকা। একপ্ৰকাৰ ভালেই জীৱন ইহঁতৰ।

কন্যা সন্তান জন্ম হৈছে। মুখখন চাবৰ বাবে ইচ্ছা আছিল কোঁৱৰৰ। কিন্তু নাপায় বোলে। বাজ দেখুওৱাৰ পাছতহে বোলে ঘৰৰ মুৰব্বীয়ে চাব পায়। বাজ দেখুৱাব লাগিব, আলচীয়া সবাহ পাতিব লাগিব। সন্তান জন্ম হ'লেই মাছ দান দিয়া নিয়ম। জ্ঞাতি-কুটুম্বক মাছ দান দিব লাগিব। কিবা কঢ়িয়াই আনিছে এই কন্যা সন্তানটিয়ে ঘৰলৈঙ্গ

সাত

চমুৰা কুঁৱৰী কাল হোৱা আজি প্ৰায় এটা বছৰেই পাৰ হ'ল। কোঁৱৰে দুই-এটা খোজ দিবলৈ আৰম্ভ কৰিছে। কামবোৰ খৰ কোঁৱৰৰ। দুই-এটা শব্দও ক'বলৈ আৰম্ভ কৰিছে। কিন্তু ৰূপহীৰ চিন্তা— সি প্ৰথমে নগা ভাষাতহে কথাবোৰ শিকিব। উপায় নাই। নগা মানুহৰ লগতে সি ডাঙৰ হ'ব লাগিব। কোঁৱৰ হৈ কি সুখত থাকিলহেঁতেন সি। কিন্তু তাৰ ভাগ্যই এনেকুৱা। ৰজাৰ ঘৰৰ ঠাইত তাৰ জন্ম হৈছে নগা-চাঙত।

চাঙৰ ওপৰত উঠি চাৰিওফালে চালে ৰূপহীয়ে। এইখন পাহাৰৰ ওপৰৰ নগা গাঁও। গোটেই গাঁওখন বেৰি কোঠ মৰা। কোঠ মানে ডাঙৰ ডাঙৰ ওখ বাঁহৰ চকোৱা। বাঁহৰ গোঁজবোৰৰ ওপৰবোৰ জোঙা। ডাঠকৈ বৈ দিয়া। মাজত এখন দুৱাৰ। দুৱাৰখন কাঠৰ। তাৰপাছত এশাৰী এশাৰীকৈ দুশাৰী কোঠ। তাৰ পিছৰ শাৰীৰ মাজৰ দুৱাৰখন শিলত কটা। তাতো কাঠৰ এখন ডাঙৰ দুৱাৰ। সেইখন দুৱাৰ এনেয়ে খোলা থাকে। কিন্তু গাঁৱত কিবা উৎসৱ হ'লে বা শত্ৰুৰ আক্ৰমণৰ সময়ত এই দুৱাৰ বন্ধ কৰি দিয়া হয়। দুৱাৰৰ ভিতৰফালে ওখ একোটা টঙি ঘৰ। তাত উঠি গাঁওখনলৈ শত্ৰু আহিছে নেকি তাকে পহৰা দিয়া হয়। বেৰৰ কাষে কাষে ডাঙৰ গছ ৰোৱা আছে। গছবোৰৰ ওপৰতো একো একোটা টঙি ঘৰ। তাৰ পৰাও শত্ৰুক নিৰীক্ষণ কৰা হয়। শত্ৰু বহুত থাকে। চিংফৌ আৰু আবৰবোৰে মাজে মাজে নগা গাঁৱত আক্ৰমণ কৰে। যুদ্ধত হাৰিলে লুটপাত কৰি, গাঁৱৰ মতা-মাইকীবোৰক ধৰি লৈ গৈ অন্য ঠাইত বা ভৈয়ামত দাস হিচাপে বিক্ৰী কৰে বা নিজৰ ঘৰত দাস কৰি ৰাখে। আহোমৰ লগতো বোলে আগতে যুদ্ধ হওঁতে আহোম সৈন্যই গাঁও আক্ৰমণ কৰিছিল। কোঠৰ চাৰিওফালে ডাঙৰ ডাঙৰ খাৰৈ, ইয়াত জোং দিয়া। সাধাৰণতে সেইফালে শত্ৰু অহা অসম্ভৱ।

প্ৰথমতে ৰূপহীৰ বৰ অশান্তি লাগিছিল ইয়াৰ অৱস্থা দেখি। ৰজাঘৰত থকা দিনবোৰৰ কথা তাইৰ মনত পৰে। কি সুন্দৰ আছিল ৰজাৰ কাৰেংঘৰ সিহঁতৰ

বাবেও লিগিৰা-লিগিৰীৰ ঘৰ বেলেগকৈ আছিল যদিও সি আছিল একেবাৰে চিকুণ। মজিয়া বা চোতাল ফু মাৰি ভাত খাব পৰা। সুন্দৰকৈ গোবৰেৰে মচি-কাচি থোৱা। তাৰ তুলনাত ইহঁতৰ চোতাল গৰু-গাহৰিৰ গোবৰ, চৰাইৰ গু-মূতেৰে ভৰা। চাংঘৰৰ পৰা নামিলেই তলবোৰ একেবাৰে লেতেৰা। গৰু, গাহৰি, মেঠোন, কুকুৰা চৰাই— সকলো ঘৰৰ তলতে বান্ধে। লাহে লাহে আজি-কালি সকলো সহ্য হৈ গৈছে তাইৰ। তথাপি মাজে মাজে মনটোৱে বিদ্ৰোহ কৰিব খোজে। ইয়াৰ পৰা যেন দৌৰি ওলাই গৈ তাই নিজৰ গাঁও পাবগৈঙ্গ কিন্তু নোৱাৰে— এটা মোহ। মোহে তাইক ইয়াত ধৰি ৰাখিছে। সেয়া হ'ল চমুৰা কুঁৱৰীৰ সন্তান। মৃত্যুৰ আগতে কুঁৱৰীয়ে দায়িত্ব দি গৈছিল তাইৰ ল'ৰাটোক চাবলৈ। তাক এৰি থৈ তাই কেনেকৈ যায় মাতৃহীনা ল'ৰাটোক চাব কোনে আজি এটা বছৰে বুকুত লৈ ডাঙৰ কৰা ল'ৰাটোৰ মা হৈ তাইক সকলো পাহৰাই ৰাখিছে। তাইৰ জীৱনটোৱেই এনেকুৱা। সৰুৰে পৰাই চমুৰা কুঁৱৰীৰ লগত থাকোঁতেই গ'ল। কোনোফালে চাবলৈ সময়ে নাপালে। যদি কাৰেঙত থাকিলহেঁতেন, হয়তো কোনোবা পাইকৰ লগতে কুঁৱৰীয়ে বিয়া দি দিলেহেঁতেন। কুঁৱৰীৰ মেলত বৰা, শইকীয়া, হাজৰিকা— কাৰোবাক কোৱা হ'লেই হ'লহেঁতেন। কিন্তু সেই সপোন সপোন হৈয়ে ৰ'ল আৰু এটা কাৰণত তাইক যেন ক'ব নোৱাৰাকৈ বান্ধি ৰাখিছে এই নগা গাঁওখনে— সেয়া হৈছে নগাবোৰৰ ৰজা কাৰংমা। ডেকা ৰজাটোৱে গাত একো নিপিন্ধে, মাত্ৰ মণি দুধাৰি ডিঙিত। মূৰত পাখি লগোৱা এটা মুকুট। কঁকালত এটুকুৰা সৰু লেংটি। কি সুন্দৰ দেহৰ গঠন চালে চাই থাকিবৰ মন যায়। কুঁৱৰীয়ে তাক ভাল দেখিয়েই খেদা খালে। কুঁৱৰী ৰজাৰ ঘৈণী। তাতে গৰ্ভত সন্তান আছিল। নহ'লে এনে এটা ডেকাৰ মৰম পালে দেশান্তৰী হ'লেও সুখ। তাতে মানুহটোক সকলোৱে সমীহ কৰে। চকুহাল অনবৰতে তিৰ্‌বিৰাই থাকে। সি বিয়া কৰোৱাজনীও বেছ্ ধুনীয়া গাভৰু। আচলতে খুন্‌বাওটোৰ ঘৈণীয়েকহে প্ৰকৃত মাতৃ কোঁৱৰৰ। জন্ম হৈয়ে মাকৰ মূৰ খোৱা কোঁৱৰক বুকুৰ গাখীৰ দি ডাঙৰ কৰিছে খুন্‌বাওৰ ঘৈণীয়েকে। বাকী প্ৰতিপালন কৰিছে ৰূপহীয়ে। খুন্‌বাওৰ ল'ৰাটো অকণমান ডাঙৰ হ'ব কোঁৱৰতকৈ। এই গাঁৱৰ নগা গাভৰু আৰু মাইকী মানুহবোৰ দেখি প্ৰথমতে ৰূপহীৰ লাজ লাগিছিল। কঁকালত কাপোৰ এখন ওলোমাই ৰাখে মাত্ৰ। কেৰু-মণিৰে ধুনীয়াকৈ থাকে যদিও ওপৰৰ অংশত একো নাথাকে। অৱশ্যে ভৈয়ামৰ মানুহক দেখি দেখি দুই-এক গাভৰুৱে বুকুত সৰু কাপোৰ একোখন মাৰিবলৈ লৈছে। সিহঁতে এনেধৰণেই সহজভাৱে ঘূৰি

ফুৰে। ৰূপহী সৰুৰে পৰা মেঠনি মাৰিয়েই ডাঙৰ হ'ল। ৰজাঘৰত গাত একোখন খনীয়া কাপোৰ ল'ব লাগে। কুঁৱৰী ৰজাৰ লগত থাকোঁতে তাইৰ একোৰে অভাৱ নাছিল। ৰজাঘৰত ৰাজমাওৰ পৰা কুঁৱৰীকে আদি কৰি সকলো ওচৰ সম্পৰ্কীয় মানুহৰ একোখন মেল থাকে । মেলত হাজৰিকা, বৰা সকলো থাকে। তেওঁলোকে ভাগে ভাগে বিষয়-সম্পত্তি চাই তাৰ উপাৰ্জন আনি দিয়ে। নগাবিলাকৰ কাৰ্য-কৰ্ম বেলেগ। ঝুম খেতি কৰে সিহঁতে। হাবি জুই লগাই পুৰি, মাটি চহাই খেতি কৰে। পাহাৰী নিজৰাৰ পানী কাটি আনে। চিকাৰো কৰে। লোণৰ পুঙৰ পৰা লোণ উলিয়াই ভৈয়ামত বেচা-কিনা কৰে। খুন্‌বাওটো ৰজাৰ দৰে, তাৰ কথা মতে সকলো চলে। এই মানুহবোৰ আহোম ৰজাৰ তলতীয়া। ইয়াৰ ডেকাবোৰে বিয়া হোৱাৰ আগলৈকে ডেকা চাঙত থাকে। ডেকা চাঙত অস্ত্ৰ-শস্ত্ৰ আৰু লুট কৰি অনা বস্তুবোৰ থাকে। সেইদৰে গাভৰু চাঙত থাকে গাভৰুবোৰ। বিয়াৰ আগলৈকে ডেকা-গাভৰুৰ অবাধ মিলা-মিছাত বাধা নাই। মাত্ৰ আবিয়ৈ গাভৰু যদি গৰ্ভৱতী হয়, চোৰ ধৰা পৰাজনে তাইক বিয়া কৰাব লাগিব। কিন্তু বিয়াৰ পাছত সম্পূৰ্ণ সতীত্ব অটুট ৰাখে তিৰোতাই।

নগা খুন্‌বাওটোৱে কুঁৱৰীৰ মৃত্যুৰ পাছতো তাইক আৰু কোঁৱৰক ৰজা ৰখাদি ৰাখিছে। কিন্তু দুয়োৰে মাজত এক আকৰ্ষণ যে হৈছে, সেই কথা ৰূপহীয়ে অনুভৱ নকৰাকৈ থকা নাই। ডেকা-গাভৰুৰ অবাধ মিলা-মিছা দেখি তাইৰো মনটো চঞ্চল হৈ যায়। কিন্তু তাই হ'ল ৰজাঘৰীয়া গাভৰু। গতিকে তাইক হাত দিবলৈ কোনেও সাহস নকৰে। কিন্তু তাই যে কাৰংমাৰ প্ৰতি আকৰ্ষিত, তাক বুজিবলৈ বাকী নাই নগা ৰজাৰ। কিন্তু সিও কিবা এটা আশংকাত তাইৰ ওচৰ নাচাপে। প্ৰথমতে তাই ভাবিছিল যে কাৰংমাই ঘৈণীয়েকৰ বাবেহে তাইৰ কাষলৈ নাহে। কিন্তু এদিন চোতালৰ খুন্দনাত ধান খুন্দি থাকোঁতে ওচৰতে বৈ আছিল ৰূপহী। কোঁৱৰ শুই আছিল চাংঘৰত। দুজনীমান নগা তিৰোতায়ো লগতে ধান বানি সিহঁতৰ দোৱানত কথা পাতি আছিল।

ঃ এই ভৈয়ামৰ ছোৱালী, তোক মোৰ মতাটোৱে বৰ মৰম পাই দে।

উচাপ খাই উঠিছিল ৰূপহী। লাজতে ৰঙা পৰি গৈছিল। পেটে পেটে শংকাও হৈছিল। কিন্তু আচৰিত, কাৰংমাৰ ঘৈণীয়েকৰ মনত কোনো ঈৰ্ষাৰ ভাব নাছিল। সহজভাৱে কৈছিল কথাষাৰ। কিমান সৰল এই মানুহবোৰ সিহঁতৰ বহুবিবাহৰ প্ৰচলন তেনেকৈ নাছিল যদিও সিহঁতৰ গাম বা খুন্‌বাওবোৰে দুই-তিনিজনী বিয়া

কৰোৱাত বাধা নাছিল। মনত পৰিল ৰূপহীৰ আহোম ৰজাৰ কুঁৱৰীবোৰৰ কথালৈ। ইজনী-সিজনীৰ মাজত কিমান হিংসা, খিয়লা-খিয়লি। কেনেকৈ ইজনীক ৰজাৰ অপ্ৰিয় কৰি নিজে প্ৰিয় হ'ব পাৰে তাৰে চিন্তা।

কোঁৱৰৰ ডাঙৰ নোহোৱালৈকে কোঁৱৰৰ মাকৰ দৰে থাকিব লাগিব তাই। তায়ো এজনী তেজ-মঙহৰ গাভৰু। তাইৰো মন যায় কোনোবা পুৰুষৰ ঘৰ শুৱনি কৰিবলৈ। কিন্তু তাই কয় কেনেকৈ? ক'ব কাক? সিহঁতৰ বিবাহিত খুন্‌বাওটোলৈনো হাত মেলে কেনেকৈ তাই অৱশ্যে ঘৈণীয়েকৰ কথাত তাই কিছু প্ৰশ্ৰয় নোপোৱা নহয়। তথাপি তাইৰ ভয় লাগে। অসুৰ জাতিৰ মানুহ এইবোৰ। যিটো মতাই লোকৰ মূৰ কাটি আনিব নোৱাৰে, সেই মতাক ছোৱালীবোৰেও ভাল নাপায়। লোকক লুটপাত কৰি আৰু মূৰ কাটি আনি ঘৰৰ আগফাল ওলমাব পাৰিলেহে মতা।

হঠাৎ কোঁৱৰৰ কান্দোনে বাস্তৱলৈ নমাই আনিলে কুঁৱৰীক। তাই চাংঘৰৰ ভিতৰলৈ সোমাই গ'ল।

আঠ

সুবিধা বিচাৰি আছে পুহায়ে। সুবিধা নোপোৱাও নহয়, পাইছে। কিন্তু সাহস কৰিব পৰা নাই সি। আচলতে এনেবোৰ কাম কৰিবলৈ মনটো ডাঠ কৰিব পাৰিব লাগে। মাজে মাজে ভাব হয়— নকৰোঁ নেকি এনেকুৱা পাপ কামঙ্গ যুদ্ধ কৰিবলৈ গৈ মানুহ হত্যা কৰাটোও বেলেগ কথা। যুদ্ধত মানুহ মাৰিম বা নিজে মৰিম বুলিয়েই যায়। সেয়া দেখা শত্ৰু। কিন্তু স্বৰ্গদেউতো তাৰ শত্ৰু নহয়। স্বৰ্গদেৱে ৰাজ্যখন চলাইছে। তাত ইটো-সিটো হ'বই। কিন্তু প্ৰত্যেক কথাতে লাগিলে জানো চলিব? তাৰ প্ৰতি স্বৰ্গদেৱে একো অন্যায় কৰা নাই। সি স্বৰ্গদেউৰ লগুৱা। যৌতুকত কুঁৱৰীৰ লগত অহা। আচলতে সি কুঁৱৰীৰ লগতে নগা পৰ্বতলৈ যাব লাগিছিল। নগ'ল। কোনেও জোৰো নকৰিলে। তাৰ মনো নগ'ল নগা পৰ্বতলৈ যাবলৈ। ৰজাঘৰীয়া সুখ এৰি তাৰ নগা-চাঙত জীৱন কটাবলৈ মন নগ'ল। সি আজলীক মৰম কৰিছিল। ভালো পাইছিল। কিন্তু স্বৰ্গদেৱে খেদি দিয়া কুঁৱৰীৰ লগত তাৰ সেই সময়ত যাবলৈ মন নগ'ল। ৰূপহীৰ দৰে লগত যাবলৈ সি আজলীৰ ইমান ওচৰৰ হ'ব নোৱাৰিলে। কুঁৱৰীক এনেকৈ খেদি দিয়াটো দোষ হোৱা নাই? কুঁৱৰী ল'ৰা এটা এৰি ঢুকাল। এতিয়া আৰু কুঁৱৰীৰ প্ৰতিশোধ ল'বলৈ গৈ স্বৰ্গদেউক হত্যা কৰাৰ কি যুক্তি আছে? কিন্তু সি নিৰুপায়। খাৰঘৰীয়া ফুকন তাৰ পিতৃ স্বৰূপ। পিতৃ আজ্ঞা পালন কৰিবলৈ হেনো পৰশুৰামে মাতৃকো হত্যা কৰিছিল। তেন্তে সিও ফুকনৰ আজ্ঞা পালন কৰিবই লাগিব। ইফালে ফুকনে গোপনে ষড়যন্ত্ৰ কৰিছে আৰু কোনোবা কোনোবা ফুকনৰ লগত যোগ আছে বুলিও সি জানে। এই সকলোৰে তাৰ মুখলৈকে চাই আছে। সি যদি নোৱাৰে, আগতেই ক'ব লাগিছিল। এতিয়া আৰু ওভতাৰ সময় নাই। এতিয়া এনে অৱস্থাত নকৰোঁ বুলি ক'লে তেওঁলোকে সন্দেহ কৰিব। তেওঁলোকে ভাবিব সি ৰজাৰ ফলীয়া হৈ গ'ল বুলি। অকল সেয়াই নহয়, হয়তো তেওঁলোকে সন্দেহ কৰি তাক কথাবোৰ গুপুতে ৰখাৰ স্বাৰ্থত হত্যা কৰিব পাৰে। গতিকে সি যি কামত হাত দিছে, তাক সম্পূৰ্ণ কৰিবই লাগিব।

কাম-বন কৰাৰ মাজতে সি চিন্তা কৰি আছে বিভিন্ন কথা। ৰজাদেউক বধ কৰা অতি সহজ কথা নহয়। গ'লজনা স্বৰ্গদেউক বাঁহৰ মাজত শেল লুকুৱাই আনি হত্যা কৰিছিল। তাকো শোৱনি ঘৰৰ বেৰ মেৰামতি কৰিবৰ দায়ত। আচলতে মন্ত্ৰী-ডাঙৰীয়াৰ সমৰ্থন আছিল কাৰণে আৰু বহুতৰ সহায় আছিল বাবে সেয়া সম্ভৱ হ'ল। এতিয়া তেনেদৰে কৰা অসম্ভৱ। স্বৰ্গদেউৰ শোৱনি কোঠালৈ বা তামুলী চ'ৰালৈ যোৱা সাধাৰণ মানুহৰ পক্ষে অসম্ভৱ। তাত ৰাতি অতি বিশ্বাসী লগুৱাৰ বাহিৰে অন্য পুৰুষ মানুহ থাকিব নোৱাৰে।

ৰজাৰ টোলৰো কাণ্ড-কাৰখানা অন্যৰ লগত নিমিলে। ৰাজধানী নগৰৰ উজনিৰ ফালে ৰজাৰ নগৰ। ইয়াৰ চাৰিওফালে ইটাৰ গড়। এই নগৰ এখন তামোল খোৱা বাটৰ সমান দীঘল। এই নগৰত প্ৰৱেশ কৰিবলৈ তিনিখন দুৱাৰ আছে। দক্ষিণৰখনক বৰদুৱাৰ, পূবৰখনক পানীদুৱাৰ, পশ্চিমৰখনক ন-দুৱাৰ বোলে। উত্তৰ ফালে দুৱাৰ নাই। কাৰেংঘৰ পাছফালে। বৰদুৱাৰ পাৰ হৈ ৰজাৰ কৰ্মচাৰীৰ ঘৰ। চিপাহী, টেকেলা, বৰা প্ৰভৃতি কৰ্মচাৰীসকল ইয়াত থাকে। ৰজাৰ বৰচ'ৰাৰ মুখত এটা বাটচ'ৰা। ইয়াৰ চাৰিওফালে খালী ঠাই। তাকে খলা বোলে। এই খলাৰ কাষতে ফুকন, বৰুৱা যিসকল বিষয়া ৰাতি নগৰত থাকে, তেওঁলোকৰ চালিঘৰ। বৰচ'ৰাত উঠিবৰ সময়ত বিষয়াসকলে ভৰি ধোৱা, পানী চোৱা ঘৰো ইয়াতে।

বৰচ'ৰাৰ ভেটি বেছ ওখ। এই ঘৰটো যথেষ্ট দীঘল-বহল। ইয়াত কোঠালিও বহুত। বৰচ'ৰাৰ কিছু দূৰতে ৰজাৰ টোল। ইয়াৰো চাৰিওফালে প্ৰাচীৰ। ইফালে সোমোৱা তিনিখন দুৱাৰ। প্ৰথমখন দৰিকা দুৱাৰ, ইয়াক পাৰ হৈ দোলাকাষৰীয়া চ'ৰা। ইয়াত দোলাকাষৰীয়া বা তেওঁলোকৰ ওপৰৰ জানা প্ৰহৰী হিচাপে থাকে। বৰদুৱাৰৰ দায়িত্ব কুকুৰাচোৱা বৰুৱাৰ। তেওঁৰ অধীনত নিৰ্দিষ্ট মানুহে প্ৰহৰে প্ৰহৰে দবা কোবাই সময়ৰ জাননী দি থাকে। গড়ৰ উজনি আৰু নামনিত দুখন দুৱাৰ। ইয়াক চাউদাং দুৱাৰ বোলে। ৰজাৰ চাউদাং বা ৰক্ষক ইয়াত থাকে। এই উজনিখনক কালুগয়া দুৱাৰ, লিগিৰী দুৱাৰ বা মাটিঘৰৰ দুৱাৰো বোলে। নামনিখনক কমলাবৰীয়া দুৱাৰ বা গোসাঁই ঘৰীয়া দুৱাৰো বোলে। উজনিখনেৰে ফুকন-বৰুৱাৰ ঘৈণীয়েকসকল গড়ৰ ভিতৰলৈ যায়। এই দুৱাৰেৰে কুঁৱৰীৰ টোল পায়। চাউদাং দুৱাৰেৰে গ'লে গোসাঁইঘৰ পায়। ৰজাৰ গুৰু গোসাঁই এইফালেৰে যায়। দৰিকা দুৱাৰেই গড়ৰ প্ৰধান পথ। চাউদাং দুৱাৰৰ পাছতেই চাউদাং বৰচ'ৰা। চাউদাংহঁতে এই দুৱাৰ ৰক্ষা কৰে। পৰীয়াবোৰে সময়ে সময়ে পৰ দিয়ে। দুৱাৰৰ সন্মুখৰ চ'ৰা

এৰি গ'লে বৰ বাটঘৰ পায়। তাৰ পৰা জখলামুখ। গোসাঁই ঘৰ, কুঁৱৰীসকলৰ ঘৰ আৰু চাংমাইশাল চাংঘৰ নহয়। ৰজাৰ খোৱা, শোৱা, বহা, আমোদ কৰা, মৰং— সকলো এই চাংঘৰতে থাকে। ৰজাৰ চাঙতে এটা বৰঘৰ থাকে। তাৰ টুপতে ৰজা বহে। ইয়াত ৰজাৰ ভিতৰুৱা মেল হয়। ৰজাৰ বৰভঁৰাল চাংঘৰত। বেজঘৰো এই চাংঘৰতে। এই বেজঘৰৰ অধিকাৰী বেজবৰুৱা। তেওঁৰ অধীনত বছা বছা বেজ থাকে। ৰজাৰ লিগিৰী, কুঁৱৰীসকলৰ লিগিৰী— এই সকলো ৰজাৰ টোলতে থাকে। চাংমাই, বেজ, গোসাঁই ঘৰীয়া, জলধৰা, মৰংচোৱা— যিবোৰে টোলত ৰজাৰ কাৰ্য কৰে, সেইসকল টোলৰ বাহিৰে থাকে। অতি বিশ্বাসী লগুৱাৰ বাহিৰে চাঙৰ ভিতৰত ৰাতি বঞ্চিব কেৰে নোৱাৰে। দিনৰ ভাগতো পুৰুষ মানুহ বিশেষ কৰ্ম নহ'লে তাত সোমোৱা নিষেধ।

কিন্তু পুহাইৰ কথা সম্পূৰ্ণ সুকীয়া। কাৰণ পুহাই চমুৱা কুঁৱৰীৰ লগত অহা যৌতুকীয়া লগুৱা। তাৰ সকলোতে অবাধ গতি, মৰ্যাদাও বেলেগ। অৱশ্যে নিশা সিও বাহিৰতে থাকিব লাগে। ৰজাৰ তামুলী লিগিৰাৰ বাহিৰে চাঙত কাৰো থকাৰ হুকুম নাই। কিন্তু দিনৰ ভাগত তাৰ বাধা নাই। কুঁৱৰীক ৰজাই ত্যাগ কৰাৰ পাছতো সি যেতিয়া কুঁৱৰীৰ লগত নগা-চাঙলৈ যাবলৈ আগ্ৰহ নকৰিলে, তেতিয়া তাক ৰজাঘৰত একেই মৰ্যাদাৰে সকলোৱে আদৰি ল'লে। ৰজাৰ টোলত এনে এক ব্যৱস্থাৰ প্ৰচলন আছে যে ৰজাই যি কয় বা কৰে, সেই কাৰ্যকে সকলোৱে অন্তঃকৰণেৰে মানি ল'ব লাগে। কুঁৱৰীক নগাক দিলে। উচিত-অনুচিত বিচাৰ নকৰাকৈ স্বৰ্গদেৱে উচিত কাৰ্য কৰিছে বুলি সমৰ্থন দিব লাগিব। আচলতে কুঁৱৰীৰ লগত অহা সকলো মানুহ, বয়বস্তু কুঁৱৰীয়ে ইচ্ছা কৰিলে লৈ যাব পাৰে। মাত্ৰ কুঁৱৰীৰ নামত থকা মেল ৰা বিষয়াবাবহে নাপায়। সেই বাবে কুঁৱৰীৰ অধীনত যি বিষয় সম্প্ৰতি বৰা, কাঁড়ী আছিল, সকলো থাকি গ'ল। কুঁৱৰী ঢুকাল— এই খবৰো টোলৰ সকলোৱে পালে, তথাপি কোনেও এটোপাল চকুপানীও নেপেলালে।

পুহাইৰ ৰজাৰ টোললৈ অবাধ আহ-যাহৰ আৰু এটা কাৰণ আছে। তামুলী লিগিৰাৰ প্ৰিয় সি। এদিন ৰজাৰ ধঁপাত সজাই দিয়া লিগিৰাটো নৰিয়াত পৰিল। তামুলী লিগিৰাই স্বৰ্গদেউৰ ধঁপাত চিলিম সজাই দিয়া মানুহ বিচাৰিলে। জুতি লগাকৈ ধঁপাত লগাব জনা মানুহ কম। গতিকে পুহাই আগবাঢ়ি আহিল। স্বৰ্গদেউৰ ধঁপাতত বেছ চখ আছে। চিলিমত লগাই গুৰগুৰীত খোৱা ধঁপাতত আকৌ

বহুত কথা। লালীগুৰৰ সৈতে ফুল গুৰিৰ ফুৰ্‌ফুৰকৈ গোন্ধাই থকা ধঁপাত মিহলি কৰি ধঁপাতৰ সৰু সৰু টিকিৰা বনোৱা হয়। এইবোৰ চিলিমত দি জুই ভৰাই হোপে। সৰুৰে পৰা ফুকনৰ ঘৰত ধঁপাত লগাই লগাই সি পাগ উঠাকৈ ধঁপাত লগাব জানে। আগতেই লালী গুৰ, ধঁপাত আৰু মচলা দি ধুনীয়াকৈ তৈয়াৰ কৰি ৰাখে। তামুলী লিগিৰাই ক'লেই সি তাৰে অকণমান আনি লাহেকৈ টিকিৰা এটা বা দুটা সাজি চিলিমত লগাই দিয়ে। আজি কিছুদিনৰ পৰা স্বৰ্গদেউক ধঁপাত সিয়েই লগাই দিয়ে। মাত্ৰ তামুলী লিগিৰাই স্বৰ্গদেউৰ হাতত দিয়েগৈ।

সি বহুত ধৰণে চিন্তা কৰিছে। সুযোগ তাৰ হাতলৈ সদায় আহে। দিনত তিনিবাৰ কি চাৰিবাৰকৈ আহে। অৱশ্যে সদায় যে সি কোনেও নেদেখাকৈ ধঁপাত সজাবলৈ পায়, এনে নহয়। কোনোবা নহয় কোনোবা থাকেই। গতিকে সি কি কৰিছে-কি নকৰিছে, কাৰোবাৰ লক্ষ্য থাকিবই। ৰজাৰ বাবে দিনটোত চাৰিবাৰমান ধঁপাতৰ যোগাৰ লাগে। মৰংঘৰলৈ যোৱাৰ আগতে এচিলিম কাঢ়াকৈ ধঁপাত খায় ৰজাই। দুপৰীয়া ভাত খোৱাৰ পাছত এবাৰ খায় আৰু তাৰপাছত সন্ধিয়া এচিলিম ৰজাৰ মেল মৰাৰ সময়ত বা গুৰুত্বপূৰ্ণ কিবা আলোচনাৰ সময়ত। ৰাতি ভাত খোৱাৰ সময়ত এচিলিম।

খাৰঘৰীয়া ফুকন ডাঙৰীয়াই তাক সৰু ৰূপৰ টেমিত শঙ্খচূড় সাপৰ বিষ অকণ দিয়া দিনচেৰেক হ'ল। কেনেকৈ দিব, কিহত দিব কোৱা নাই। বাকী তাৰ দায়িত্ব। তেওঁৰ মতে কিবা খোৱাবস্তুৰ লগত মিহলাই ৰজাক খুৱাব লাগে। কিন্তু সেয়া অতি বিপজ্জনক কাৰ্য। সাধাৰণতে চাংমাইশাললৈ চাংমাই, চাংমাই বৰুৱা, ৰজা বা কুঁৱৰীৰ হাতধৰা লিগিৰীৰ বাহিৰে ৰজাৰ তামুলী লিগিৰাহে যায়। অন্য মানুহ নাযায়। সেয়া এক নিষিদ্ধ ঠাই। বহুত কথাত চাউদাং বৰুৱাৰো চকু থাকে চাংমাইশালৰ ওপৰত। পৰীয়ায়ো মাজে মাজে চকু ৰাখে। গতিকে ৰজাৰ খাদ্যত বিহ দিয়া অসম্ভৱ। কোনোবা লিগিৰীৰ যোগেদি এই কাৰ্য কৰোৱা তাৰ সাধ্যৰ বাহিৰত। কোনোবা ডাঙৰীয়াৰ ওচৰ সম্পৰ্ক নাথাকিলে কোনো লিগিৰীয়ে এই কাম নকৰে। ৰজাক হত্যা কৰাৰ দায়িত্ব সি লৈছে। ফুকন ডাঙৰীয়াৰ অন্নৰ মূল্য সি দিব লাগিব। যেনেকৈয়ে নহওক। এতিয়া ৰজাঘৰৰ অন্ন খাইছে যদিও এই অন্নও ফুকন ডাঙৰীয়াৰ যহতে পোৱা।

বহুদিনৰ আগতে সি ভাং খাইছিল। তেতিয়াও ঘাট-মাউৰা পুহাই ফুকন ডাঙৰীয়াৰ ঘৰতে বিলতীয়া। ইফালে কাম-বন নাথাকিলে পদূলি শুঙি ফুৰা স্বভাৱ।

এনেকৈ থাকোঁতে ভাটিফালৰ বণিক এটাক এদিন নৈৰ ওচৰত নাৱত লগ পালে। সি নৈৰে বেপাৰ কৰিবলৈ আহি নাৱতে থাকে। দিনৰ দিনটো বেপাৰ কৰি সন্ধিয়া হ'লে ভাং টানে। তাৰ লগত ভাং খোৱাৰ জুতি লয় পুহায়ে। দুয়ো ভাং খাই বিভিন্ন কথা পাতে। পুহায়ে আহোম ডাঙৰীয়াৰ কথা কয়; বণিকে কয় গৌড়ৰ ৰজাৰ কথা। বিভিন্ন কথাৰ মাজতে এদিন বণিকে সাধু এটা কৈছিল। এবাৰ বোলে এজন ৰজাই অন্য এজন ৰজাক বন্ধুভাৱে মাতি আনি বধ কৰিছিল। বধো কৰিছিল অভিনৱ উপায়েৰে। সাধাৰণতে ৰজাৰ খাদ্যবোৰ খোৱাৰ উপযুক্ত হয় নে নহয়, সেয়া ৰজাই খোৱাৰ আগতে অন্য এজনে খাই চাব লাগে। বন্ধু ৰজাক নিমন্ত্ৰণ কৰি আনিলেও খোৱাৰ আগতে খাদ্য এনেদৰে চাকি চাইহে খাবলৈ দিছে। গতিকে খাদ্যবস্তুত বিহ দিয়া অসম্ভৱ। কিন্তু তেওঁক গোপনে হত্যা কৰিবই লাগিব। গতিকে উপায় বিচাৰিলে। উপায় ওলাল। দুয়ো ধঁপাতৰ নিচা খায়। বন্ধু ৰজাই খোৱা ধঁপাতত শক্তিশালী সাপৰ বিষ মিহলাই দিলে। ৰজাৰ মৃত্যু হ'ল; কোনেও গম নাপালে।

তেনেদৰেই সাপৰ দুটোপাল বিহ থকা সঁফুৰাটো কঁকালৰ খোঁচনিত লৈ ফুৰিছে পুহায়ে। সেইটো হাতলৈ অহাৰ পাছতো বহুবাৰ ধঁপাত লগাই দিছে পুহায়ে, কিন্তু তাৰ টোপাল দুটা দিয়া নাই ধঁপাতত। ক'বতো নোৱাৰি কোনে ক'ত লক্ষ্য কৰি আছে। এই ৰজাক হত্যা কৰা সাধুটো অন্যয়ো জানিব পাৰে তাৰ নিচিনাকৈ। গতিকে সাৱধানে আছে সি। হঠাৎ তাৰ হাতলৈ সুযোগ আহিল। সেইদিনা বৰষুণ দিছিল মুষলধাৰে। স্বৰ্গদেউ টোল এৰি যোৱা নাছিল। ৰাজসভা এদিনো খালী পৰি থাকিব নাপায়, গতিকে ন্যায় সোধা ফুকনে গোচৰ লৈছিল। মন্ত্ৰী দুজনো বহিছিল। মেলডঙীয়া ৰজাও কোনোবা এজন আহিছিল। সদায় খাই থকা সময়ৰ বাহিৰেও স্বৰ্গদেউৰ ধঁপাত খাবৰ মন গ'ল। তামুলী লিগিৰাই তাক মাতিলে। সি সাউৎকৰে চিলিমটো সজাই আনিলে চাংমাই শালৰ অঙঠাৰে। তাৰপাছত চিলিমটো একাষৰীয়াকৈ থৈ কঁকালৰ খোঁচনিৰ পৰা ৰূপৰ টেমিটো উলিয়ালে। কোনোবাই দেখিলে ভাবিব তামোলৰ টেমি বা চূণ আছে তাত। তাৰপাছত ৰজাৰ বাবে ৰূপৰ সৰু কাঁহীত অনা লালী সনা ধঁপাতৰ টিকিৰা এটাত মাজটো খাল কৰি দি দিলে বিহৰ টোপাল দুটা। টিকিৰাটো হাতেৰে সানিলে। বিহবোৰ সোমাই পৰিল টিকিৰাৰ মাজত। কঁপা কঁপা হাতেৰে টিকিৰাটো চিলিমত দিলে। অঙঠাও দিলে। তাৰপাছত সঁফুৰাটো লুকুৱাই ফুৰাই ফুৰাই সোণ খটোৱা গুৰ্‌গুৰীটো নি

তামুলী লিগিৰাৰ হাতত দিলে। কোনোমতে চাংঘৰৰ পৰা নামি নিজৰ বহা পালেহি। তাৰপাছত অপেক্ষা আৰু সংশয়। গোটেই গাটো তাৰ ঘামিছিল। ঘনে ঘনে পানী খাইছিল আৰু চাউদাঙৰ উপস্থিতিলৈ অপেক্ষা কৰিছিল। বৰষুণৰ মাত্রা বাঢ়িছিল। সি বাঁহৰ চাংখনত বাগৰি আছিল। তাৰ লগৰ লিগিৰা এটা আহি তাক ভাত খাবলৈ মাতোঁতেও সি নৰিয়া বুলি তাতে পৰি ৰৈছিল।

বহুত প্রশ্নই তাক জুমুৰি দি ধৰিলে। স্বৰ্গদেৱে ধঁপাত চিলিম নাখালে নেকি? যদি খালে, একো নহ'ল কিয়? যদি খোৱা নাই, কোনে খালে? নে সেই বেপাৰীটোৱে কোৱা কথাবোৰ মিছা? এনেয়ে সি ইমান কষ্ট কৰিলেঙ্গ এতিয়া ফুকন দেউতায়ো বিশ্বাস নকৰিব সি এনেবোৰ কৰিছে বুলি। আকৌ দ্বিতীয়বাৰৰ বাবে চেষ্টা কৰিবলৈকো ভয়। মুষলধাৰে দিয়া বৰষুণজাকলৈ চাই সি চাঙতে পৰি ৰ'ল।

ন

ৰাজকোঁৱৰ চুহুংমুঙে পিছফালৰ চোতাললৈ ওলাই আকাশখনৰফালে চালে। কালি দিনটো আৰু নিশাটো বৰষুণ দিয়াৰ পাছত আজি বতৰ ফৰকাল। দুই-এক প্ৰজা তেওঁৰ চ'ৰালৈ আহিব। গোচৰ সুধিবলৈ আছে। হঠাৎ পদূলিত ঘোঁৰাৰ শব্দত তেওঁ উচাপ খাই উঠিল। কিবা এটা শংকাত কঁপি উঠিল ৰাজকোঁৱৰ। হঠাৎ তেওঁৰ টাঙোন ধৰা দুটা ক'ৰবাৰ পৰা আহি তেওঁৰ কাষত থিয় হ'ল। তেওঁ ৰজাৰ জ্যেষ্ঠ কোঁৱৰ। মেলডঙীয়া ৰজা। তেওঁৰ তলত ৰাজ্যৰ এটা প্ৰধান অংশ আছে। কোনে ক'ত শত্ৰু শালে কোনেও ক'ব নোৱাৰে। তাৰ বাহিৰেও বহুত সময়ত বহুত বিদ্ৰোহীয়ে মাজে মাজে ৰাজধানীলৈ আহি ডাঙৰীয়াক আক্ৰমণ কৰে। ঘৈয়াই থৈ যায়। ঘৰ-দুৱাৰত জুই দিয়ে। গতিকে টাঙোন ধৰা সদায় ডাঙৰীয়াসকলৰ ওচৰত থাকেই। তাতে মেলডঙীয়া ৰজা। এটা অঞ্চলৰ শাসনকৰ্তা, ভৱিষ্যতৰ ৰজা, ৰাজকোঁৱৰ; গতিকে কোনে কি ষড়যন্ত্ৰ কৰে ঠিক নাই। চাৰিওফালে সতৰ্ক হৈ গ'ল সকলো। দুগোট পাইক আহি বৰঘৰ আৰু চ'ৰাঘৰৰ মাজৰ বাটত থিয় হ'ল। সাৱধান হ'ল ৰজাও। এনেতে দাস এটাই আহি সেৱা কৰি জনালে যে মজিন্দাৰ বৰুৱা আহি ৰজা দেউতাক দেখা কৰিবলৈ বাটচ'ৰাতে ৰৈ আছে।

ঃ বৰুৱাক আনি চ'ৰাঘৰত বহুওৱা হওক। শীঘ্ৰে আমি তেওঁক দেখা দিম।

গুৰুতৰ যে কিবা এটা ঘটিছে, এই কথা বুজিবলৈ বাকী নাথাকিল কোঁৱৰৰ। কাৰণ মজিন্দাৰ বৰুৱা এলাপেচা বিষয়া নহয়। স্বৰ্গদেউৰ কাষৰ বিষয়া। তেওঁ স্বৰ্গদেউৰ ওচৰত থাকি স্বৰ্গদেউৰ আজ্ঞা প্ৰচাৰ কৰিব লাগিছিল। অন্য দেশৰ কটকী আহিলে, কটকীক কথা সুধি, স্বৰ্গদেউৰ আদেশ কাকতত লিখি, সিংহৰ মোহৰ মৰা ইত্যাদি কাম এই মজিন্দাৰ বৰুৱাৰ। তাৰ বাহিৰেও পাত্ৰ মন্ত্ৰী দুজনাক, চ'ৰাৰ ফুকন আৰু ৰাজখোৱাসকলক নিযুক্তি দিওঁতে তেওঁলোকক স্বৰ্গদেউৰ আদেশ বৰচ'ৰাত পঢ়ি শুনাব লাগিছিল। এই বিষয়াসকলে নিযুক্তি পোৱাৰ পাছত

গৰু-ম'হ, বন্দী-বেটী, ধন আদি ওলগনি স্বৰূপে মজিন্দাৰ বৰুৱাক দিয়ে। তাতকৈ তল খাপৰ বিষয়াক বৰচ'ৰাৰ বাহিৰত আদেশ শুনাই বিষয়া পাতিব লাগে। খেনোক বিষয়া ভাণ্ডিলে, তেওঁৰ বহালৈ গৈ স্বৰ্গদেউৰ আদেশ শুনাই থৈ আহে। বাকী কটকী পঠিয়ায়ে অন্য বিষয়াক নিযুক্তিৰ আদেশ শুনায়। দেৱোত্তৰ, ধৰ্মোত্তৰ, ব্ৰহ্মোত্তৰ আদিৰ মাটি আৰু পাইকৰ বিষয়েও তেওঁৰেই লিখায় আৰু তাৰে একোখন নকল গন্ধিয়া ভাণ্ডাৰত থয়। বছৰি ১০০০ টকা আৰু ঘৰত খাটিবলৈ পাইক পায় তেওঁ। এনেহনে এজন বিষয়া এই পুৱাতেই ঘৰলৈ অহা মানে নিশ্চয় গুৰুত্ব আছে। তেওঁক ৰাজকোঁৰ আৰু মেলডঙীয়া ৰজা হিচাপে এক খণ্ড শাসন কৰিবলৈ দিয়া হৈছিল। আজিলৈকে কাকো বিষয়া পঠিয়াই এনেদৰে ভঙাৰ কথা শুনা নাই। কিন্তু এইখন আহোম ৰাজ্য। ৰজাই অকলে দেশ চলোৱাৰ সিদ্ধান্ত ল'ব নোৱাৰে। দুই মন্ত্ৰী লগ হ'লে ৰজাকো ভাণ্ডিব পাৰে যেতিয়া তেওঁৰ পৰা কিবা কথাত বিষয়খন আঁজুৰি নিবলৈ কেতপৰ নহ'লেবা স্বৰ্গদেউৰ কিবা অপায়-অমংগল হোৱা নাইতোঙ্গ

খৰধৰকৈ চ'ৰাঘৰলৈ ওলাই আহিল ৰাজকোঁৱৰ চুহুংমুং। লগে লগে আঁঠু ল'লে মজিন্দাৰ বৰুৱাই।

ঃ ৰজাদেৱক স্বৰ্গদেউৰ টোলত বিচৰা হৈছে। দুইজনা ৰাজমন্ত্ৰী, ৰাজমাৱে অপেক্ষা কৰি আছে। ৰজাদেৱে শীঘ্ৰে যোৱাহে উচিত।

ঃ বিশেষ কিবা বতৰা আছেনে বৰুৱা?

ঃ কোঁৱৰদেৱৰ ওচৰত কোৱাত বাধা নাই, আপোনাৰ পিতৃদেৱৰ শৰীৰ অসুস্থ।

তললৈ মূৰ কৰিলে মজিন্দাৰ বৰুৱাই। পৰিস্থিতিৰ গভীৰতা বুজিবলৈ বাকী নাথাকিল ৰাজকোঁৱৰৰ। ততালিকে তেওঁ যাবলৈ সাজু হ'ল। ইতিমধ্যে ভিতৰৰ কোঠাত ভুনভুননি আৰম্ভ হৈছিলেই। মজিন্দাৰ বৰুৱাক আগবাঢ়িবলৈ দি সাজু হ'বলৈ গ'ল ৰাজকোঁৱৰ।

দেশ ৰজাবিহীন হৈ থাকিব নোৱাৰে। গতিকে য'তেই সিংহাসন আছে, তাত ৰজা থাকিবই লাগিব। দুধৰ্ষ পাইক ছটা লৈ যেতিয়া কোঁৱৰ ৰজাৰ টোল পালেগৈ, তেতিয়া নিজান কেউফালে। কাঁহ পৰি জিন যোৱা অৱস্থা। গছৰ পাত এটাও যেন লৰা নাই। মৃদু উচুপনিৰ শব্দ শুনিলে কোঁৱৰে। তেওঁৰ বুজিবলৈ বাকী নাথাকিল কি ঘটিছে। বুকুখন খুন্দা মাৰি ধৰিলে তেওঁৰ। তাৰ মাজতো এক

উত্তেজনাই তেওঁৰ তেজত টগ্‌বগাবলৈ ধৰিলে। এক মোহগ্ৰস্ত মানুহৰ দৰে তেওঁ স্বৰ্গদেউৰ চাঙৰ ওপৰলৈ উঠি গ'ল। লিগিৰীবোৰে নীৰৱে বৈ চকুলো টুকিছে। লিগিৰাবোৰে জুম বান্ধি নিজৰ ভিতৰতে আলোচনা কৰি আছে। চাৰিওফালে যেন কিবা এটা হৈ আছে বতাহবোৰ যেন বৈ গৈছে থৰ হৈ। গহীন খোজেৰে ৰাজকোঁৱৰ চুহুংমুং সোমাই গ'ল স্বৰ্গদেউৰ শোৱনি কোঠালৈ।

আহল-বহল শোৱনি কোঠাৰ এটা চুকত ডাঙৰ কাঠৰ বিচনাখন। তাৰ ওপৰত এবেগেতীয়া তুলীৰ ওপৰত শুই আছে স্বৰ্গদেউ। বনকৰা এখন কাপোৰেৰে ঢকা তেওঁৰ নিথৰ দেহ। মজিয়াৰ এচুকত হাতধৰা লিগিৰী তিনিজনীয়ে নিশব্দে উচুপিছে। বৰকুঁৱৰীৰ লগতে বাকী কুঁৱৰীকেইগৰাকী বিচনাৰ ভৰি পথানত বহি আছে। কোঁৱৰ সোমোৱাৰ লগে লগে সশব্দে কান্দি উঠিল পাটমাদৈ বৰকুঁৱৰী। মাকৰ মুখলৈ চালে। বৰ কম বয়সতে বিধৱা হ'ল তাৰ মাতৃ। আজিলৈকে আছিল বৰকুঁৱৰী। কাইলৈৰ পৰা হয়তো ৰাজমাও হ'ব হয়তো নহ'বঙ্গ বিচনাৰ নাতিদূৰৈত থিয় হৈ আছে বেজবৰুৱা। গম্ভীৰ তেওঁৰ মুখ। তীক্ষ্ণ চকুকেইটাই যেন কিবা এটা ক'ব খুজিছে। পিতাকৰ দেহটোৰ ওচৰ চাপি গ'ল কোঁৱৰ চুহুংমুং। বেজবৰুৱাই গুচাই দিলে মুখৰ কাপোৰ। শান্ত হৈ শুই আছে স্বৰ্গদেউ। যেন একো হোৱা নাই, শুইহে আছেঙ্গ আচৰিত হ'ল কোঁৱৰ। চকুৰ পতাকেইটা পাতল নীলা ৰঙৰ হৈছে। ওঁঠ দুটা যেন ক'লা হৈ গৈছে। নিজ হাতেৰে ক্ষিপ্ৰ গতিত কাপোৰখন গুচাই দিলে। ডিঙিটোতো এটা নীলা পাতল আভা। বেজবৰুৱাৰ মুখলৈ তীক্ষ্ণ দৃষ্টিৰে চালে কোঁৱৰে। বেজবৰুৱাই চকুৰেই উত্তৰ দিলে। যেন নিশব্দে ক'লে—

ঃ হয় কোঁৱৰ, ঠিকেই সন্দেহ কৰিছে।

ভৰিৰ ফালৰ কাপোৰখন গুচাই, ভৰিৰ তলুৱা দুখন চালে কোঁৱৰে। নীলা হৈ গৈছে সেই দুখনো। কোঁৱৰৰ মুখেৰে হঠাৎ ওলাই আহিল—

ঃ সাপ?

প্ৰশ্নটো আছিল বেজবৰুৱালৈ। বেজবৰুৱাই মাত্ৰ মূৰ দুপিয়ালে। হয়, কোঁৱৰে দেখিছে সাপে খুঁটি মৰা মানুহক ওচৰৰ পৰা। অতি ওচৰৰ পৰা। সেই কথা মনত পৰিলে কোঁৱৰৰ আজিও কলিজাটো গধুৰ হৈ যায়। আছিল সেয়া এক কাহিনী। কোঁৱৰে সেইবাবে চিনি পায় সাপে কামোৰা মানুহৰ লক্ষণ।

সকলোৰে মুখে মুখে কথাটো বাগৰি গ'ল। সকলোৱে ভাবিলে— সাপৰ

বৰকুঁৱৰীৰ ওচৰত থিয় হ'ল কোঁৱৰ।

ঃ আই

ৰাণীক শোকে খুন্দা মাৰি ধৰিলে। বৰ পুতেকৰ বুকুত মূৰ থৈ সশব্দে কান্দি উঠিল বৰকুঁৱৰী। অতি কষ্টেৰে আৱেগক ধৰি ৰাখিলে কোঁৱৰে। কিছু সময় আয়েকক সান্ত্বনা দি, শোৱনি কোঠাৰ পৰা ওলাই আহিল তেওঁ।

বহুত কাম কৰিবলগীয়া আছে এতিয়া। এতিয়ালৈকে ঘোষণা কৰা হোৱা নাই যে স্বৰ্গদেউৰ মৃত্যু হৈছে। অন্য এজনক ৰজা নপতালৈকে এই ঘোষণা কৰিব নোৱাৰে। তেওঁ বৰকোঁৱৰ, নিয়মমতে তেওঁ ৰজা হ'ব লাগে। কিন্তু আহোম ৰাজতন্ত্ৰৰ কথা সম্পূৰ্ণ সুকীয়া। ইয়াত পুৰুষানুক্ৰমে ৰজা হোৱাৰ নিয়ম। ৰজাৰ পুতেকেই ৰজা হয়। কিন্তু কোনেও নিজে ৰজা হওঁ বুলি হ'ব নোৱাৰে। মন্ত্ৰীয়েহে ৰজাৰ উপযুক্ত পুত্ৰক ৰজা পাতে। কিন্তু ৰজাৰ শৰীৰত ঘুণ থাকিব নালাগিব। যদি কিবা কাৰণত ৰজাৰ পুতেক নাথাকে, তেতিয়া ৰাজবংশৰ উপযুক্ত কোঁৱৰক ৰজা পতাৰ নিয়ম। ইচ্ছা কৰিলে বা অত্যাচাৰী, দুৰ্বল হ'লে, মন্ত্ৰী দুজনাই ৰজা ভাঙিবও পাৰে। এতিয়া এই পৰিস্থিতিত মন্ত্ৰী দুজনাই আলচ কৰি মজিন্দাৰ বৰুৱাৰ হতুৱাই মতাই অনাইছে তেওঁক। তেওঁ এতিয়াও যোৱা নাই বৰচ'ৰালৈ। পৰিস্থিতিৰ বুজ লৈছে। প্ৰকৃততে পিতাকৰ কি হৈছে, জানিবৰ ইচ্ছাৰেই আহিছে তেওঁ। শোৱনি কোঠাৰ পৰা ওলাই তেওঁ অন্য এটা কোঠালিত সোমালহি। এইটো স্বৰ্গদেউৰ তামুলী চ'ৰা। বেজবৰুৱাও আহিল লগতে।

ঃ সৰ্প দংশনত মৃত্যু হৈছে স্বৰ্গদেউৰ।

ঃ ক'ৰবাত সাপ দেখা পোৱা হৈছেনে?

ঃ আচৰিত কথা, ক'তো দেখা পোৱা হোৱা নাই।

ঃ সৰ্পৰ বিষতেই মৃত্যু হৈছে ই ঠিক। কোনোবাই সাপ আনি মেলিছে, তাৰপাছত আঁতৰাইছে। কিন্তু এতিয়াই কথাষাৰ প্ৰকাশ্য কৰিব নালাগে, বেজবৰুৱাদেউ।

ঃ নিশ্চিন্তে থাওক কোঁৱৰ। আমাৰ পৰা প্ৰকাশ নাপায়।

ঃ আপোনাৰ তলতীয়া বেজকেইজনে নিশ্চয় জানে...।

ঃ আমি স্বৰ্গদেউৰ অন্নভোগী। স্বৰ্গদেউৰ ইচ্ছাৰ বিৰুদ্ধে একো কৰা নহয় স্বৰ্গদেউ ঈশ্বৰ।

কথাষাৰত হঠাৎ বিজুলী পৰা মানুহৰ দৰে চঁক খাই উঠিল কোঁৱৰ। তেওঁক এই জীৱনত প্ৰথম স্বৰ্গদেউ ঈশ্বৰ বুলি সম্বোধন কৰিলে কোনোবাই। এতিয়ালৈকে তেওঁ স্বৰ্গদেউ হোৱা নাই। কিন্তু হ'ব যে ই ধুৰুপ। সকলো লক্ষণে তাকেই কয়। তথাপি নোহোৱালৈকে একো নিশ্চয়তা নাই। লাহে লাহে তেওঁ চাংঘৰৰ পৰা নামি আহিল। কুঁৱৰীটোললৈ যাব তেওঁ। এনায়েকক এবাৰ সান্ত্বনা দিয়াৰ বৰ প্ৰয়োজন। ৰাজমাৱে এফালে পুত্ৰক হেৰুৱাইছে, আনফালে হেৰুৱাইছে ৰাজমাওৰ সন্মান। কিন্তু ভাবী ৰজাৰ পৰা অকণমান আদৰ পালে তেওঁ বুজিব যে তেওঁ এতিয়াও একেবাৰে এলাগী হোৱা নাই।

এনায়েকৰ কাষৰ পৰা আহিয়েই তেওঁ মজিন্দাৰ বৰুৱাৰ হতুৱাই ৰজাৰ বাকী কোঁৱৰসকলক ৰজাৰ টোললৈ মতাই বাৰ্তা পঠিয়ালে। মজিন্দাৰ বৰুৱাই লগে লগেই টেকেলা পাঁচিলে। তাৰপাছতহে কোঁৱৰ বৰচ'ৰালৈ আহিল।

ইতিমধ্যে দুজন মন্ত্ৰী আৰু বৰুৱা, ফুকনকে ইত্যাদি কৰি ভালেমান বিষয়াই মৌনভাৱে তাত অপেক্ষা কৰি আছিল। কোঁৱৰ তাত উপস্থিত হোৱাৰ লগে লগে সকলোৱে তেওঁক আদৰি নিলে। মেলডঙীয়া ৰজা বহা আগৰ ঠাইতে তেওঁ বহিল। বুঢ়াগোহাঁয়ে সকলোকে উদ্দেশ্য কৰি ঘোষণা কৰিলে যে যিহেতু স্বৰ্গদেউ চুপিম্‌ফাদেৱৰ আকস্মিক মৃত্যু হৈছে, গতিকে স্বৰ্গদেউৰ বৰপুত্ৰ খুন্‌লুং খানলাইৰ বংশৰ মেলডঙীয়া ৰজা চুহুংমুংদেৱক অসমৰ ৰজা পতা হ'ল। দুই মন্ত্ৰীকে আদি কৰি সকলোৱে নতুন স্বৰ্গদেউৰ ওচৰত আঁঠু ল'লে। সকলোৱে একেলগে জয়ধ্বনি দিলে। অসমৰ ৰাজসিংহাসন ৰজাবিহীন হৈ থাকিব নোৱাৰে। কালজনা স্বৰ্গদেউৰ মৃত্যু হৈছিল যদিও ইজনাক ৰজা নপতালৈকে আগৰজনাৰ মৃত্যু ঘোষণা কৰা হোৱা নাছিল। মন্ত্ৰীসকলে তাৰ পাছৰ ব্যৱস্থাৰ বাবে লৰালৰিকৈ কামত ধৰিলে।

কিছু সময়ৰ পাছতেই দেউধাই ফুকন সদলবলে আহি উপস্থিত হ'ল। তেওঁৰ লগত বনধাই বৰুৱা। দেওধাই ফুকনে লগত কেইজনমানক লৈ, লগে লগেই বন্তি জ্বলাই বিভিন্ন ধৰণেৰে দেও মতাৰ বাবে ব্যৱস্থা কৰিলে। মন্ত্ৰীসকল ভাগে ভাগে বহিল। নতুন স্বৰ্গদেৱো আগৰ মেলডঙীয়া ৰজাৰ আসনতে বহিল। অলপ

পাছতেই নতুন ৰজাৰ কুঁৱৰীও দোলাৰ পৰা নামি আহি নতুন স্বৰ্গদেউৰ কাষতে বহিল। বনধাই বৰুৱাক এইবাৰ দেওধায়ে স্বৰ্গদেউৰ সিংহাসনত বহুৱালে। বিধি মতে দেওধায়ে দেও মাতিলে। দেও উঠি বনধাই বৰুৱাই নতুন স্বৰ্গদেউৰ ৰাজভোগ আৰু দেশৰ মাৰি-মৰক সম্পৰ্কে ভৱিষ্যদ্বাণী কৰিলে।

ঃ ৰাজভোগ কৰিবি ঐ কৰিবি। মাৰি-মৰক নাই ঐ নাই। শতৰু জিনিবি ঐ জিনিবি। জ্ঞাতি হেৰাব ঐ হেৰাব।

আৰু কিছু কথা ক'লে বনধাই বৰুৱাই। তাৰপাছত তেওঁক আৰায়াজুই ছয় অঁৰা খাবলৈ দিলে। নতুন স্বৰ্গদেউ আৰু পাটৰাণীয়ে দুচৰু সোণ-ৰূপ দেওধাইক দি, তেওঁৰ হতুৱাই বনধাই বৰুৱাৰ চৰণত ধৰাই ৰাজভোগ কামনা কৰালে আৰু দেও বিদায় দিয়ালে। ইয়াৰ পাছতেই স্বৰ্গদেউ আৰু পাটৰাণীক হোলোঙত বহুৱাই সকলোৰে সেৱা কৰিলে। মন্ত্ৰীসকলে ৰাজ্য শাসনৰ বিষয়ে স্বৰ্গদেউক উপদেশ দিলে। স্বৰ্গদেৱে ৰজা হৈ ন্যায় মতে ৰাজ্য শাসন কৰিম বুলি প্ৰতিশ্ৰুতি দিলে।

তাৰপাছতেই মন্ত্ৰীসকলৰ আদেশত মজিন্দাৰ বৰুৱাই আগৰ ৰজাৰ মৃত্যুৰ খবৰ আৰু নতুনকৈ ৰজা হোৱাৰ খবৰ কেউদিশে প্ৰচাৰ কৰিবলৈ ভাগে ভাগে মানুহ পাঁচিলে।

এইবাৰ ৰজাৰ টোলত কান্দোনৰ ৰোল উঠিল। সকলোৱে এইবাৰ গম পালে যে স্বৰ্গদেউ স্বৰ্গী হ'ল। নতুন ৰজা স্বৰ্গদেউ চুহুংমুং। নতুন ৰজাৰ আগমনে ৰাজ্য আৰু ৰজাৰ টোললৈ হয়তো নতুন কিবা কঢ়িয়াই আনিব বুলি সকলো সাজু হ'ল।

দহ

সকলোৱে তাক অপং বুলিয়েই মাতে। ৰজাৰ ল'ৰা, গতিকে ৰাজকুমাৰ। ডাঙৰ ডাঙৰ নগাবোৰে কিন্তু দেও সঁচ মানুহ বোলে। ৰূপহীৰ তালৈ চাই থাকিলে নিজৰ ল'ৰা হেন লাগে। সি কিন্তু তাইকে তাৰ মাক বুলি ভাবে। তাইকো সি বাকী নগা ল'ৰাহঁতে মাকক মতাৰ দৰে এন্যু বুলিয়েই মাতে। তেতিয়া তাইৰ মনটো ভৰি পৰে। নিজৰ ল'ৰা যেন লাগে। এতিয়া অৱশ্যে সি তাইৰেই ল'ৰা। নগা-চাঙত মাক মৰাৰ পাছত তাৰনো আৰু কোন আছে তাই তাৰ জন্মৰ পাছতেই নগা-চাং এৰি কুঁৱৰীৰ মাকৰ ঘৰলৈ গুচি যোৱাৰ কথা ভাবিছিল। প্ৰথমৰ পৰাই অসহ্য লাগিছিল এই নগা গাঁওখন। তাই যেন ইয়াৰ পৰা ওলাব পাৰিলেই ৰক্ষা পৰে। কত প্ৰণাম নকৰিলে তাই কত দেৱ-দেৱীক। কিন্তু এতিয়া তাই এই ঠাই এৰি যোৱাৰ কথা ভাবিবই নোৱাৰে। কাল কেনেকুৱা এক বস্তু কালে সকলো পাহৰায়। কালে বহুত কথাই সলনি কৰি পেলায়। এতিয়া তাইৰ এই নগা গাঁওখন ভাল লাগে। চাৰিওফালে ৰঙীণ যেন লাগে। এসময়ত কিন্তু আছিল একেবাৰে উকা। তাৰ কাৰণ নগা যুৱক কাৰংমা। যিটোৰ কাৰণে কুঁৱৰীয়ে ৰাজ্য এৰিব লগা হ'ল, এতিয়া সেই নগা ডেকাটো তাইৰ বুকুৰ আপোন। প্ৰথমৰ পৰাই তাইৰ মনটো তাৰ ফালে আছিল। কুঁৱৰীৰ এনেয়ে চকুত লগা নাছিল। তাতে এই গাঁওখনলৈ আহি তাই দেখিলে যে সি সিহঁতৰ ৰজা হোৱাৰ বাবে উপযুক্ত। সমগ্ৰ অঞ্চলটোৰ বা সিহঁতৰ গোটটোৰ মানুহে তাক সমীহ কৰে, ভাল পায়।

সেই প্ৰথম মিলনৰ দিনটো ৰূপহীৰ এতিয়াও মনত আছে। সেইদিনা আছিল বতৰ ডাৱৰীয়া। তাই কোঁৱৰক শুৱাই, চাংঘৰৰ ওপৰত থিয় হৈ আছিল। চাৰিওফালে ক'লা আকাশ। তাইৰ ভয় ভয়ো লাগিছিল। কেঁচুৱা ল'ৰাটো আৰু তাই। অন্য দিনা থকা বুঢ়ী নাগিনীজনীও নাই আজি তাইৰ লগত। ক'ৰবালৈ গ'ল। বতৰ বেয়া হ'লে ওচৰৰ গাঁৱত থকা জীয়েকৰ ঘৰৰ পৰা বা আহিব পাৰে নে নোৱাৰে অৱশ্যে সিহঁতক দেৱতা ৰখা দি ৰাখিছে এই নগা মানুহবোৰে। ভাল চাউল,

শাক-পাচলি, নিমখ, মাংস— সকলো সিহঁতক দি যায়হি। দেও সঁচ মানুহ বাবে সমীহো কৰে, ভয়ো কৰে। এনেতে হঠাৎ চাঙৰ ওপৰলৈ উঠি আহিল কাৰংমা। তাৰ কঁকালত নগা দা। মাত্র কঁকালত এখন লেংটি, মূৰত চৰাইৰ পাখি লগোৱা এটা মুকুট। পাহুৱাল গাটো মাজে মাজে বিজুলীৰ পোহৰত জিলিকি উঠিছে। ঠিক কোনোবা যেন দেৱতাহে মর্ত্যলৈ নামি আহিছে— এনে লাগিল তাইৰ। ৰঙা পৰা চকু হালেৰে সি চাই আছে তাইলৈ। তায়ো চাই আছে তালৈ। নিশ্চয় সি জু খাই আহিছে। জু সিহঁতে অলপ বেলেগকৈ বনায়। নিচা বেছি ধৰে, বৰ চোকা। কেতিয়াবা ৰূপহীয়ে দুই-এঢোক নমৰা নহয় বুঢ়ী নাগিনীকেইজনীৰ লগত। ধঁপাতো খায় ৰূপহীয়ে। ৰূপহীয়ে বুজিলে— সি যেন অকণমান চঞ্চল হৈ আছে। সাধাৰণতে এইদৰে নিশা সি অকলে চাঙলৈ নাহে। আজি হয়তো মনটো বান্ধিব নোৱাৰি আহিছে তাইৰ কাষলৈ। তাইৰো মনটো চঞ্চল হৈ উঠিল। এনে এক ডেকা ল'ৰাৰ বুকুত বিলীন হৈ যোৱাৰ আনন্দই বেলেগ। তাইৰ গাভৰু দেহটোৱে যেন তাৰ দেহৰ পীড়ন বিচাৰে।

সিহঁত মানুহবোৰ সৰল। বেছি পাক লগাব নাজানে। বিচৰাটো চিধাকৈ বিচাৰে। কাৰংমা তাইৰ ফালে আগবাঢ়ি আহিল। তাইৰ হাতখনত ধৰিলে। তায়ো যেন এই মুহূর্তটোৰ বাবেহে অপেক্ষা কৰি আছিল। কাৰংমাৰ বুকুত সোমাল তাই। নগাৰ লাওপানীৰ মিঠা মিঠা গোন্ধ এটা তাইৰ নাকত লাগিল। তাৰ গোন্ধতেই যেন নিচা লাগিল তাইৰ। বাহিৰত তেতিয়া বিজুলী-গাজনিৰে প্ৰচণ্ড বৰষুণ দিছিল। তাইৰ আৰু খুন্‌বাওটোৰ শৰীৰ দুটা বহু সময় ধৰি এক হৈ আছিল।

তাৰপাছৰ পৰা ৰূপহীৰ মনৰ গতিয়েই সলনি হৈ গ'ল। এফালে কুঁৱৰীৰ পুতেকৰ দেখা-শুনা, আনফালে খুন্‌বাওটোৰ প্ৰেম। কথাটো কিন্তু লুকাই নাথাকিল। কাৰণ সিহঁতৰ সমাজত এইটো ইমান এটা ডাঙৰ কথা নহয়। আবিয়ৈ ছোৱালীয়ে কোনো পুৰুষৰ লগত দৈহিক সম্পৰ্ক ৰাখিব পাৰে। কিন্তু যদি সন্তান হয়, তেন্তে সেই পুৰুষে সেই ছোৱালীক বিয়া কৰাব লাগিব। একাধিক বিবাহতো বাধা নাই। খুন্‌বাওটোৰ যে তাই উপপত্নী— সেই কথা নজনাকৈ কোনেও থকা নাই। তাইৰ লগত চোৱা-চিতা কৰিবলৈ থকা নাগিনীজনীয়ে তাইক মাজে মাজে জোকায়ো। তায়েই ৰূপহীক কিবাকিবি বন দৰবো মাজে মাজে খাবলৈ দিয়ে। মুখৰ ভিতৰতে সিহঁতৰ দোৱানত ক'লেও বুজি পায় ৰূপহীয়ে তাই কি ক'বলৈ বিচাৰিছে। এইটো কেঁচুৱা ডাঙৰ হৈ লওক, তেতিয়াহে অন্য এটা। লোকৰ হ'লেও

তয়ে এইটোৰ মাক। তাতে তোৰ কেঁচুৱা হ'লে বিপদ হ'ব। যেনে হ'লেও সি আমাৰ ৰজা। তায়ো আপত্তি নকৰে। কাৰণ এতিয়াই তাইৰ সংসাৰৰ বান্ধোনত সোমোৱাৰ ইচ্ছা নাই। এয়া তাইৰ প্ৰেমৰ বয়স, তাতে দায়িত্ব। অপং ডাঙৰ নোহোৱালৈকে তাই এনেদৰেই থাকিব লাগিব। অৱশ্যে সিহঁতৰ তাতো একেই ব্যৱস্থা। ৰজাৰ হাতধৰা লিগিৰীকেইজনীয়ে ৰজাৰ মন গ'লেই ৰজাৰ লগত শুব লাগে। প্ৰায়েই সন্তান নহয়েই। কিন্তু হ'লেও ৰাজকোঁৱৰৰ মৰ্যাদা কেতিয়াও নাপায়। অৱশ্যে ৰাজ বিষয় একোটা খাবলৈ পায়, ৰজাৰ তেজ গাত আছে বুলিয়েই। তায়ো খুন্‌বাওটোৰ ৰাণী হ'বলৈ বিচৰা নাই। মাত্ৰ সিহঁতৰ মাজৰে আটাইতকৈ ধুনীয়া ডেকাটোৰ প্ৰেমিকা হ'বলৈ বিচাৰিছে। তাইকোতো জীয়াই থাকিবলৈ কিবা এটা অৱলম্বন লাগে। কিহৰ আশাত তাই এই অজাতিৰ মাজত জীয়াই থাকিব এতিয়া তাইৰ বাবে এই নগা গাঁওখনেই সকলোতকৈ ধুনীয়া ঠাই।

মাত্ৰ তাইৰ মাজে মাজে মনটো বেয়া লাগে যেতিয়া দেখে কাৰংমা তাইৰ কাষলৈ কেইবাদিনো অহা নাই। সি মাজে মাজে বৰ ব্যস্ত হৈ পৰে। অন্য পাহাৰীয়া জাতিবোৰৰ লগত কাজিয়া লাগে কেতিয়াবা। যুঁজ-বাগৰ হয়। সিহঁতৰ মাজত আলোচনা হয়। বিচাৰ হয়। তাৰ বাহিৰেও সি নিজৰ সংসাৰৰ বাবে খেতি-বাতিতো চকু দিব লাগে। তাৰ ঘৈণীয়েকজনীও কামে-কাজে পাকৈত। নগা তিৰোতাবোৰেও বৰ কষ্ট কৰে। মতাবোৰৰ সমানে কাম-কাজ কৰে। তাই এতিয়াহে এটা কথা উপলব্ধি কৰিলে যে স্বৰ্গদেউৰ কুঁৱৰীবোৰৰ মনবোৰ সকলো পায়ো একো নোপোৱাৰ দৰে কিয়। এতিয়া তাই নগা ৰজাটোক প্ৰেমিক হিচাপে পাইছে, তাইৰ প্ৰতিদ্বন্দ্বী একপ্ৰকাৰ নায়েই। সিও তাইৰ প্ৰেমতে মচগুল। অৱশ্যে সি তাৰ নিজৰ চাংঘৰতে থাকে। ঘৈণীয়েকৰ লগতেই থাকে। তাই কিন্তু আশা কৰে প্ৰত্যেক নিশাই যেন তাইৰ ওচৰলৈ সি আহক। আহোম ৰজাবোৰৰো বহুত কুঁৱৰী থাকে। তলতীয়া বা যুদ্ধত হৰা ৰজাই দিয়া কন্যা, বন্ধুত্ব কৰিবলৈ দিয়া কন্যা, নিজে ভাল দেখি অনা ছোৱালী, ৰজা হোৱাৰ আগতে বিয়া কৰোৱা তিৰোতা। তাৰ বাহিৰেও ৰূপহী হাতধৰা লিগিৰী উপপত্নীবোৰ আছেই। গতিকে প্ৰত্যেক দিনাই কুঁৱৰীবোৰে সাজি-কাচি অপেক্ষা কৰে ৰজা আহিব বুলি। কাচিৎহে আহে ৰজা। তাৰপাছত আকৌ অপেক্ষা। মৰি যায় মনে মনে কুঁৱৰীবোৰ। তাতে আকৌ নতুন কোনোবা কুঁৱৰী আহিলে ৰজা তাতে মজি ৰয় অলপ দিন। শান্তি নাই

মনত। কেনেবাকৈ গাভৰু হৈ থাকোঁতেই ৰজাৰ মৃত্যু হ'লে আহিল বিপদ। কোনোবাজনৰ চকুত পৰিলে তেওঁ ৰাখিলে কুঁৱৰী কৰি; নহ'লে সাধাৰণ জীৱন। সঁচাকৈয়ে শান্তি নাই এই ছোৱালী মানুহৰ জীৱনত। পুৰুষৰ বাবে মাত্ৰ আৰ্কষণ ৰূপ আৰু দেহটো। তাৰ বাহিৰে যেন একো নাই।

নাঙঠ হৈ খেলি ফুৰিছে নগা ল'ৰাবোৰৰ লগত অপঙে। বহুত দিন চিন্তা কৰিছে তাৰ নাম এটা লাগে। কিন্তু সকলোৱে তাকচোন অপং বুলিয়েই কয়। এটা হুমুনিয়াহ ওলাই আহিল ৰূপহীৰ। কেতিয়া বা ডাঙৰ হ'ব ই কি বা আছে তাৰ কপালত তালৈ চাই চাই বহি ৰ'ল ৰূপহী।

এঘাৰ

মন কৰি আছে খাৰঘৰীয়া ফুকনে আজলীৰ মাকে এসোঁতা কন্দাটো। ৰজা জোঁৱায়েকৰ মৃত্যুৰ বাবে নহয়, আচলতে মৰমৰ জীয়েক আজলীলৈ মনত পৰিহে কান্দিছে। কোনেও ধৰিব নোৱাৰিলেও কুঁৱৰীৰ মাকে ধৰিব পাৰিছে যে ফুকনৰ আজি ৰঙত তত নাই। ৰজাৰ যেন তেওঁৰ হাততহে মৃত্যু হৈছে, তেনে ভাব। বাকী পাইক, লিকচৌ বা দাস-দাসীবোৰৰ আগত সেই ভাব প্ৰকাশ কৰা নাই। কাৰ মুখ বাগৰি বা কি কথা ক'ত পৰেগৈ ঠিক নাই। সকলোৱে ভাবিছে যে ৰজাৰ স্বাভাৱিক মৃত্যু হৈছে। কিন্তু একমাত্ৰ পুহায়ে জানে ৰজাৰ কেনেকৈ মৃত্যু হ'ল। খাৰঘৰীয়া ফুকনেও জানে বা ভাবিছে যে পুহাইৰ দ্বাৰাই কামফেৰা সমাধা হৈছে। কিন্তু তাত কাৰ কাৰ সমৰ্থন আছে, তাক জানো গম পাইছে নতুন স্বৰ্গদেউ পাটত উঠিছে। তেওঁৰ মতি-গতি গম পোৱা নাই এথোন। কিবা ৰূপ ধৰে ঠিক নাই কিন্তু গ'লজনা স্বৰ্গদেউৰ দৰে ৰূপ ল'লে বিপদেই। ৰজাটোলৰ খবৰ তেওঁ পোৱা নাই। কিন্তু খুন্‌লুং বুঢ়াগোহাঁই বৰ কুটিল মানুহ। তাতে তেওঁ ৰাজমন্ত্ৰী আছিল। ডাঁৰৰ বাতৰি তেওঁ ডাঁৰে পাই আছে। কাৰ মনত কি আছে কোৱা টান। পুহাইক কেনেবাকৈ ৰাজটোলৰ পৰা উলিয়াই আনিব পাৰিলে বিপদ আঁতৰে। কিন্তু ঘপ্‌কৈ সেয়া সম্ভৱ নহয়। সন্দেহ হ'ব পাৰে। অৱশ্যে স্বৰ্গদেউৰ মৃত্যুটো যে স্বাভাৱিক মৃত্যু— এই কথা সাধাৰণ প্ৰজাই মানি ল'লেও যেন নতুনজনা স্বৰ্গদেৱে মানি ল'ব পৰা নাই। স্বৰ্গদেউ স্বৰ্গী হোৱাৰ বতৰা পোৱাৰ পাছত সকলো ডা-ডাঙৰীয়াই ৰাজটোললৈ ঢাপলি মেলিছে। খাৰঘৰীয়া ফুকনেও তালৈ গৈ বু-বু-বা-বা শুনি আহিছে। নতুনজনাই বোলে ৰজা হৈয়েই ৰাজটোললৈ গৈ বেজবৰুৱাৰ লগত গুপুতে আলোচনাও কৰিছে। তাৰ ভু কোনোৱে পোৱা নাই। নতুন ৰজা ঘোষণা হোৱাৰ পাছতে আগৰজনা স্বৰ্গদেউ স্বৰ্গী হোৱাৰ কথা ৰাজহুৱা হ'ল। কুঁৱৰীটোলত কান্দোনৰ ৰোল উঠিল। স্বৰ্গদেউৰ শোৱনি কোঠা লোকেৰে ভৰি পৰিল। বতৰা পাই লুখুৰাখন খেলৰ মানুহ আহিল। ৰজাৰ শ লুখুৰাখন মানুহৰ বাহিৰে অন্য মানুহে চুব নাপায়। কাৰো গাত তত নাই। এফালে এদল ব্যস্ত

আগৰজনা স্বৰ্গদেউক বিদায় জনাবলৈ আৰু এদল ব্যস্ত নতুনজনা স্বৰ্গদেউক আদৰাৰ বাবে ব্যৱস্থা কৰিবলৈ। অন্য স্বৰ্গদেউৰ মৃত্যুৰ সময়ৰ আগতে এটা ব্যৱস্থা হয়, অৰ্থাৎ আগতে নৰিয়া হৈ থাকিলেও সকলোৰে গম পায় যে ৰজাদেৰ স্বৰ্গী হ'ব। কিন্তু এইবাৰ সকলো ইমান অকস্মাতে ঘটি গ'ল যে কোনেও গমকে নাপালে। সকলোৰে মনত কিন্তু এটা সন্দেহে ঠাই লৈছে যে ৰজাদেৰৰ মৃত্যুৰ আঁৰত কিবা ঘটনা আছে। অৱশ্যে সকলোৰে সন্দেহ খুন্‌লুং বুঢ়াগোহাঁইৰ ওপৰত। কাৰণ তেওঁক মন্ত্ৰী ভঙা হ'ল। আগৰজনাৰ মৃত্যুতো তেওঁৰে হাত আছিল বুলি জনাজাত হৈছিল। অৱশ্যে ডা-ডাঙৰীয়াসকলে এই কথাত মাত মতা নাই। তেওঁলোকেও পেটে পেটে জানিছিল যে ৰজাদেৰক বধিবলৈ তলে তলে এক চক্ৰান্ত চলি আছে। কিন্তু কোনে, কেনেকৈ ৰজাদেৰক বধ কৰিলে— সেই কথাহে জানিব পৰা হোৱা নাই। বেছিকৈ খুঁচৰিবলৈও কোনেও ইচ্ছা কৰা নাই। কাৰণ কেঁচু খান্দোতে ক'ত সাপ ওলায় ঠিক নাই। তাৰ বাহিৰেও অবিবেচক ৰজাৰ বাবে ৰাইজৰ বহু ক্ষতি হৈছে; গতিকে এইজনা আঁতৰি যোৱাত বেয়া হোৱা নাই।

চাৰিওফালে বিষয়া-পাইকেৰে উদুলি-মুদুলি। তাৰ মাজতো কিন্তু চাউদাং বৰুৱাৰ তীক্ষ্ণ দৃষ্টি। স্বৰ্গদেউ টোললৈ গৈছে। লগত বৰকুঁৱৰী। চাউদাঙে টোল বেৰি আছে। এতিয়া নতুন স্বৰ্গদেউ টোলত সোমাল যেতিয়া আগৰ দৰেই কটকটীয়া ব্যৱস্থা। ঘপ্‌কৈ কাৰো পক্ষে টোলত প্ৰৱেশ কৰা সম্ভৱ নহয়। ৰজাৰ পা-পৰিয়াল ইতিমধ্যে টোলত সোমাইছেহি। গড়ৰ চাৰিওফালেও কিছু পাইকে ৰখি আছে। যাকে-তাকে গড়ৰ ভিতৰত সোমাবলৈ দিয়া নাই। কাৰণ এইটো বৰ বেয়া সন্ধিক্ষণ। বিদ্ৰোহী বা শতৰুৱে এই সময়তে গড়ত সোমাই টোলত আক্ৰমণ কৰিব পাৰে নাইবা কোনোবাই নতুন ৰজাদেৰৰো কিবা অনিষ্ট কৰিব পাৰে। কোনে কি চক্ৰান্ত কৰিছে কি ঠিক

খাৰঘৰীয়া ফুকনৰ এই মুহূৰ্ততে পুহাইক লগ পাবৰ ইচ্ছা হ'ল। কাৰণ কাৰ্যটো যে তাৰ দ্বাৰায়ে সিদ্ধি হৈছে, সি ধুৰুপ। ইমান এটা ডাঙৰ ঘটনা ঘটিছে যেতিয়া ৰাজহাউলীৰ সকলো লগুৱা-লিগিৰী কিবা এটা নহয় কিবা এটা কামত ব্যস্ত; কিন্তু পুহাইৰ দেখা-দেখি নাই। আচৰিত কথা এবাৰ হ'লেওতো তাক দেখা পাব লাগিছিল। নে ইতিমধ্যে তাক বন্দী কৰি পোতাশালত থোৱা হৈছে তেনেহ'লে তেওঁৰো দিন চমু চাপি আহিল পা-পৰিয়াল এৰি দেশান্তৰী হ'বতো নোৱাৰি। যি আছে ইয়াতেই ভোগ কৰিব লাগিব। যি কোনো এটা পাইকক পঠিয়াব

পাৰে, কিন্তু কার্য সিদ্ধি নহ'ব। কাৰণ কথাটো হিতে বিপৰীত হ'ব পাৰে। অতি বিশ্বাসী পাইক হ'ব লাগিব। তাকো তেওঁৰ তলতীয়া পাইক নহ'লে বিপদ। ঘপ্‌কৈ ইয়াত বিশ্বাসী পাইক এটা ক'ত পায় চাবলৈ ধৰিলে। তেওঁৰ তলত ছহেজাৰ পাইক। সকলোকে চিনা সম্ভৱ নহয়। শইকীয়া-হাজৰিকাসকলেহে ভালকৈ চিনি পায়। ইফালে লগুৱা-লিগিৰীৰ বাহৰৰ ফালে যোৱা নাযায় তেওঁৰ দৰে এজন ওখ খাপৰ বিষয়াৰ। তাত সন্দেহ বেছি হোৱাৰ সম্ভাৱনা আছে। এইদৰে গুণা-গঁথা কৰি থাকোঁতেই হঠাৎ গজপুৰীয়া বৰুৱাই তেওঁৰ আগত আহি দেখা দিলে। গজপুৰীয়া বৰুৱাই পাইক, লগুৱা-লিকচৌ যোগান ধৰে। হঠাৎ মনত পৰিল ফুকনৰ যে কেউ-কিছু নাইকিয়া পুহাইক তেৰেঁই আনি ফুকনৰ হাতত চমজাই দিছিল। খাৰঘৰীয়া ফুকনৰ মনটো আনন্দত নাচি উঠিল। এৰেঁই উপযুক্ত ব্যক্তি হ'ব পুহাইৰ বতৰা লোৱাৰ।

গজপুৰীয়া বৰুৱাৰ মুখখন গহীন। খাৰঘৰীয়া ফুকনৰ ওচৰ চাপি আহি প্রণাম জনালে। খাৰঘৰীয়া ফুকনে তেওঁৰ মুখলৈ চাই ৰ'ল।

ঃ দেৱ, কথাযাৰ ক'বৰ আজ্ঞা হওক।

ঃ কোৱা হওক বৰুৱা।

ঃ দেৱৰ মনত থাকিব চাগৈ তাহানিতে এটা ঘাট-মাউৰা দেৱৰ চৰণত থাপিছিলোঁ— পুহাই।

দৃষ্টি তীক্ষ্ণ হ'ল খাৰঘৰীয়া ফুকনৰ।

ঃ যৌতুকত লগুৱা দিয়াৰ দিন হ'ল। স্বৰ্গদেউৰ ছায়াতে বৰ্তি আছিল বন্দীটো।

ঃ হয় দেৱ। সকলো কেঁচাইখাঁতীৰ ইচ্ছা, সি সিফলীয়া হ'ল।

উচাপ খাই উঠিল খাৰঘৰীয়া ফুকন।

ঃ কি?

তাৰপাছত গজপুৰীয়া বৰুৱাৰ পৰা সবিশেষ শুনিলে তেওঁ। ওজা লগুৱাই তেওঁক কিছু ঘড়ী আগতে খবৰ দিলে যে পুহাই নামৰ লগুৱাটো আৰু নাই। তেওঁ গৈ দেখিলে যে হয়। পাটীতে পৰি মৰি আছে সি। তাৰ কেও নাই, গতিকে সৎকাৰৰ ব্যৱস্থা কৰিব লাগে। সি গজপুৰীয়া থলৰ লগুৱা আছিল, গতিকে তেওঁ

বতৰা পালে। বুকুখনৰ চুক এটাত খুন্দা মাৰি ধৰিলে খাৰঘৰীয়া ফুকনৰ। হাজাৰ হ'লেও তেওঁৰ লগত থাকিয়েই সি ডাঙৰ হৈছিল। ওঁঠ চেপিলে গাখীৰ ওলোৱা কালৰ পৰাই তেওঁৰ বহতীয়া আছিল সি। গজপুৰীয়া বৰুৱাৰ ধূৰ্ত চকু দুটা এইবাৰ নাচি উঠিল।

ঃ স্বৰ্গদেউৰ লগতে গ'ল সি। কি বা গুপুত কথা লৈ গ'ল

খাৰঘৰীয়া ফুকন ভিতৰি ভিতৰি উত্তেজনাত ঘামিছিল। কেনেকৈ মৰিল পুহাই সি নিজে বিহ খালে নে তাক কথাটো জানি চাউদাঙে মাৰিলে। নে তাক গুপ্তহত্যা কৰি কথাটো তাতে গাপ দিলে? নে... ষড়যন্ত্ৰৰ কথা ওলোৱাৰ আগতে তাক শেষ কৰি দিলে খুন্‌লুং বুঢ়াগোহাঁয়ে। গজপুৰীয়াই তেওঁক সন্দেহ কৰা নাইতো? জীয়েকক নগাত দিয়াৰ দুখ পাহৰা সহজ নহয়। গতিকে তেওঁৰ ওপৰতে সন্দেহৰ দৃষ্টি পৰাটো অতি স্বাভাৱিক। সি যি কি নহওক, তেওঁ ৰাজশহুৰ। এনে এটা অৱস্থাত তেওঁ মাত এষাৰ দিয়া উচিত। কুঁৱৰীৰ লগত দিয়া লগুৱা এটা মৰিলেই বা হাজিলেই, তাক লৈ ইমান চিন্তা কৰাৰ কি কাৰণ আছে তেওঁ এতিয়া সহজভাৱেই সকলো কৰিব লাগিব। গ'লজনা স্বৰ্গদেউৰ বাবে দুখ কৰিব লাগিব। নতুনজনা স্বৰ্গদেউৰ ওচৰত আনুগত্য প্ৰকাশ কৰিব লাগিব। তেওঁ খাৰঘৰীয়া ফুকন। ৰাজ্যৰ সমস্ত খাৰ-বাৰুদ তেওঁৰ অধীনত। ছহেজাৰ পাইকো তেওঁৰ অধীনত। শত্ৰুৰ আক্ৰমণৰ সময়ত তেওঁৰ দায়িত্ব অসীম। সকলো সময়তে খাৰ, কাঁড়, হেংদাং বা হিলৈ আদিৰে দেশক ৰক্ষা কৰিববলৈ তেওঁ সাজু হৈ থাকিব লাগে। গতিকে তেওঁৰ বাবে ৰাজ আনুগত্য যেনেদৰে প্ৰয়োজনীয়, তেনেদৰে প্ৰয়োজনীয় ৰজাৰ বিশ্বাসো। গতিকে তেওঁ অকণমানো বিচলিত হ'লে শত্ৰুৱে আশয় পাব। গজপুৰীয়া বৰুৱা আঁতৰি গ'ল যদিও তেওঁলৈ যিপাত শেল মাৰি থৈ গ'ল, সেইপাট একেবাৰে বুকুৰে-পিঠিয়ে হানি গ'ল। বৰ কুটিল মানুহ এই গজপুৰীয়া বৰুৱা। আগতেও দুই-এবাৰ পাইছে ফুকনে। এইবাৰ বা টৌটোকে ৰৌটো কৰি ক'ত বকলা মেলে

নতুন স্বৰ্গদেউক তেওঁৰ দৰে বিষয়াই এনেকৈ এনে অৱস্থাত দেখা কৰিব নোৱাৰে। কিবা থাকিলে বৰমেলতে ক'ব লাগে। স্বৰ্গদেৱে বিচাৰিলে আহিব লাগে। তথাপি গোপন কিবা থাকিলে বিশেষভাৱে মজিন্দাৰ বৰুৱাৰ যোগেৰে বতৰা পঠিয়াব লাগিব। পিতৃৰ মৃত্যুৰ বাবেও তেওঁক দুআষাৰ সান্ত্বনাবাণী জনোৱাৰ সুবিধাও এই মুহূৰ্তত কোনেও নাপায়। কাৰণ ন-স্বৰ্গদেউৰ এতিয়া অনেক কৰ্ম

কৰিব লগা আছে। তিলনি বা দহাতহে সকলোৰে লগ পাব।

ইতিমধ্যে উৰিয়াম কাঠেৰে সজা 'ৰুংগ-ডাংগ' আহি পালে। শটো সুমুৱাব পৰাকৈ দীঘলীয়াকৈ সাজে পেৰাটো। তাৰপাছত লুখুৰাখনৰ লোকে শটো হেঙুল-হাইতাল বোলোৱা ধুনীয়া ৰুংগ-ডাংগত সুমুৱালে। তেতিয়াই ন-স্বৰ্গদেৱে পিতাকৰ শটোত এঁৰা সূতাৰে গঁথা ফুলৰ মালা এধাৰি দিলে। তাৰপাছত মৃতকৰ কুঁৱৰীসকল আৰু অন্যবোৰেও মালা দিলেহি। তাৰ আগতেই স্বৰ্গদেউৰ শটো এঁৰা টেকেলিত পানী লৈ ধুৱাই নতুন বগা কাপোৰ পিন্ধাই দিছিল। তাৰো আগতে মৃতকৰ মূৰত কাচি এখনেৰে ওলোটাই লৈ কুকুৰাকণী এটা ভাঙি দিছিল। শ ধোৱা পানীখিনি ঘৰৰ চুক এটাৰে ফুটা কৰি উলিয়াই দিছিল।

লুখুৰাখনৰ মানুহে ৰুংগ-ডাংগটো লৈ শটো বাহিৰলৈ উলিয়াই আনিলে। নতুন ৰজাদেৱকে আদি কৰি স্বৰ্গী ৰজাৰ অন্য পুতেকো গৈ চোতালত ৰ'লগৈ। আচলতে স্বৰ্গদেউসকলৰ মৃতপ্ৰায় অৱস্থা এটা হ'লে বাট মুকলি অনুষ্ঠান এটা কৰে। শৰাইত কাপোৰ আৰু তামোল-পাণ দি বিদায় দিয়ে। লগৰ কাৰোবাক আনি দায়-জগৰ ভাঙে। কিন্তু এইজনা স্বৰ্গদেউক সেইবোৰ নকৰাকৈ বিদায় দিব লগা হ'ল।

টোলৰ চোতালত কলপাতৰ ৰভা দি ৰাংচালি এখন সজা হৈছিল। চাৰিওটা খুঁটি বাঁহৰ। তাতে ঢাৰি এখন পাৰি ৰজাদেৱৰ শটো থ'লে। তাৰপাছত নতুন বগা কাপোৰেৰে আওপাকে মেৰিয়াই বান্ধিলে। কনাশিমলুৰ পাতেৰে পাঁচখন তামোল থুৰিয়াই দেহৰ বিভিন্ন ঠাইত দিলে। নাড়ীৰ ওপৰত এঁৰা সূতাৰে বেজীৰে কাপোৰখনত গাঁথি দি এটুকুৰা কাটি আনিলে। মৃতকৰ নাড়ী কাটিলে। লগে লগে চাংমাই বৰুৱাই ৰজাৰ চাংমাইশালৰ বৰ উধানৰ পৰা এটা অংশ ভাঙি আনি উধান পাতি মৰালৈ ভাত ৰান্ধিলে। চাউলৰ লগতে সৰু কুকুৰা চৰাই এটাৰ বুকু ফালি ভিতৰৰবোৰ আঁতৰাই তাতে দিলে। তাতে অন্য বংশ-পৰিয়ালে অনা কণী, চাউল আদিও দিলে। এনেতে দেওধায়ে এখন ডলাত খনীয়া কাপোৰ দি, তাত ভঁৰালৰ পৰা আনি দহটা ধান হিচাপ কৰি থৈ ৰাংচালিৰ ওপৰত থ'লে। নতুন ৰজাদেৱে এটা মূল্য দি বাঁহ এজোপা লৈ তাকে ঘাপ মাৰি কাটি পেলালে। বাকীসকলে তেতিয়া মৈদামৰ বাবে বাঁহ কাটিবলৈ গ'ল। চাৰিওফালে কান্দোনৰ ৰোল উঠিল। এতিয়া স্বৰ্গী ৰজাৰ শটো গোমোঠালৈ নিব। তাৰ পৰাহে মৈদাম সজা হ'লে তালৈ নিব। গোমোঠাত শটো মৈদাম সজা নোহোৱালৈকে ৰাখিব।

মৌৰ ৰসত ডুবাই নথ'লে শটো ভাল হৈ নাথাকে। গতিকে তাকে কৰিব।

তাৰপাছত দেওধায়ে মৃতকলৈ পতা মেহেঙা আগত লৈ প-মিং মন্ত্ৰ মাতিলে। আগৰ পৰা ঢুলীয়া, কালীয়া, সৈন্য-সামন্ত সকলো সাজু কৰি ৰখা হৈছিল। ইফালে দেওধাই বাইলুঙে পূজা-অৰ্চনা কৰি, মাইহাঙৰ সৈতে পূজাৰ সকলো বস্তু গোটাই এটা টেমাত ভৰাই ল'লে। এটা উঘাত এঁৰা সূতা মেৰিয়াই জুমুঠিত জুই ধৰি ল'লে। শেষবাৰৰ বাবে স্বৰ্গী স্বৰ্গদেউক সকলোৱে সেৱা কৰিলে। খাৰঘৰীয়া ফুকনেও সেৱা কৰিলে মৃত ৰজাক— তেওঁৰ জোঁৱায়েকক আৰু লগতে শত্ৰুক। বাইলুঙে গালে মন্ত্ৰ।

"এবাৰ জাত এবাৰ পাত
আহিব এবাৰ যাব এবাৰ।
এতিয়াৰ নিয়ম নহয়, পূৰ্বাপৰ নিয়ম।
তোমাক ভাত কাপোৰ দিব পৰা
নাই বুলি হেঁচুকি মৰা নাই।
আছিলা পাম ঘৰে, গ'লা নিজ ঘৰে।
যদি নিজ খুচিৰে গৈছা স্বৰ্গবাসী হ'ব লাগে
আৰু যদি কোনো বলৱন্তই বল কৰি নিছে
তেন্তে তেওঁৰ নাকে-কাণে বগাব লাগে।
তোমাৰ ইয়াত পুত্ৰ আছে, ভাৰ্যা আছে, নাতি-নতিয়াল,
পো-বোৱাৰী, জী-জোঁৱাই, ধন-সম্পদ, ঐশ্বৰ্য-বিভূতি আছে।
পিছে এইবোৰলৈ আশা-ভৰসা এৰি মৰাই মৰাৰ সংগ ল'ব লাগে।
যিসকল গ'ল তেখেতসকলৰ লগত মান-সন্মানেৰে ঠাই দিব লাগে।
মৰাৰ লগত সকলো মাৰি-মৰক, ৰৌ-ৰুমালি, নিলগৰ ঢৌ নিলগতে মাৰ যাব লাগে।"

হঠাৎ খাৰঘৰীয়া ফুকন উঠিল। চাৰিওফালে চালে। সকলোৱে শিৰ নত কৰি আছে। দূৰত দেখিলে খুন্‌লুং বুঢ়াগোহাঁই ৰৈ আছে। চকুৰ দৃষ্টি আকাশত। যেন উদাস উদাস ভাব তেওঁ আকৌ মন্ত্ৰবোৰ শুনিবলৈ চেষ্টা কৰিলে।

বাৰ

ৰূপহীয়ে মন কৰিছে যে নগা গাঁওখনত কিবা এটা কথাত মানুহবোৰ চঞ্চল আৰু উত্তেজিত হৈ আছে। জুম পাতি পাতি কথা পাতিছে। মাজে মাজে উত্তেজিত হৈ দুই-এক দা জোকাৰি জোকাৰি কিবা কৈছেও। তাই বুজি পাইছে যে কোনোবা অন্য জাতিৰ লগত কিবা কথাত বিবাদ লাগিছে, নহ'লে কাৰোবাক আক্ৰমণ কৰাৰ বাবে যো-জা চলিছে। দুই ফৈদৰ মাজত যুদ্ধ হ'লে বেছ উৎসাহিত হৈ পৰে মানুহবোৰ। আনকি গাভৰু বা তিৰোতাবোৰৰো উৎসাহ বৰ বেছি। নিজে ভাল পোৱা ডেকাটোৱে কেইটা মূৰ কাটিব পাৰে বা লুট কৰি কি আনিব পাৰে, তাৰহে লেখ লয়। নিজৰ মতাটো বা ভাল পোৱা ডেকাটো যুদ্ধত মৰিলেও বৰ দুখ নকৰে। সহজে লয় কথাবোৰ। ৰূপহীৰ কিন্তু বৰ ভয় লাগে। এই যুদ্ধ-বিগ্ৰহবোৰ ভাল নাপায় তাই। ভয় তাইৰ অপঙকলৈহে। তাইৰ বাবে এতিয়া দুটাই আপোন; আৰু এই ৰাজ্যত তাইৰ কোনো নাই। তাই কাৰংমাৰ মৰম আৰু অপঙৰ মোহ— এই দুটাৰ মাজতে জীয়াই আছে। দৌৰ মাৰি তাই গৈ অপঙক চাই আহিল। নগা ল'ৰাবোৰৰ লগত খেলি ফুৰিছে সি।

অকণমান পাছতে মঙহৰ টুকুৰা আৰু কিছু শাক লৈ আহিল বুঢ়ী নাগিনী কনাপ। তাইৰ মুখখনো গহীন। বয়স হৈছে তাইৰ। এটাই মাত্ৰ পুতেক। ডেকা চাঙতে থাকে পুতেক। খুন্‌বাওটোৰ আদেশত তাই কুঁৱৰী অহাৰ দিনাৰ পৰাই ৰূপহীহঁতৰ লগতে আছে। অপং তাইৰ হাততে ডাঙৰ হোৱা। অপঙৰ লগত কথা-বতৰাবোৰ তাই সহজতে ক'ব পৰা হৈছে। তাই দোৱান মিহলি কৰি কথাবোৰ ক'লে বুজি পায় ৰূপহীয়ে। কিবা কথা তায়ো চিন্তা কৰি আছে। লাহেকৈ ৰূপহী তাইৰ কাষলৈ আহিল।

ঃ এই কনাপ, কি হৈছে অ' গাঁৱত?

কনাপে এটা হুমুনিয়াহ কাঢ়িলে। তাৰপাছত তাইলৈ নোচোৱাকৈয়ে বহুত কথা ক'লে। নগাবোৰৰ বহুত ফৈদ, বহু ভাগ। দুই-একৰ মিল আছে, দুই-একৰ

নাই। গতিকে মাজে মাজে যুদ্ধ হয়। যুদ্ধবোৰ বা দ্বন্দ্ববোৰ বহুত কথাক লৈ হয়। ঝুম খেতি কৰা পাহাৰক লৈ হয়। কেতিয়াবা চিকাৰক লৈ হয়। তহঁতৰ ৰজাৰ লগতো যুদ্ধ হয়। মাজে মাজে চিংফৌবোৰে আহি গাঁৱত আক্ৰমণ কৰে। ৰজাৰ কটকীও আছে। ৰজাই কটকী পঠিয়াই ধৰি-বান্ধি লৈ যায়। কেতিয়াবা কাটেও। এইবাৰ লাগিছে অন্য ফৈদৰ লগত। তাকো লাগিছে লোণৰ পুং এটাক লৈ। এই ফৈদটোৰ অলপ দূৰত আছে এটা লোণৰ পুং। তাৰপৰা ডেকা কেইটামানে লোণ তোলে। লোণ তোলাৰো বোলে বুদ্ধি বেলেগ। লোণৰ পাহাৰত ডেকাবোৰে ডাঙৰকৈ গাঁত একোটাহঁত খান্দে আৰু তাত ধোন্দ থকা গছৰ টুকুৰা কাটি নি বহুৱাই দিয়ে। তেতিয়া দাঁতিৰ মাটি নখহে। তাৰপাছত তাত গোট খোৱা লোণ থকা পানী বাঁহৰ ডাঙৰ চুঙাত লৈ আনে। নাগিনী ছোৱালীবোৰে মলাচৰুত সেইবোৰ গৰম কৰে। পানী ভাপ হৈ উৰি গ'লে তলত লোণ ওলায়। মাত্ৰ লোণবোৰ অলপ ৰঙা বৰণৰ। তাৰ লগতে কেতিয়াবা পাহাৰৰ অন্য কিবাকিবিও মিহলি হৈ থাকে। খাবলৈ আচলতে মানুহবোৰক ইমান লোণ নালাগে। তাৰ কিছু বেপাৰ কৰিবলৈ ভৈয়ামলৈ নিয়ে। পালসেৱা কৰিবলৈ অন্য বস্তুৰ লগতে ৰজাক ভেটিবলৈ লাগে। গাঁৱৰ ডেকা কেইবাটায়ো মিলি মাজে মাজে লোণ তুলিবলৈ যায়। সেই পাহাৰটোৰ ইফালে অন্য এটা নগা ফৈদ থাকে। সিহঁতৰ খুন্‌বাও বেলেগ, সিহঁতৰ দোৱানো অলপ বেলেগ। এই দুই ফৈদৰ মানুহে তাৰ পৰা লোণ গোটায়। এইবাৰ এইটো ফৈদৰ ডেকাকেইটাই লোণ আনিবলৈ যাওঁতে সিটো ফৈদে বোলে "এই লোণৰ পুংটো আমাৰ। ইয়াৰ পৰা লোণ নিবলৈ আমাক কৰ দিব লাগিব।" এইফালৰ ডেকাকেইটাই বোলে "আজোককাৰ দিনৰে পৰা ইয়াৰ পৰা লোণ নিছোঁ, এই লোণৰ পুং তহঁতৰ হ'ল কেনেকৈ?" তাৰপাছত দুয়োপক্ষৰ কাজিয়া, হতাহতি। অৱশেষত আমাৰ পক্ষৰ ডেকাকেইটা কোনোমতে পলাই সাৰিল। ধোন্দ, কাঠ, চুঙা— সকলো তাতে পেলালে। সিহঁতৰ মানুহ আছিল বেছি। তাতকৈ ডাঙৰ কথা হ'ল পাহুৱাল আবুং নামৰ ডেকাটোক সিহঁতে ধৰি থৈ দিলে। তাৰ মূৰটো কাটিলেই নে দাস কৰি ভৈয়ামত বেচে, সেইটো কোনেও ক'ব নোৱাৰে। মুঠতে যুদ্ধ এখন হ'ব এতিয়া।

কালিৰে পৰাই সেই লৈ আলোচনা। ডেকাবোৰে কৈছে— সিহঁতৰ লগত যুদ্ধ কৰি লোণৰ পুংটো অধিকাৰ কৰোঁ। হয় মৰিম, নহয় তৰিম। এদলৰ মতে ৰাতি মনে মনে গৈ গাঁও আক্ৰমণ কৰিব লাগে। সিহঁত তেতিয়া হুঁহকি যাব। কিন্তু

বুঢ়া দুটামানৰ মতে সিহঁতে এনেয়ে বহি থকা নাই। গতিকে মনে মনে আক্ৰমণ কৰি লাভ নাই। দেখ দেখকৈ যুদ্ধ কৰাই ভাল। এই বিষয়ে কথা পাতিয়েই সিহঁতৰ মাজত কাজিয়া হৈ আছিল।

ৰূপহীয়ে কথাটো একেবাৰে ভাল পোৱা নাছিল। যুদ্ধ হোৱা মানে দুয়ো পক্ষৰে হানি। তাতে কাৰংমা যুদ্ধলৈ যাবই লাগিব। যোৱা মানে কি হয় কোনে জানে অৱশ্যে অপঙক সিহঁতে দেও সঁচ মানুহ বুলি যথেষ্ট সমীহ কৰে, মৰমো কৰে। তথাপি তাই খুন্‌বাওটোক কোনোপধ্যে হেৰুৱাব নোখোজে। কিন্তু তাই একো কৰিবওতো নোৱাৰে। বহুত আলাপৰ পাছত ৰাতি মনে মনে গৈ সিহঁতৰ গাঁওখন আক্ৰমণ কৰাৰ কথাই ঠিক হ'ল। এক আশংকা বুকুত বান্ধি ৰৈ থাকিল ৰূপহী।

গোটেই নিশা অপঙক বুকুত সুমুৱাই উজাগৰে কটালে ৰূপহীয়ে। সন্ধিয়াৰ পাছতে ওলাই যোৱা নগাজাক উভতি আহিল পুৱা। সকলোৰে আগত কাৰংমা। তাৰ গা তেজেৰে ৰাঙলী; হাতত তিনিটা মানুহৰ মূৰ। তাৰ লগে লগে এজাক নগা। সিহঁতৰো গাবোৰ তেজেৰে লুতুৰি-পুতুৰি। দুটামানৰ গা শত্ৰুৰ দাৰ কোবত বখলি যোৱা। লগে লগে বন দৰব দি সিহঁতক শুশ্ৰূষা কৰাত ব্যস্ত হ'ল তিৰোতাবোৰ। তাৰে কেইবাটাৰো হাতত অন্য নগাৰ মূৰ। ইহঁতৰো দুটামান নগাক তাতে এৰি থৈ আহিব লগা যে হ'ল সি ঠিক। গাঁও পোৱাৰ পাছত লুট কৰি অনা বস্তুবোৰ লৈ উল্লাসত নাচিবলৈ লাগিল বাকীবোৰে। ৰূপহীয়ে মাত্ৰ অবাক হৈ চাই ৰ'ল।

তেৰ

শোৱনি কোঠাৰ পৰা ওলাই আহিল স্বৰ্গদেউ। চাংঘৰৰ ওপৰৰ পৰাই বাহিৰৰ প্ৰতিপদৰ জোনটোৰ ফালে চালে। টোলৰ সকলো শুই নিঃপালী দিছে। মাত্ৰ জাগি আছে চাউদাংবোৰহে। সময়ে সময়ে দবা কোবাই জাননী দিছে কিমান প্ৰহৰ হ'ল তাৰ। ৰজাদেৱৰ চকুলৈ টোপনি অহা নাই। চমুৱা কুঁৱৰীগৰাকী শুয়েই আছে শোৱাপাটীত। স্বৰ্গদেউ উঠি অহাৰ কথা তেওঁ গম পোৱা নাই। পাটত উঠাৰ পৰা স্বৰ্গদেৱে এক মুহূৰ্তও সময় পোৱা নাই নিজৰ কথা ভাবিবলৈ। কিন্তু মনটোক ক্ষণে ক্ষণে কিছুমান কথাই আমনি কৰি আছে। মনে মনে বিচাৰিছে এখন্তেক অকলে থাকিবলৈ। এফালে ৰজা হোৱাৰ আনন্দ আৰু উত্তেজনা, আনফালে পিতৃৰ মৃত্যুৰ বেদনা। কিন্তু ৰজা হোৱাৰ আনন্দই ম্লান কৰিছে পিতৃৰ মৃত্যুৰ বেদনা।

সৰ্প দংশনত পিতৃৰ মৃত্যুৱে তেওঁক যেন ওভতাই লৈ গৈছে শৈশৱলৈ, যৌৱনলৈ। তেওঁৰ যেন বহুত দিন মনৰ মণিকোঠাত সুমুৱাই ৰখা সেই হীৰা টুকুৰা এবাৰ অকলশৰে লুটিয়াই-বগৰাই চাবলৈ মন গৈছে। মানুহৰ কিছুমান দুখ থাকে, যি দুখ কাকো ক'ব নোৱাৰি। কিন্তু মনত পুহি ৰাখিব পাৰি। কেতিয়াবা জীৱনৰ কিছুমান সন্ধিক্ষণত তাক যেন আকৌ মনলৈ আনি চুই চাবৰ মন যায়। আকৌ যেন মনৰ মাজত লালন-পালন কৰি, থৈ দিবৰ মন যায়। ৰজা হৈও তেওঁৰ বাৰে বাৰে মনত পৰিছে কেতেকীলৈ।

কেতেকী— তেওঁৰ শৈশৱৰ সংগী, প্ৰথম যৌৱনৰ সংগী, কিন্তু এতিয়া কেতেকী নাই। মাথোঁ কেতেকী তেওঁৰ মনত ৰৈ আছে এটা অতীত হৈ। কেম্পাং ৰাজখোৱাৰ জীয়েক আছিল কেতেকী। তেওঁলোকৰ বহাৰ ওচৰতে থাকে। গাৰ কাপোৰ নোলোৱাৰ দিনৰে পৰা দিখৌৰ বালিত ঘৰ সাজিছিল দুয়ো। ৰজাৰ কাৰেং সাজিছিল। তেতিয়াই কেতেকীয়ে তাক ৰজা বুলি কৈছিল। লগৰ সমনীয়ায়ো তাক স্বৰ্গদেউ সজাই খেল খেলিছিল। কেতেকী হৈছিল বৰকুঁৱৰী।

অকণমান ডাঙৰ হোৱাৰ পাছত ৰজা-কুঁৱৰীৰ খেল শেষ হৈছিল যদিও সিহঁতৰ মনৰ পৰা ৰজা-কুঁৱৰীৰ ভাব আঁতৰি যোৱা নাছিল। দুয়ো দুয়োৰে মনৰ বেছিকৈহে ওচৰ চাপি গৈছিল। ৰাজবংশৰ হোৱা বাবে সৰুৰে পৰাই বিভিন্ন শিক্ষাৰ উপৰি তেওঁ যুদ্ধ বিদ্যাও শিকিব লগা হৈছিল। তাৰ মাজতে খেতি-খোলাতো লাগিব লগা হৈছিল। এইবোৰৰ মাজে মাজে কেতেকীৰ মৰমৰ মাজত ডুব গৈ আছিল চুহুংমুং কোঁৱৰ। কেতেকীয়েও ৰোৱা তোলা, ঘৰৰ বন-বাৰী কৰাৰ মাজতে তেওঁক একোবাৰ লগ পাইছিল। কি যে সুন্দৰ আছিল সেই দিনবোৰ কেতেকী যে কেতেকী পাহিয়েই আছিল তাইঙ্গ সোণবৰণীয়া দেহাৰ ভাঁজে ভাঁজে যৌৱনে লুকাভাকু খেলিছিল। চুলিকোছা আছিল কঁকালৰ তললৈকে পৰা। তাইৰ দৰে ধুনীয়া গাভৰু স্বৰ্গদেৱে জীৱনটোতে আৰু দেখা নাই। অৱশ্যে এনেও হ'ব পাৰে যে প্ৰথম যৌৱনৰ প্ৰেম বাবে তাইৰ দৰে আৰু কাকো গ্ৰহণ কৰিব পৰা নাই। ৰজাৰ বংশৰ বাবে এদিন ৰজা হোৱাৰ সম্ভাৱনা পূৰামাত্ৰাই আছিল তেওঁৰ। সেই কাৰণে কেতেকীয়ে প্ৰায়ে কৈছিল তেওঁক—

ঃ স্বৰ্গদেউ পাটত উঠিলে কেইজনী কুঁৱৰী আনিব?

ঃ মাত্ৰ তোক ৰাখিম। তয়ে মোৰ একমাত্ৰ কুঁৱৰী হ'বি কেতেকী।

ঃ স্বৰ্গদেউ হ'লে দেখোন এমখা কুঁৱৰী ৰাখে, আমাৰজনে জানো পাৰিব?

ঃ তয়ে যদি মনটো ভৰাব পাৰ, আৰু কিয় লাগে?

ঃ পুৰুষৰ মনটোৰে নাটে। দেখিলেই লাগে। তিৰোতাহে বেলেগ।

ঃ সঁচাকৈ কৈছোঁ, তোক পালে আৰু কালৈকো চকু নিদিওঁ।

এটা হুমুনিয়াহ ওলাই আহিল স্বৰ্গদেউৰ। সেইজনী কেতেকী এদিন হেৰাই গ'ল। গ'ল যি গ'লেই, আৰু ঘূৰি নাহিল। দুয়োঘৰে জানিছিল যে সিহঁতৰ বিয়া হ'ব। ঠিক তেনে সময়তেই এদিন শাক বুটলিবলৈ যাওঁতে বোলে সাপে খুঁটিলে কেতেকীক। বেজ আহিল; বহুত চেষ্টা কৰিলে; কিন্তু কেতেকী হ'লে নুঠিল। তাৰপাছত কলৰ ভূৰত তুলি কেতেকীক উটুৱাই দিলে দিখৌত। বহুত দিনলৈ কোঁৱৰে ভাবি আছিল কেতেকী ঘূৰি আহিব, কিন্তু নাহিল। ঘৰৰ মানুহক কোঁৱৰে আৰু বিয়ালৈ মন নেমেলোঁ বুলিয়েই কৈছিল। কিন্তু মেলিব লগা হ'ল। এজনী এজনীকৈ এতিয়া কেইবাজনীও কুঁৱৰী হ'ল। মনৰ মাজতেই শুই থাকিল কেতেকী।

এই সংসাৰৰ মায়াত পাহৰিয়েই গৈছিল সেই কেতেকীৰ কথা।

কিন্তু দুখ বোলা বস্তুটো মনৰ মাজত ক'ত লুকাই থাকে গমেই পোৱা নাযায়। কেতেকীয়ে আকৌ যেন এই সুখৰ সময়ত মূৰ দাঙি উঠিছে। তাইলৈ বৰকৈ মনত পৰিছে স্বৰ্গদেউৰ বৰকৈ।

সমগ্ৰ অসম দেশৰ ৰজা স্বৰ্গদেউ চুহুংমুঙৰো বুকুৰ মাজত কেতেকীৰ কথাই অকণমান কষ্ট দিয়ে। শুই থকা কেতেকী, শুয়েই থাকে। স্বৰ্গদেউ আকৌ শোৱনি কোঠালৈ ঘূৰি আহে।

চৈধ্য

স্বৰ্গদেউ ঢুকোৱাৰ এমাহৰো বেছি হ'ল। ইপিনে চৰাইদেউত মৈদাম সাজু হ'ল। ৰজাদেৰে দেওধাইৰ হতুৱাই দিন চোৱালে। মৈদামলৈ নিয়াৰ দিন-বাৰ ঠিক হ'ল। আগতেই স্বৰ্গদেৱে গৈ মৈদামৰ ঠাই বাছি থৈ আহিছিল। দেওধায়ে বাছি দিয়া ঠাই স্বৰ্গদেৱে সোণৰ মোহৰ এটা দি কিনি লৈ, ঠাই টুকুৰাত কোৰৰ চাব মাৰি মাটি আৰু মোহৰ একাষৰীয়াকৈ থৈ দিছিল। বাইলুঙে 'ফাটিন টিন লাই বেত' বুলি মন্ত্ৰ মৰাৰ পাছত ৰজাৰ পাইকে মৈদামৰ বাবে গাঁত খান্দিবলৈ আৰম্ভ কৰিছিল। ইফালে বাৰিষা অহালৈ চাই স্বৰ্গদেৱে খৰধৰকৈ মৈদাম সম্পূৰ্ণ কৰিবলৈ আদেশ কৰিছিল।

স্বৰ্গদেউ স্বৰ্গবাসী হোৱাৰ তিনি দিনৰ দিনা ঘৰৰ সকলোৱে ঘৰ-দুৱাৰ মচি, বংশৰ আটায়ে কাপোৰ-কানি ধুই চুৱা গুচাইছিল। ৰজাৰ টোলৰ বাহিৰত, গড়ৰ ভিতৰতে চোতালত কলৰ পাতেৰে ৰভা এখন দি, তাত বংশ-পৰিয়ালৰ মানুহবোৰ গোট খাইছিল। স্বৰ্গদেউৰ ফালৰ পৰা একলহ লুকলাও, দুটা মতা কুকুৰা আগবঢ়াইছিল। এটা কুকুৰা ৰাং ভাৰিলৈ আৰু এটা বঙহলৈ। ৰাইজলৈ কুকুৰা মাৰি, কৰাইগুৰিয়ে-পচলাই আঞ্জা বনালে। তিনিজন বাইলুঙে দুটা বাওত পানী, মিঠাতেল, তাম, আঁৰৈ চাউল, ব্লক চিঙফা দি নাম জাৰিও জৰাই কৰিলে। এটা বুং জ্ঞাতিলৈ আৰু অন্যটো বুং পৰিয়াললৈ কৰা হ'ল। এই তেল-পানী স্বৰ্গদেউ সহিত সকলোৱে চুই শুদ্ধ হ'ল। ইয়াৰ পানীৰে জ্ঞাতিয়ে সকলো শুদ্ধ কৰিবলৈ ঘৰে-বাহিৰে ছটিয়ালে। ৰভাৰ তলত এযোৰ কলপাত পাৰি, এযোৰ তামোল-পাণ, এটা কণী, এটা শিল, দুটা ধানখেৰৰ জুমুঠি, দুটা সৰু বাঁহৰ চুঙাৰ এটাত লুকলাও আৰু এটাত পানী ভৰাই থ'লে। কুকুৰাৰ মাংসৰ আঞ্জাৰে জ্ঞাতিয়ে নাম লাও খালে। খোৱাৰ আগতে মৃতকৰ আত্মাৰ সদ্‌গতিৰ বাবে জনমিং কৰিলে। খোৱাৰ শেষত কাজ কৰাজনক স্বৰ্গদেউৰ হৈ বৰপুতেক চুক্লেনে সেৱা কৰিলে। বাইলুঙে শিল মাৰি কণীটো ভাঙিলে। জুইত কণীটো দিলে আৰু পানী ঢালি

জুই নুমুৱালে। কাজ কৰাজনে সকলো নিলগত পেলালে আৰু ভকতক সেৱা জনালে। এতিয়া আগতে তুলি থোৱা ডলাখন নমাই, ধানকেইটা গণি চালে। এই ধান কম ওলোৱাত মৃতকে নিয়া বুলি ধৰিলে। স্বৰ্গদেউৰ হৈ সেই ধানৰ খেতি এইবাৰ কৰিব নোৱাৰে। এই তিনি দিন স্বৰ্গদেউৰ চাংমাইশালত মাছ-মাংস চলা নাছিল। সাঁজপানীও কোনোৱে গ্ৰহণ কৰা নাছিল।

দহ দিনৰ পাছত স্বৰ্গদেৱে দেওধাইৰ লগত আলোচনা কৰি, তেৰ দিনৰ দিনা দহা-সকামৰ আদেশ দিছিল। পোন্ধৰ-সোতৰ বা তেইশ দিনত ভাল দিন নথকাত এই দিনতেই দেওধায়ে দিন দিলে। স্বৰ্গদেউৰ আদেশত সকলো ভাগে ভাগে কামত লাগিল।

দহা সকামৰ দিনা গ'লজনা স্বৰ্গদেউৰ জোঁৱায়েকে ভোজৰ চৰু পাতি দিব লাগে। সেই মতে মৃত ৰজাৰ জোঁৱায়েকক সকলোৱে তামোল-পাণ-গামোচা দি, গাহৰি মাৰিবলৈ অনুৰোধ জনালে। বৰপুত্ৰ স্বৰ্গদেউৰ ভাগৰ গাহৰিটো মৰাৰ পাছত বাকীসকলে ভোজৰ বাবে বিভিন্ন প্ৰজা আৰু ডা-ডাঙৰীয়াসকলে দিয়া গাহৰি, কুকুৰাবোৰ মাৰিলে। তাৰপাছত জোঁৱায়েকে ভোজৰ চৰু পাতি দিলে। চাংমায়ে সকলো দায়িত্ব লৈ ভোজ ৰান্ধিবলৈ আৰম্ভ কৰিলে। ডা-ডাঙৰীয়াকে আদি কৰি বৰুৱা, শইকীয়া সকলো আহি ভাগে ভাগে বহিল। প্ৰথমতে গাহৰিৰ তলপেটৰ মঙহ ভজা আৰু লুকলাও দিয়া হ'ল। বাইলুঙে এই ভজা মাংস আৰু লুকলাও নি গৃহ দেৱতা ডামক উছৰ্গা কৰিলেগৈ। সেইদিনা মৃতকৰ আত্মাক নতুন ডাম হিচাপে গৃহডামত স্থান দিয়া হয়। কুকুৰা এটা দি সকলো ডামকে পূজা দিয়া হ'ল। বাইলুঙে স্বৰ্গদেউক ক'লে বোলে নতুন আত্মাকো এনেদৰে পূজা দি থাকিব লাগিব। গৃহ ডামৰ লগত তেওঁ চামিল হ'ল।

এশ এগছ চাকি জ্বলাই বাইলুংসকলৰ উপস্থিতিত মৃতকৰ গুণানুকীৰ্ত্তন কৰি, তেওঁৰ আত্মাৰ সদ্‌গতিৰ বাবে সকলোৱে প্ৰাৰ্থনা কৰিলে। বাইলুংসকলে মন্ত্ৰ গালে। তাৰপাছত নিমন্ত্ৰিতসকলে ভোজ-ভাত খালে। ভোজৰ শেষত চাংমাই আৰু বিলনীয়াৰ মেল বহিল। খাবলৈ বহোঁতে চাংমাই আৰু বিলনীয়াই খোৱাৰ আগতে জাল পাতে। আঁৰ কৰি এখন মেহেঙা পাতিলে। মেহেঙাৰ যোৰ কলপাতত ভোজৰ ভাত, মাংস আৰু সকলো দ্ৰব্য দিলে। এয়া মৃতকৰ শেষ সাঁজ ভাত। তাৰপাছত সকলোকে বিদায় দি নতুন স্বৰ্গদেৱে সকাম শেষ কৰিলে। মৈদামলৈ শ ৰুংগ-ডাংগত সুমুৱাই নিয়াৰ আগতে ৰজাঘৰৰ সকলোৱে সেৱা

কৰিলে। শ থোৱা নগৰৰ শ থোৱা ঘৰৰ পৰা শ মৈদামলৈ নিয়াৰ ব্যৱস্থা কৰা হ'ল। ইফালে ৰজাৰ মৈদামত দিবলৈ লুখুৰাখন খেলৰ কেইবাজনো মানুহক স্বৰ্গদেৱে ৰজাৰ তামুলী পাঁচনি, পিকদানি ধৰা, হেংদাং ধৰা, জৰো ধৰা, চোঁৱৰ ধৰা, ধোঁৱাখোৱা ধৰা, চাংমাই, গা চোৱা, ফুল চোৱা লিগিৰী হিচাপে নিয়োগ কৰিছিল। তেওঁলোকো ৰজাৰ লগত ওলাল। সেই মানুহবোৰৰ শেঁতা পৰা মুখ আৰু নিচা খোৱা মানুহৰ দৰে খোজ। উপায় নাই। লুখুৰাখন খেলৰ মানুহক এই কামৰ বাবেই ৰখা হয়। ৰজাৰ শ তেওঁলোকৰ বাহিৰে অইনে চুব নোৱাৰে। ৰজাৰ লগত মৈদামত মাত্ৰ তেওঁলোকহে থাকিব পাৰিব। এই কৰ্মৰ বাবে লুখুৰাখনে ৰজাৰ পৰা সকলো সুবিধা পায়। যুদ্ধলৈ যাব নালাগে, ৰজাক কৰ দিব নালাগে। মাত্ৰ ৰজাৰ মৃত্যুৰ লগত মৰিব লাগে। মৃত্যুৰে শুজিব লাগে ৰজাৰ ধাৰ। শৰ লগত যাবলৈ ইতিমধ্যে সকলো সাজু হৈ আছিল। বাইলুঙে ৰিকখন পুথিৰ মন্ত্ৰ মাতিলে। আৰোৱান ধৰাই আগত শুকুলা আৰোৱান ধৰি গৈ আছে। তাৰ পাছত পাখিমৰীয়াবিলাকে ম'ৰা চৰাইৰ পাখিৰে বিচি বিচি গৈছে। তাৰ লগে লগে দুযোৰ বৰকাঁহ আৰু দুযোৰ কালি বাজি গৈছে। ঢাক আৰু বৰঢোল বাই বাই গৈ আছে ঢাকী আৰু ঢুলীয়া। তাৰ পাছে পাছে ডা-ডাঙৰীয়াসকল। এইদৰে শ নিয়া আলিয়েদি চৰাইদেউৰ ফালে আগবাঢ়িল।

চৰগুৱাৰ পৰা চৰাইদেউলৈ কম বাট নহয়। তাতে এনেদৰে হাতীয়ে-ঘোঁৰাই কইনা খোজেৰে গৈ থাকোঁতে সময় লাগে। গৈ গৈ সন্ধিয়া বাটৰ কাষতে বাহৰ পাতি নিশাটোৰ বাবে তাতে ৰ'বলৈ থিৰাং কৰিলে। ওচৰৰ গাঁৱৰ মানুহে নিশাৰ আহাৰৰ বাবে সিধা লৈ আহিল। সকলো তাতে ৰ'ল।

অলপ সময়ৰ পাছত গাঁৱৰ ৰাইজৰ কেইজনমানে স্বৰ্গদেউৰ শটোৰ ওচৰলৈ আহি আঁঠু ল'লে। স্বৰ্গদেউৰ লগত যোৱা চমুৱা বিষয়াসকলে ৰাইজক এনেদৰে আঁঠু লোৱাৰ কাৰণ সুধিলে। গাঁৱৰ পৰা অহা দুজন প্ৰজাই ৰজাৰ ওচৰত গোচৰ দিবলৈ অহা কথা জনালে। এনেদৰে স্বৰ্গী হোৱা স্বৰ্গদেউৰ শ লৈ গ'লে যদি বাটত নিশা ৰ'ব লগা হয়, তেন্তে কাৰোবাৰ গোচৰ থাকিলে মৃত স্বৰ্গদেউক গোচৰ দিব পাৰে। স্বৰ্গদেউৰ লগত যোৱা পৰিচালকসকলে মৃত স্বৰ্গদেউৰ হৈ গোচৰ নিষ্পত্তি কৰিবলৈ যি ৰায় দিয়ে, সেই ৰায় স্বৰ্গদেউৰ ৰায় বুলি সকলোৱে মানি লয়।

গাঁৱৰ মানুহকেইজনৰ এজনে জনালে যে তেওঁৰ ঘৰৰ ওচৰৰ এজনে তেওঁৰ

পৰা পাঁচটা ৰূপ ধাৰলৈ নিছিল। ধাৰ নৌশুজোঁতেই তেওঁক বাঘে খাই মাৰিলে। এতিয়া তেওঁৰ পুতেকক ধাৰৰ কথা ক'লে সি দিবলৈ মান্তি নহয়। কাৰণ সি ধাৰ কৰা নাই; তাৰ পিতাকেহে ধাৰ কৰিছিল। গতিকে ধাৰ বাপেকৰ লগতে গ'ল। এই কথাটোৰ বিচাৰ এটা কোনেও নিষ্পত্তি কৰি দিব পৰা নাই। গতিকে স্বৰ্গদেউৰ ওচৰত আৰ্জি কৰিছে। লগত যোৱাসকলে মৃত স্বৰ্গদেউৰ হৈ ৰায় দিবলৈ ঠিক কৰিলে। শৱৰ লগত যোৱা টেকেলাই তৎক্ষণাৎ ৰাজ আজ্ঞাৰে ওচৰৰ গাঁৱৰ পৰা পদকীয়া ল'ৰাটোক ধৰি লৈ আহিল। এইবাৰ শৱ লগত যোৱা মানুহে বিচাৰ কৰিবৰ নিমিত্তে ল'ৰাজনক সঁচা নে মিছা সুধিলে। তেতিয়া ল'ৰাজনে ক'লে যে বাপেকে কাৰ পৰা ধন ধাৰ কৰিছে সি নাজানে। গতিকে ধন ঘূৰাই দিয়া নাই। ইফালে ধন ধাৰ কৰাৰ সাক্ষী হিচাপে মানুহকেইজনে দুজনমান গঞাক আনি মৃত স্বৰ্গদেউৰ আগত ভেটিলেহি। অৱশেষত শৱ লগত যোৱাসকলে আলোচনা কৰি মৃত স্বৰ্গদেউৰ হৈ ৰায় দিলে। পুত্ৰই পিতাকৰ কামৰ ভাগ লোৱাটো নিয়ম। যিহেতু পিতৃৰ সা-সম্পত্তি খাইছে, গতিকে ধাৰৰ বোজাও গ্ৰহণ কৰিব লাগিব। গঞাৰ সাক্ষীৰ পৰা প্ৰমাণ হ'ল যে ধন ধাৰে নিয়াটো সঁচা। পৰিশোধ নকৰাটোও সঁচা। গতিকে পুত্ৰই এই ঋণ পৰিশোধ কৰিব লাগিব। মৃত স্বৰ্গদেউৰ হৈ দিয়া ৰায়কে সকলো গঞাই মানি ঘৰা-ঘৰি গ'লগৈ। পিছদিনা পুৱা সকলো গৈ মৈদামৰ ওচৰৰ শ ধোৱা পুখুৰীৰ পাৰ পালে। তাত ৰজাৰ শ ৰুংগ-ডাংগৰ পৰা উলিয়াই লুখুৰাখনৰ মানুহে শ ধোৱা পুখুৰীত ভালকৈ শটো ধুৱাই ল'লে। বাইলুঙে ৰিকখন মন্ত্ৰ পাঠ কৰিলে। শ ধুই, নতুনকৈ কানি-কাপোৰ পিন্ধালে, আ-অলংকাৰ দিলে। যথা নিয়মে আৰু ৰাজসন্মানেৰে পূবলৈ মূৰ কৰি মৈদাম দিবৰ বাবে ৰখা খাটত থ'লে। ৰজাই ব্যৱহাৰ কৰা সকলো বস্তু ৰজাৰ লগত দিবলৈ ব্যৱস্থা কৰা হ'ল।

মৈদাম সজা আগতেই সম্পূৰ্ণ হৈছিল। মৈদাম এপূৰা মাটিজুৰি সজা হৈছিল। মৈদামৰ বাবে ডাঙৰকৈ গাঁত খান্দি, তাত শাল কাঠৰ খুঁটিৰে ডাঙৰকৈ কাৰেং ৰুংগ-ডাংগ সজা হৈছিল। স্বৰ্গী স্বৰ্গদেৱে ব্যৱহাৰ কৰি থকা সোণৰ মাইহাং, ভোগজৰা, পিকদানি আদি বস্তু একোপদ তাত থোৱা হৈছে। ৰজাৰ শটো লুখুৰাখনৰ মানুহে নি পূবলৈ মূৰ কৰি ৰজাৰ চালপীৰাত শুৱাই দিলে। খোটালিৰ ওপৰত সাত খলপীয়া সোণৰ বৰৈ দিয়া চাঙটি চন্দোৱাৰ। চালপীৰাৰ গাত সোণৰ দাপোণ মৰা। তাৰ চাৰিওচুকে সোণেৰে বন্ধোৱা চাৰিটা খুঁটা। তাতে সোণোৱালী বনকৰা জালিকটা আঁঠুৱা তৰা। চালপীৰাৰ ওচৰতে সোণৰ মুঠিৰে, ডালিমবাখৰ

আৰু হীৰা পতোৱা হেংদাং। কঁকালৰ ওচৰত চাৰি-পাঁচখন সোণ খটোৱা ৰূপৰ শৰাই। তাৰে এখনৰ ওপৰত সোণৰ বাখৰামী বঁটা, বাখৰামী সোণৰ চূণৰ টেমি, সোণৰ ধঁপাত খোৱা টেমা; সোণৰ ডাব কটাৰী আৰু ৰূপৰ তামোল-পাণ থোৱা হৈছে। এখন শৰাইত সোণৰ ভোগজৰা, এখনত ৰাজ অলংকাৰ আৰু পেৰাত সোণ-ৰূপ ভৰাই কাষতে থৈছে। ভৰি পথানৰফালে সোণেৰে বন্ধোৱা ধোঁৱাখোৱা, তাৰ ওপৰত ৰূপৰ সাঁফৰ মৰা চিলিম আৰু সোণৰ বনকৰা নলী দিয়া হৈছে।

লুখুৰাখনৰ মৈদামত দিবলৈ অনা মানুহকেইটাক সেৱা-সৎকাৰ কৰি মৈদামলৈ সুমুৱাই দিয়া হ'ল। মানুহকেইটাৰ দেহত যেন প্ৰাণ নাই। মাত্ৰ কৰ্তব্য কৰিছে। ৰজাৰ মৃত্যুৰ বাবেই অকালতে প্ৰাণ দিব লগা হৈছে এই মানুহকেইটাই। তাৰপাছত ডাঙৰ শিলেৰে বন্ধ কৰি দিলে মৈদামৰ দুৱাৰ। মৈদামত প্ৰথমে মাটি দিলে লুখুৰাখন ফৈদৰ মানুহে। তাৰপাছত সকলোৱে জয়ধ্বনি দি মাটি জাপি দিলে। মাটি জপা শেষ হ'লত শ যাত্ৰাত যোৱা মানুহ লাহে লাহে উভতিল।

মৈদমীয়া ফৈদৰ মানুহে আহি মৈদাম ৰখাৰ ব্যৱস্থা কৰিলে। পাল পাতি ৰখে মৈদাম, যাতে কোনো সোমাই চুৰ কৰিব নোৱাৰে স্বৰ্গী ৰজাৰ সম্পদ।

পোন্ধৰ

চমুৰা কুঁৱৰীৰ পিতাক খাৰঘৰীয়া ফুকনৰ শংকাবোৰ অলপ কমিছে। কাৰণ তাও চুহুংমুং ৰজা হৈয়েই পিতাকৰ কেনেকৈ মৃত্যু হ'ল, সেই কথাৰ বিচাৰ কৰাতকৈ ৰাজকাৰ্যতহে মন দিয়া দেখা গ'ল। ৰজাটোলৰ কথাবোৰ এতিয়া গম পোৱাতো অসুবিধা আহিল। পুহাইৰ মৃত্যুত বহুত ক্ষতি হ'ল তেওঁৰ। তাতে পুহাইৰ মৃত্যুৰ কাৰণো তেওঁ উলিয়াব পৰা নাই। পুহাই আহোম ফৈদৰ মানুহ নাছিল; সেইবাবে তাক ৰজাঘৰীয়া মানুহেই হিন্দু মতে খৰি দি সৎকাৰ কৰিলে। তাৰ আগলৈও নাছিল, পাছলৈও নাছিল, সেইবাবে তাৰ হৈ কিবা এটা কৰাৰ কথা কোনেও চিন্তা নকৰিলে। খাৰঘৰীয়া ফুকনে অৱশ্যে দেওশালৰ পূজাৰীকে সিধা এটা দিয়াই তাৰ হৈ কিবা এটা কৰালে। কিন্তু পুহাইৰ হৈ চিন্তা কৰিবলৈ কাৰ সময় আছে?

খুন্‌লুং বুঢ়াগোহাঁইৰ ওচৰলৈ গোপনে এবাৰ গৈছিল খাৰঘৰীয়া ফুকন। কিন্তু তেওঁ আচৰিত ধৰণে ব্যৱহাৰ কৰিলে। যেন তেওঁ আগৰ ষড়যন্ত্ৰৰ কথা একোৱেই নাজানেঙ্গ ৰজাদেৱৰ মৃত্যুৰ বাবে দুখ কৰিলে। পুহাইৰ প্ৰসংগত এটি কথাও নুলিয়ালে। যেন ৰজাদেৱৰ স্বাভাৱিক মৃত্যুহে হৈছেঙ্গ দোষীৰ মন সদায় গোন্ধায়। ৰজাঘৰে মৃত্যুটোক লৈ কেনে ধৰণে কি ভাবিছে, তাৰেহে গম ল'বলৈ আচলতে বুঢ়াগোহাঁইৰ তালৈ গৈছিল ফুকন। কিন্তু তেওঁ যেন একোৱেই নাজানেঙ্গ ফুকনে এটা কথা ভালকৈ জানে যে বুঢ়াগোহাঁইৰ মানুহ ৰজাৰ টোলত বাৰুকৈয়ে আছে। বোধকৰো বুঢ়াগোহাঁইৰ মানুহেই লক্ষ্য কৰি আছিল পুহাইক। ৰজাদেৱৰ মৃত্যুৰ পাছত গোপনে পুহাইক হত্যা কৰা হ'ল সকলো নিষ্কণ্টক হ'বৰ বাবে। কাৰণ পুহাই জীয়াই থকা মানে সকলোলৈকে বিপদ। পুহাইক ফুকনে নিজহাতে হত্যা কৰিব নোৱাৰিলেহেঁতেন বা কাৰোবাৰ হতুৱাই হত্যাও কৰাব নোৱাৰিলেহেঁতেন। ইফালে পুহাই ফুকনৰ মানুহ বুলি জনাজাত। ফুকনৰ যে ভগা মন্ত্ৰীৰ লগত যোগাযোগ ঘটিছে, সেই কথা নিশ্চয় জনাই জানে। গতিকে নতুন স্বৰ্গদেৱে গম

পোৱাৰ আগতেই পুহাই শেষ হ'ল। নতুন স্বৰ্গদেৱে গম পোৱা হ'লে হয়তো খুন্‌লুং বুঢ়াগোহাঁইৰ বিপদ হ'লহেঁতেন। কাৰণ আগৰজনা ৰজাৰো হত্যাৰ আঁৰত আছে খুন্‌লুং বুঢ়াগোহাঁই। যদি দ্বিতীয়জনৰ ক্ষেত্ৰতো ষড়যন্ত্ৰ তেওঁৰ পৰাই হৈছে বুলি জানে, তেন্তে বিপদ হ'ব পাৰে। হয়তো নতুনজনা স্বৰ্গদেৱে ভগামন্ত্ৰী বুলিও ক্ষমা নকৰিব। বিদায় ল'বৰ সময়ত মাত্ৰ বুঢ়াগোহাঁয়ে ক'লে—

ঃ ফুকন, খাৰঘৰৰ ফালে মন দিয়াই যুগুত যেন পাওঁ। মৈদাম খান্দিব নাপায়।

বহুত কথাই যেন কৈ গ'ল বুঢ়াগোহাঁয়ে। তাৰপাছৰ পৰাই খাৰঘৰীয়া ফুকনে মাত্ৰ নিজৰ কৰ্মতেই মন দিছে। কিন্তু ৰজাঘৰৰ শংকা যোৱা নাই। অহুকাণে-পহুকাণে খবৰ হৈছে যে গ'লজনা স্বৰ্গদেউক কোনোবাই মাৰিলে। নতুন স্বৰ্গদেৱে বেজবৰুৱাৰ লগত আলচ কৰি বোলে গম পাইছে যে সাপৰ বিহৰ ফলতহে স্বৰ্গদেউৰ মৃত্যু হৈছে। কিন্তু টোলত সাপ সোমাব কেনেকৈ— সেইবোৰ কোনেও ৰহস্য ভেদ কৰিব পৰা নাই। কিন্তু যি এই কামটো কৰিছে, বেছ বুদ্ধি কৰি যে কৰিছে— সেই কথা ৰজাদেৱে গম পাইছে। মৃত্যুৰ পাছত বোলে ৰজাদেৱৰ শৰীৰটো নীলা পৰি গৈছিল। আনকি শ থোৱা ঘৰত থওঁতেও বোলে প্ৰথমতে একো হৰণ-ভগন হোৱা নাছিল। বিহ খাই মৰিলে আচলতে বোলে শটোৰ মৰাৰ পাছতো একো হৰণ-ভগন নহয়। পোকেও নধৰে।

প্ৰতিশোধ লোৱাৰ বাবে যে ইমান এটা ডাঙৰ কাৰ্য তেওঁ সমাধা কৰিলে, তাক ভাবিলে তেওঁৰ আচৰিত লাগে। পুহায়ে যে এনে এটা কাম ইমান সুকলমে কৰিব, তেওঁ ভাবিব পৰা নাছিল। কিন্তু প্ৰতিশোধ লোৱাৰ আনন্দ শেষ নৌহওঁতেই তেওঁ এই কাৰ্যৰ বাবে শাস্তি পোৱাৰ আশংকাত ভুগিছে।

হঠাৎ পদূলিমুখত ঘোঁৰাৰ চিঞৰ আৰু খুৰাৰ শব্দত উচাপ খাই উঠিল খাৰঘৰীয়া ফুকন। ঘৰৰ মানুহবোৰো সজাগ হ'ল। ফুকন চ'ৰাঘৰলৈ ওলাই আহিল। ৰজাৰ সৰু কটকীয়ে আহি ফুকনক প্ৰণাম জনালে। স্বৰ্গদেৱে তুৰন্তে তেওঁৰ সাক্ষাৎ পাবলৈ বিচাৰিছে। গতিকে স্বৰ্গদেউক দেখা দিব লাগে। খাৰঘৰীয়া ফুকন খৰধৰকৈ ৰাজটোললৈ বুলি ওলাল। স্বৰ্গদেৱে এনেকৈ বিশেষ কাৰণত ডাঙৰীয়া বা ফুকনক মাতে। বিশেষ কিবা থাকিলে আলোচনা কৰে। কিন্তু এইবাৰ ফুকনৰ পেটে পেটে ভয়। স্বৰ্গদেৱে বা কি সোধে, কি কয় কিজানিবা স্বৰ্গদেৱে সন্দেহ কৰিছে তেওঁক। কিন্তু আহোম স্বৰ্গদেৱে সন্দেহ কৰাৰ পাছত কটকী পঠিয়াই মতাই নিনিয়ে। চাউদাং পঠিয়াই বন্দীহে কৰিব। সেনাপতিকে লোৱা লগাই বন্দী কৰি নি কাটে;

তেওঁ এজন মাত্ৰ খাৰঘৰীয়া ফুকনহে। তেওঁৰ তলত আছে মাত্ৰ ছহেজাৰ পাইক; গতিকে তেওঁক বন্দী কৰা সহজ। এনে কথা ভাবি ৰাজটোললৈ ঘোঁৰা দৌৰালে খাৰঘৰীয়া ফুকনে।

সাধাৰণতে স্বৰ্গদেৱে গুপুত মন্ত্ৰণা কৰিব লগা থাকিলে ডাঙৰীয়াসকলক বৰঘৰৰ টুপৰ পৰাই স্বৰ্গদেউৰ ভিতৰৰ ঘৰলৈ মতাই নিয়ে। তেতিয়া তালৈ অন্য কোনো যাব নোৱাৰে। তেখেতসকলৰ হাঁচতি, বিচনী, তলচা আদি বৰঘৰৰ টুপতে থৈ যাব লাগে। কুকুৰাচোৱা বা স্বৰ্গদেউৰ বাজপনীয়া লিগিৰাই স্বৰ্গদেউৰ সন্মুখত এখন কাপোৰ পাৰি দিয়ে, ডাঙৰীয়াসকল উত্তৰলৈ মুখ কৰি পূবৰ পৰা পশ্চিমলৈ বহে। এইখন বৰমেল নহয়। ইয়াত গুপুত মন্ত্ৰণাহে হয়। স্বৰ্গদেউৰ টোলৰ জখলাৰ তলতে ভৰি ধুই স্বৰ্গদেউৰ বৰঘৰলৈ উঠি গ'ল খাৰঘৰীয়া ফুকন। ভিতৰৰ ঘৰত বিষয়াসকল বহা নাই। বৰঘৰৰ টুপতে অন্যসকলৰ লগত বহি ৰ'ল খাৰঘৰীয়া ফুকন। দেখাত যদিও শান্ত হৈ আছে, ভিতৰি ভিতৰি কঁপিছে তেওঁৰ মন। খন্তেক সময়ৰ পাছতে বাজপনীয়া লিগিৰাই আহি স্বৰ্গদেউৰ আজ্ঞা জনাই বুঢ়াগোহাঁই, বৰগোহাঁই সহিতে খাৰঘৰীয়া ফুকনক মাতি লৈ গ'লহি ভিতৰলৈ। খাটৰ ওপৰত স্বৰ্গদেউ বহি আছিল। মন্ত্ৰী দুজনাই সেৱা জনালে। অকণমান পিছুৱাই ফুকনেও জনালে সেৱা। লিগিৰাই ডাঙৰীয়াৰ কাৰণে কাপোৰ আৰু ফুকনৰ বাবে খেৰ পাৰি দিলে। সকলো বহিল।

ঃ ওপৰ খামজাংগত থকা আইতনীয়া আৰু পানী নৰাহঁত বৰাই আহিছে। আমাৰ প্ৰজাৰ এথানি হৈছে। যুদ্ধ কৰিব লাগে। খাৰী ফুকনৰ পাইক কেনে? খাৰঘৰ-কাঁড়-হেংদাং? হাতী-ঘোঁৰা?

ঃ স্বৰ্গদেউৰ ইচ্ছা হ'লে বন্দীৰ ফালৰ সকলো সাজু।

প্ৰায় লগে লগে বুঢ়াগোহাঁয়ে মাত লগালে—

ঃ মনিচৰ শৰীৰতো হৰণ-ভগন হয়। যদি খুঁত আছে স্বৰ্গদেউক কোৱা হওক। বাটিবৰ খেণ পোৱা যাব।

ঃ ডাঙৰীয়া, পাইকৰ ৰণচালি চোৱা হ'ব। আহিনৰ চাৰি দিন যোৱাত।

ঃ স্বৰ্গদেউৰ যিবা আজ্ঞা।

তাৰপাছত মন্ত্ৰণা চলিল। নৰা ৰাজ্যৰ মানুহক স্বৰ্গদেউ চুকাফাৰ দিনতে তাত বহুৱাইছিল। এতিয়া সিহঁতৰ উৎপাতত অসমীয়া প্ৰজাৰ বিপদ হৈছে। গতিকে

শুকুলা হুদু ফুকনৰ পুতেক দিহিঙ্গীয়া ফুকনৰ তলত নৰা ৰাজ্য আক্ৰমণ কৰা হওক। তাৰ বাবে প্ৰথম কথা হ'ল অস্ত্ৰ-শস্ত্ৰ আৰু খাৰ-বাৰুদ। খাৰঘৰীয়া ফুকনৰ তলতে হাতী-ঘোঁৰা সকলো। গতিকে ফুকনে যদি অৱস্থাটো নজনায়, তেন্তে যুদ্ধলৈ আগবঢ়া সম্ভৱ নহয়। গতিকে তেওঁক গোপন মেললৈ মতা হৈছে।

খাৰঘৰীয়া ফুকনে বুজিলে যে এওঁ ৰজা হৈ মনে মনে বহি থকা লোক নহয়। এওঁ নিশ্চয়কৈ ওচৰৰ সকলোকে নিজৰ তলতীয়া কৰিব। ৰজা হ'লে তেওঁৰ পৰাক্ৰম থাকিবই লাগিব। পৰাক্ৰম দেখুৱাবৰ এটাই পথ— সেইটো হ'ল ৰাজ্য জয় কৰা। ফৰকাল লাগিল খাৰঘৰীয়া ফুকনৰ মনটো। অন্ততঃ নতুন স্বৰ্গদেৱে তেওঁক সন্দেহ কৰা নাই পিতৃ হত্যাকাৰী বুলি। হয়তো অন্য কাৰোবাক সন্দেহ কৰিছে। আগৰ স্বৰ্গদেউৰ হত্যাৰ কাৰণ তেওঁ নহয়তো ? নে অন্য কাৰোবাৰ গভীৰ ষড়যন্ত্ৰৰ ফল এয়া ? সকলো মনৰ পৰা জোকাৰি পেলাবলৈ চেষ্টা কৰিলে তেওঁ।

স্বৰ্গদেৱে ৰণুৱাৰ ৰণচালি চাব। খাৰঘৰো চাব। যদি ক'ৰবাত অকণমানো অৱহেলা কৰা যেন পায়, তেওঁক কাটিব স্বৰ্গদেৱে। গতিকে সময় থাকোঁতেই সকলো দিশ নিকাকৈ ৰাখিব লাগিব। টোলৰ বাহিৰত বান্ধি থোৱা ঘোঁৰাটোৰ কাষলৈ চিন্তিত মনেৰে আহি থাকোঁতেই হঠাৎ ৰৈ গ'ল তেওঁ। তেওঁৰ সন্মুখত ৰৈ আছে টাঙোন ধৰা পাইক এটা। তেওঁ পাইকটো যে তেওঁৰ টাঙোন ধৰা নহয়, চিনি পালে।

ঃ দেৱ, আমাৰ দেৱে আপোনাক, দেৱৰ বাহৰত এবাৰ দেখা দিবলৈ আজ্ঞা হৈছে।

ঃ কোননো টাঙোন ধৰাৰ গৰাকী বা ?

ঃ বুঢ়াগোহাঁই ডাঙৰীয়া।

এইবাৰ বাৰুকৈয়ে সজাগ হৈ উঠিল ফুকনৰ মন। কিবা এটা গুৰুতৰ কাৰণ নাথাকিলে বুঢ়াগোহাঁইয়ে তেওঁক কেতিয়াও নিবিচাৰে। যদি ৰজাঘৰীয়া বা দেশৰ কথা হ'লহেঁতেন, তেতিয়াহ'লে মন্ত্ৰণা সভাত আলোচনা হ'লহেঁতেন। কিন্তু কথা নিশ্চয়কৈ কিবা গুপুত। লাহে লাহে ঘোঁৰাটোৰ ফালে আগবাঢ়ি গ'ল খাৰঘৰীয়া ফুকন।

ষোল

তাও চুহুংমুং স্বৰ্গদেউ ৰজা হ'ল যদিও শিঙৰি ঘৰত নুঠা বাবে ৰাজ সিংহাসনত বহিব পৰা নাছিল। মোহৰো মাৰিব পৰা নাছিল তেওঁৰ নামত। শিঙৰি ঘৰত উঠিবৰ বাবে যতমানে আয়োজন কৰিব লাগে, এদিন বা দুদিনত কৰাটো কঠিন। তথাপি স্বৰ্গদেৱে শিঙৰি ঘৰত উঠাৰ বাবে ব্যৱস্থা কৰিলে।

দেওধায়ে কুকুৰা কাটি তাৰ ঠেঙেৰে মঙল চালে। লাকিংকাত চেওৰ ডেনচিপইতৰ সাদিন যোৱাত ভাল দিন বুলি ঘোষণা কৰিলে। স্বৰ্গদেৱে পাটত উঠিয়েই আহোমৰ বছৰ আৰু মাহ গণনাৰ লগে লগে শকৰ গণনাও প্ৰচলন কৰিলে। গতিকে অসমীয়া মতেও গণনা কৰালে। দুই মন্ত্ৰীৰ পৰামৰ্শ মতে শিঙৰি ঘৰত উঠাৰ সকলো ব্যৱস্থা সম্পূৰ্ণ হ'ল। চৰাইদেউত স্বৰ্গদেউৰ বাবে বাহৰ কৰা হ'ল। তাত চাৰিটা ঘৰ সজা হ'ল। শিঙৰি ঘৰ, পাটঘৰ, হোলোংঘৰ আৰু পানীঘৰ। ৰজাদেৱৰ বিষয়াসকলে সকলো তদাৰক কৰি তাতে বাহৰ পাতি ৰ'ল।

ৰজাদেৱে শিঙৰি ঘৰত উঠাৰ আগতেই সাত দেশৰ পৰা, মানে চীনদেশ, মানদেশ, দিল্লী, বংগ, মুবংদেশ আৰু অসম দেশৰ আ-অলংকাৰ অনাই ৰাজভঁৰালত ৰাখিছিল। ৰাজভঁৰালৰ অলংকাৰ মন গ'লেই পিন্ধাত বাধা আছিল। স্বৰ্গদেউ চুকাফাৰ দিনৰ পৰাই নিবন্ধ আছিল যে দুইজন ডাঙৰীয়া, চ'ৰাৰ ছয় ফুকন, ৰাজখোৱা বাৰজন গোট খাই আজ্ঞা দিলেহে অলংকাৰবোৰ ৰাজভঁৰালৰ পৰা উলিয়াব পাৰে। সিবিলাকৰ অনুমতি হ'লেহে ৰজাদেৱে চুব, চাব আৰু পিন্ধিব পায়। ৰাজভঁৰালৰ ধন-সোণ আদিও সিবিলাকৰ অনুমতিতহে খৰচ কৰিব পায়। ৰাজমন্ত্ৰীৰ অনুমতি নহ'লে বাকীবোৰ ডাঙৰীয়াই ৰাজভঁৰালৰ দ্ৰব্য বাহিৰলৈ উলিয়াব নোৱাৰে।

স্বৰ্গদেৱে প্ৰথমতে সোণৰ বাখৰপতোৱা নেপূৰ পিন্ধিলে। সেই নেপূৰত সোণৰ গুণাৰে বন্ধা উজণ্টি। সেই উজণ্টিতে লগা দহটা আঙুলিত দহোটা আঙঠি পিন্ধিলে।

তাৰপাছত পিন্ধিলে মিহি মেজাংকৰি চুৰিয়া। তাৰ ওপৰত মিহি পাটৰ কাপোৰৰ চোলা। তাৰ ওপৰত সোণৰ গুণাৰে বনকৰা, লতা বছা জামা পিন্ধিলে। হাতৰ দহোটা আঙুলিত পিন্ধিলে হীৰা পতোৱা আঙঠি। হাতৰ সৰুগাঁঠিত পিন্ধিলে বাখৰুৱা দুডাল দুডাল নৱৰত্ন, তাৰ ওপৰত গামখাৰু। জামাৰ ওপৰত দুহাতে দুখন দুখন চাৰিচুকীয়া, মাজবহল, দুইমুৰ জোণ্ডা বাখৰুৱা বাজ পিন্ধিলে। তাৰপাছত পাঁচসৰী, সাতসৰী, নৱসৰী পিন্ধিলে। সৰু-বৰ মুক্তাৰ হাৰত ডুগডুগী পিন্ধিলে। প্ৰত্যেক লহৰৰ মাজে মাজে ডিঙিৰ পৰা লটকন দিয়া বাখৰপতোৱা চন্দ্ৰহাৰ, কাণত সোণৰ গুণাৰে মুকুতা আঁৰি, লটকন দিয়া হংস কুণ্ডল পিন্ধিলে। তাৰপাছত বগা পাটৰ পাগ মাৰিলে। তাৰ ওপৰত সোণৰ গুণাৰে লতা আৰু ফুল বছা চিৰি পাগ দীঘে দীঘে মাৰি, দুই কাষৰ ওপৰত মেৰিয়াই পিন্ধিলে। নাকৰ পোনে পোনে কপালৰ সোঁমাজত পাগৰ উঠঙাখিনিত থোপাসোণৰ উত্তম হীৰা-পান্না খটোৱা শিৰপেঁচ পিন্ধিলে। দুই কাণে দুখন কল্কিও লগালে।

লগতে বৰকুঁৱৰীয়েও গোমচেঙৰ ওপৰত সোণৰ লতাফুলেৰে বনকৰা মেখেলা, ফুল-লতা বাছি বোৱা পাটৰ ৰিহা আৰু পাটৰ কাপোৰৰ বনকৰা ঘূৰি পিন্ধিলে। তাৰ ওপৰত চোলা পিন্ধিলে। অলংকাৰ পিন্ধিলে ৰজাৰ দৰেই। স্বৰ্গদেৱে ভৰিত পহুৰ ছালেৰে চিলোৱা পাটৰ কাপোৰৰ তলিয়ৰি দিয়া পয়জাৰ পিন্ধিলে। মূৰত ৰজা আৰু কুঁৱৰী দুয়ো খাঁটি সোণেৰে সজা মুকুট পিন্ধিলে। ইফালে মাউতে স্বৰ্গদেউৰ বাবে মতা হাতী আৰু কুঁৱৰীৰ বাবে মাখুন্দী হাতী দুটা সাজু কৰি ৰাখিছিল। হাতীৰ গাৰ ওপৰত খাম্পাঠঙা বা ডাঠ দলিচা পৰা। তাৰ ওপৰত জুল পৰা। ওপৰৰ খলপা ডাঠ বগা মখমলৰ আৰু তলৰ খলপা ৰঙা মখমলৰ। তাৰ তলত গোমচেং, তাৰ তলত কিংখাপ, তাৰ কাষত সোণৰ গুণাৰে আঁৰি দিয়া সোণৰ বৰৈ। লগত এটা হাতীত আৰোৱান ধৰাই আৰোৱান ধৰি আৰু ছত্ৰ ধৰাই ছত্ৰ ধৰি গৈছে। আৰোৱানখন মিহি বাঁহৰ কাঠীৰে ঘূৰণীয়াকৈ বোৱা আৰু মাজত বগা কাপোৰৰ গিলিপ খুওৱা। তাৰ ওপৰত সোণ-ৰূপৰ গুণাৰ ফুল বছা। দীঘল নালডালত সোণ পতোৱা। ছত্ৰটো বগা পাটৰ কাপোৰৰ। সোণ আৰু ৰূপৰ গুণাৰে লটকন অঁৰা। হাতেৰে ধৰা ঠাইত, বাখৰ পতোৱা নালটো সোণৰ। ওপৰে নালৰ মূৰত সোণৰ কলচি খুৱাই দিয়া।

স্বৰ্গদেউৰ লগত ডা-ডাঙৰীয়া, চ'ৰাৰ ছয় ফুকন, ওঠৰ ৰাজখোৱা, সৈন্য, পাইক আৰু প্ৰজাই ভাগে ভাগে যাত্ৰা কৰিলে। ডা-ডাঙৰীয়াসকলে ঘোঁৰাত,

দোলাত যেনেকৈ পাৰে ওলাল। ৰজাদেৰৰ বাকী কুঁৱৰীসকলে ভাগে ভাগে দোলাত যাত্রা কৰিলে। স্বৰ্গদেউৰ লগতে ওলাল পা-পৰিয়াল লৈ বৰপুতেক চুক্লেনাকে আদি কৰি পাঁচ কোঁৱৰ আৰু তিনি জীয়াৰী। সকলোতকৈ কিন্তু বেছি আনন্দত আছিল স্বৰ্গদেউৰ বৰজীয়েক মূলা। স্বৰ্গদেউ শিঙৰি ঘৰত উঠিব— মূলাৰ গাত ততেই নাই। দোলাত বহি থাকিবই নোখোজে, যেন পিতাকৰ লগত হাতীতেই যাব। কিন্তু এই যাত্রাত স্বৰ্গদেউৰ লগত তাই হাতীত যাব নোৱাৰে, বাধা আছে। যিমানেই মৰমৰ নহওক কিয়, এই সময়ত স্বৰ্গদেউ স্বৰ্গদেৱেই। বৰকুঁৱৰী বৰকুঁৱৰীয়েই। বাকীসকলৰ স্থান বেলেগ।

নিয়ম মানি স্বৰ্গদেৱে এটা আঁহত গছৰ পুলি লগত ল'লে। চৰাইদেউত এই পুলিটো স্বৰ্গদেৱে নিজ হাতেৰে ৰুব লাগিব।

চৰাইদেউত পতা বাহৰত স্বৰ্গদেউ উপস্থিত হ'লত সকলোৱে স্বৰ্গদেউৰ জয় হ'বলৈ ধ্বনি দিলে। তাত ইতিমধ্যে শিঙৰি ঘৰ, পাটঘৰ, হোলোংঘৰ আৰু পানীঘৰ সজা হৈছিল। হাতত হেংদাং লৈ স্বৰ্গদেৱে দেউকুকুৰাৰ পাখি পাগত গুঁজি প্রথম পানীঘৰত উঠিল। তাত নানা তীৰ্থৰ পানী বাইলুং পণ্ডিতে স্বৰ্গদেউ আৰু কুঁৱৰীৰ গাত ঢালিলে। তলত থকা বাইলুং পণ্ডিতৰ গাতো পৰিল। ৰজা আৰু কুঁৱৰীয়ে কাপোৰ সাজ সলাই বাইলুং পণ্ডিতক দান দিলে। তাৰপাছত গলত চোমদেউক বান্ধি স্বৰ্গদেউ আৰু কুঁৱৰী পাটঘৰত উঠিল। পাটঘৰৰ তলত এটা মানুহ আছিল। চাংঘৰৰ ওপৰত বাইলুঙে পৱিত্র পানী ছটিয়ালে। সেই পানী তলৰ মানুহটোৰ গাত পৰিল। গা ধোৱা পানী মানুহটোৰ গাত পৰাৰ অন্তত স্বৰ্গদেউ আৰু কুঁৱৰীৰ সকলো অপায়-অমংগল লগত লৈ গ'লগৈ বুলি সকলোৱে বিশ্বাস কৰে। এইটোক নেওচা যোৱা বোলে। নেওচা যোৱাই নগৰৰ ফালে চাব নাপায়, তাক খেলৰ পৰাও বাদ দিয়া হয়। তাৰপাছত বাইলুঙে কুকুৰাৰ ঠেঙেৰে মঙল চালে। শুভক্ষণ নিৰ্ণয় হ'ল। স্বৰ্গদেউ আৰু কুঁৱৰীয়ে এইবাৰ সাজ সলাই শুভ ক্ষণত হোলোংঘৰৰ চাঙত বহিলগৈ। হোলোংঘৰৰ বাঁহৰ চাঙৰ তলত এটা হাতী, এটা ঘোঁৰা, এটা গৰু, এটা হৰিণ, এটা হাঁহ, এটা সাপ, এটা মাছ আৰু এটা পোক থৈ দিয়া আছিল। বাইলুং পণ্ডিতে মন্ত্রপূত পানী ৰজা আৰু কুঁৱৰীৰ গাত ঢালিলে। সেই পানী তলৰ জন্তুবোৰৰ গাত পৰিল। জন্তুবোৰক তাৰপাছত হাবিত মেলি দিয়াৰ বাবে লৈ যোৱা হ'ল। স্বৰ্গদেউ এইবাৰ শিঙৰি ঘৰত উঠাৰ বাবে সাজু হ'ল। ইতিমধ্যে ৰাজপোছাকেৰে সুশোভিত হৈ স্বৰ্গদেউ আৰু কুঁৱৰী সাজু হ'ল। স্বৰ্গদেৱে মূৰৰ

দেওকুকুৰাৰ পাখি সলালে। শিঙৰি ঘৰৰ মুখতে ৰজাৰ বিচাৰত প্ৰাণদণ্ডৰে দণ্ডিত মানুহ এটা হাত দুখন বান্ধি, আঁঠুকঢ়াই থোৱা হৈছিল। স্বৰ্গদেৱে হেংদাং উলিয়াই একেঘাপে মানুহটো দুছেও কৰিলে। চাৰিওফালে প্ৰজা আৰু সৈন্যই জয়ধ্বনি কৰিলে। বৰগোহাঁই আৰু বুঢ়াগোহাঁই ডাঙৰীয়াই সাত খলপীয়া সিংহাসনৰ দুটা খুঁটাত ধৰিলে। স্বৰ্গদেউ আৰু কুঁৱৰী সিংহাসনত বহিল। বাইলুঙে বাখাম কৰিলে। ন জাঁই হিলৈ মাৰিলে। বৰঢাককে আদি কৰি সমস্ত বাদ্য বাজি উঠিল। তাৰপাছত বাইলুঙে ৰজাক শান্তি কৰিলে। ফুল, চন্দনৰ মালা দি ৰজাৰ অভিষেক কৰিলে। তাৰপাছত ডাঙৰীয়াসকলে ৰজাৰ চাৰিওফালে সাতবাৰ ঘূৰিলে আৰু স্বৰ্গদেউক সেৱা কৰিলে। ৰাইজ আৰু আন পালি বিষয়াই মাটিৰ পৰা সেৱা কৰিলে। এনেদৰে লিখন কৰা সম্পূৰ্ণ হ'লত বিষয়াসকলে অন্য কুঁৱৰীসকলক লিখন কৰিবলৈ ধৰিলে। তাৰ লগে লগে শংখ, ঘণ্টা, দবা, কালি, মৃদংগ, জয়ঢোল, গগনা, ভেৰি, ভোৰতাল আদি নানা বাদ্য বাজিবলৈ ধৰিলে। হাতী-ঘোঁৰাৰ হতুৱাই ধ্বনি কৰোৱা হ'ল।

এইবোৰ হ'লত স্বৰ্গদেউ আৰু কুঁৱৰীয়ে দেওধাই, বাইলুং, ব্ৰাহ্মণ আৰু দুখীয়াক দান দিলে। বাইলুঙে মঙল চাই 'চাই কাক' পঢ়ি দেও হাকিলে। স্বৰ্গদেউৰ আদেশত বন্দীশালৰ পৰা বন্দীক মুক্তি দিয়া হ'ল। শিঙৰি ঘৰতে স্বৰ্গদেউ, বাইলুং আৰু ডাঙৰীয়া দুজনে সাঁজ খালে। ইফালে ভোজ-ভাতৰ আয়োজন কৰা হ'ল। স্বৰ্গদেউ কুঁৱৰীক লৈ শিঙৰি ঘৰতে ৰ'ল আৰু ভোজনো কৰিলে। আবেলি হাতী যুঁজ কৰা হ'ল। কৰতলীয়া ৰজা কেৱে আহি স্বৰ্গদেউক উপঢৌকন দিলে।

স্বৰ্গদেউ আৰু কুঁৱৰী শিঙৰি ঘৰত থকা সময়ত বিশেষ মানুহহে তালৈ উঠিব পায়। কিন্তু মূলাৰ ক্ষেত্ৰত যেন সকলো নিয়মেই হাৰ মানে। মূলাই কোবত শিঙৰিঘৰত উঠিল। স্বৰ্গদেউৰ মুখত হাঁহি বিৰিঙি উঠিল। বৰকুঁৱৰীয়ে কথাষাৰ ভাল নাপালে। মূলাৰ মাক চুক্লেঙৰ মুখত শংকাৰ ভাব ফুটি উঠিল। কিন্তু ৰজাদেৱৰ এইজনী জীয়াৰীৰ প্ৰতি ভাবটো বেলেগ। তাইৰ জন্মৰ পাছতেই যেন তেওঁৰো ভাগ্যৰ দুৱাৰ মুকলি হৈছে। তেওঁ স্নেহেৰে মূলাক কাষলৈ চপাই আনিলে। সকলোৰে মুখত হাঁহি বিৰিঙি উঠিল। সেই শিঙৰি ঘৰতে থাকিল স্বৰ্গদেউ আৰু কুঁৱৰী।

পাছদিনাই স্বৰ্গদেউ সদলবলে ৰাজটোললৈ ঘূৰি আহিল। চোমদেউক লৈ দোলাত আহিল স্বৰ্গদেউ। দেওঘৰত চোমদেউক থৈ ৰজাটোল পালেহি। প্ৰজাক

সাদিন ধৰি ৰং-ৰহইচ কৰিবলৈ আদেশ কৰিলে। ৰজাই পিন্ধা আ-অলংকাৰ চোলাধৰা ফুকনে ৰজাৰ গাৰ পৰা খহাই চোলাধৰাৰ হাতত দি, তিনিওজন বৰভঁৰালৰ বৰুৱা বৰভঁৰালত একেলগে থাকোঁতে তাত ঘূৰাই দিলেগৈ।

স্বৰ্গদেউ ৰাজসভাত বহিবৰ বাবে সাজু হ'ল।

সোতৰ

বৰচ'ৰালৈ যাবলৈ সাজু হৈ স্বৰ্গদেৱে তামুলী লিগিৰাৰ হাতত থকা সোণৰ বটাৰ পৰা থুৰিয়া তামোলখন মুখত সুমুৱালে। বিশেষ কিবা চিন্তাত যেন বিভোৰ হৈ আছে স্বৰ্গদেউ। সমগ্ৰ ৰাজ্যখনকে নতুনকৈ গঢ়িবলৈ বিচাৰিছে এইজনা স্বৰ্গদেৱে।

শিঙৰি ঘৰত উঠিয়েই নতুনকৈ মোহৰ মৰোৱালে। নিজৰ চাৰিও পুতেকৰ নামত দিহিং, চাৰিং, তিপাম আৰু তুংখুং— এই চাৰি নগৰ পাতি, দিহিঙ্গীয়া ফৈদ, চাৰিঙ্গীয়া ফৈদ, তিপমীয়া ফৈদ আৰু তুংখুঙ্গীয়া ফৈদ— এই চাৰিটা নিজৰ বঙহৰ ফৈদ পাতিলে। ৰজাদেউ নিজৰ দিহিঙ্গীয়া ফৈদতে থাকিল। প্ৰজাই তেওঁক দিহিঙ্গীয়া ৰজা বুলিলে। ৰজাফৈদৰ চাৰি পুতেকৰ চুক্লেন ডেকাৰজা— এওঁ গড়গঞা ৰজা হ'ল। চুৰেং বা দেওৰজা— এওঁ চাৰিঙৰ ৰজা হ'ল। চুখেং বা দুপৰজা— এওঁ তিপামৰ ৰজা হ'ল আৰু সৰুজনা চুডেঙক নামৰূপীয়া ৰজা পাতিলে। স্বৰ্গদেউৰ একেটি মাত্ৰ কন্যা মূলা। তাকো মাজু কুঁৱৰীৰ ফালৰ। বাকী কুঁৱৰীসকলৰ সতি-সন্ততি হোৱা নাই। বকতাত স্বৰ্গদেৱে নতুনকৈ নগৰ পাতিছে। তাতো নিৰ্মাণ কৰাইছে ৰজাৰ টোল। স্বৰ্গদেৱে কুঁৱৰীক লৈ তাত মাজে-মধ্যে দিন কটায়।

হঠাৎ স্বৰ্গদেউৰ বৰঘৰৰ বেৰলৈ চকু পৰিল। সুন্দৰকৈ হেঙুল হাইতাল বোলাই থোৱা কাঠৰ বেৰ। বেৰৰ তলত ওপৰত ফুলাম জাপিৰ শাৰী। হেংদাং অকল যে সজাই থয়, এনে নহয়। কেতিয়াবা প্ৰয়োজনত স্বৰ্গদেৱে যাতে ব্যৱহাৰ কৰিব পাৰে, তাৰো ব্যৱস্থা থাকে। হঠাৎ স্বৰ্গদেউৰ চকু পৰিল যে বেৰৰ পৰা দুখন হেংদাং অদৃশ্য হৈ গ'ল। আচৰিত হ'ল তেওঁ। হঠাৎ তেওঁ সচকিত হৈ পৰিল। বৰঘৰৰ পৰা দুখন হেংদাং অদৃশ্য হোৱা মানে কি ইংগিত দিছে? তৎকালে স্বৰ্গদেৱে হেংদাংধৰাক তলব কৰিলে। মুহূৰ্ততে হেংদাংধৰা হাতত হেংদাং লৈ উপস্থিত হ'ল। টাঙোনধাৰাও আহি স্বৰ্গদেউৰ কাষত থিয় হ'ল। তামুলী লিগিৰাও পৰিস্থিতি

বুজি সাৱধান হ'ল। তামুলী লিগিৰাই চাউদাঙক খবৰ দিয়াৰ ব্যৱস্থা কৰিলে। স্বৰ্গদেউৰ টোল অহৰ্নিশে চাউদাঙে বেৰি থাকে। চাউদাং বৰুৱাই তদাৰক কৰে। পালে পালে চাউদাঙে লক্ষ্য কৰি থাকে টোল। টোলৰ ভিতৰত যি কোনো মানুহ সোমোৱা দুঃসাধ্য। তাৰ মানে কোনোবাই কিবা ষড়যন্ত্ৰ কৰিছে স্বৰ্গদেউক বধ কৰাৰঙ্গ অস্ত্ৰ লৈ প্ৰৱেশ কৰিব নোৱাৰা বাবে ৰজাৰ বৰঘৰত থকা অস্ত্ৰকে ব্যৱহাৰ কৰিছে। নিশ্চয় লুকাই আছে ক'ৰবাত ষড়যন্ত্ৰকাৰী। খোলা হেংদাং লৈ স্বৰ্গদেউ সাজু হ'ল। স্বৰ্গদেৱে হুংকাৰ দিলে হেৰোৱা হেংদাং বিচাৰিবলৈ।

ঃ ক'লৈ গ'ল বৰঘৰৰ হেংদাং? কোনে জানহক ক

সকলো কঁপিবলৈ লাগিল। তামুলী লিগিৰা, লিগিৰা, লাখুটিধৰা, চোঁৰৰধৰা, লিগিৰী মখা— সকলো কঁপিবলৈ ধৰিলে। আজি কাৰ ডিঙি যায় একো ঠিক নাই।

ঃ কোনে কৰে এই দুঃসাহস

কুঁৱৰীসকলো ভাগে ভাগে আহি হাজিৰ হ'ল। কিন্তু হেংদাং চোৰ ধৰিব পৰা নগ'ল। হঠাৎ মাজু কুঁৱৰীৰ হাতধৰা লিগিৰী এজনী ক'ৰবাৰ পৰা কঁপি-জপি আহি স্বৰ্গদেউৰ ওচৰত আঁঠু ল'লে।

ঃ স্বৰ্গদেউ ঈশ্বৰ, কাটকেই বা মাৰকেই, বান্দীয়ে কুঁৱৰীটোলৰ পাছ চোতালত দেখি অহাটোহে বেকত কৰিব খুজিছে।

স্বৰ্গদেউ শান্ত হ'ল। হঠাৎ ৰজাই ৰজাৰ গাম্ভীৰ্য প্ৰকাশ কৰি শান্ত কণ্ঠেৰে ক'লে—

ঃ নিৰ্ভয়ে ক, কি দেখিলি?

ঃ স্বৰ্গদেউ ঈশ্বৰ, বান্দীক কাটকেই বা মাৰকেই, স্বৰ্গদেউৰ জীয়াৰী আৰু লিগিৰীৰ হাতত আছে হেংদাং।

ঃ কি?

খন্তেক ৰ'ল স্বৰ্গদেউ। অবিশ্বাস কৰাৰো উপায় নাই। স্বয়ং লিগিৰীয়ে মিছা মতাৰ সাহস নকৰে। হঠাৎ চিন্তা কৰিলে— এয়াও কিবা ষড়যন্ত্ৰৰে অংশ নহয়তো? স্বৰ্গদেউক কুঁৱৰীটোলৰ পিছ চোতাললৈ নিয়াৰ চেষ্টা নহয়তো? তথাপি তেওঁ

ৰজা। চুকাফাৰ বংশ আহোমৰ তেজত ভীৰুতা নাই। খোলা হেংদাং হাতত লৈ স্বৰ্গদেউ চাঙৰ পৰা জখলাৰে নামিল। চোতাল গৰকি কুঁৱৰীটোল পালেহি। চাৰিওফালে টাঙোনধৰা, চাউদাং আৰু কুঁৱৰীসকল। কুঁৱৰীটোলৰ পৰা পাছ চোতালত নামি আচৰিত হ'ল স্বৰ্গদেউ। হয়, চ'তমহীয়া ৰ'দত ঘামি-জামি হাতত হেংদাং লৈ তেওঁৰে জীয়াৰী মূলা। কঁকালত মুগাৰ মেখেলা, তাৰ ওপৰত বেতৰ টঙালি, ৰিহাৰে মেৰিওৱা বুকু। উদং বাহু আৰু হাত ঘামেৰে তিতা। মুখখন পকা থেকেৰা যেন ৰঙা। লগত ক'লা কপাহী মেখেলা আৰু কপাহী চাদৰেৰে বুকুত আটিলকৈ বন্ধা মাজু কুঁৱৰীৰ বান্দী চেং। চেঙৰ ক'লা নিপোটল গাটোতো ঘামৰ টোপাল। ৰ'দত তাইৰ গাটোৱে বেঙেনাৰ বৰণ লৈছে। চেঙো হেংদাং হাতত লৈ মূলাৰ লগত খেলাত মগ্ন। হঠাৎ তাই দেখিলে সদলবলে স্বৰ্গদেউক। সাধাৰণতে কুঁৱৰীটোলৰ ভিতৰ চোতালত পুৰুষে গৰকিব নাপায়। পুৰুষ মানে একমাত্ৰ স্বৰ্গদেৱে দেখিব পায়। গতিকে লিগিৰী আৰু মূলাই কাপোৰৰ ফালে লক্ষ্যই কৰা নাই। মাত্ৰ মগ্ন খেলাত। স্বৰ্গদেউক দেখি চেঙৰ কঁপনি উঠিল। হাতৰ পৰা সৰি পৰিল হেংদাং। আচৰিত হ'ল মূলা। এনেদৰে পিতৃদেৱ কেতিয়াও নাহে কুঁৱৰীটোললৈ। আজি হঠাৎ কি অঘটন হৈছে তায়ো ধৰিব নোৱাৰিলে। স্বৰ্গদেউৰ কাষত বৈ আশংকাত কঁপিছে মাজু কুঁৱৰীও। কিবা কৰে বঙহৰদেৱে নিজ চকুৰে দেখি শান্ত হ'ল ৰজাদেৱ। এক স্নেহৰ দৃষ্টিৰে চালে নিজ কন্যালৈ। তাৰপাছত উভতি খোজ ল'লে।

ঃ গাভৰুৰ ৰোৱা-তোলাহে যুগুত, ঢাল বা হেংদাং নহয়। কুঁৱৰীৰ চকু গজিব লাগে।

তাৰপাছত স্বৰ্গদেৱে বৰচ'ৰালৈ বুলি খোজ ল'লে। সকলো শান্ত হ'ল যদিও মাজু কুঁৱৰীক সকলোৱে দুকথা শুনালে। মাজু কুঁৱৰীয়েও মূলা আৰু লিগিৰীক সকীয়নি দিলে। কথাযাৰ টোলৰ ভিতৰতে বতাহত ঘূৰি ফুৰিল।

স্বৰ্গদেউ ঈশ্বৰে নিশাৰ ভাত সাঁজ খোৱাৰ আগতে বৰচ'ৰাতে বহি আলাপ-আলোচনা কৰে। সাঁজপানীও দুই-এঢোক খায়। কেতিয়াবা ৰজাৰ আদৰৰ মানুহ থাকিলে আহিবলৈ অনুমতি হয়। লুখুৰাখনৰ দুই-এক বুঢ়া-মেথাও মাজে-মধ্যে আহে সাঁজ খাবলৈ। অন্য দুই-এক ৰজাৰ সখি বা ৰাজশহুৰৰ মানুহো আহে। কেতিয়াবা গুৰুতৰ কথা থাকিলে ডাঙৰীয়া বা বিষয়ায়ো অহাৰ অনুমতি পায়। এনেকুৱা কোনো নাথাকিলে স্বৰ্গদেৱে কুঁৱৰী আৰু তামুলী লিগিৰাৰ লগতে

ৰং-ৰহইচ কৰে। লঘু কথাৰ আলোচনা চলে। টোলৰ ভিতৰৰ খা-খবৰ স্বৰ্গদেউৰ কাণত পৰে।

সেইদিনাও স্বৰ্গদেৱে সোণৰ মাইহাং বাটিত সাঁজপানী খাই, কুঁৱৰীসকলৰ সৈতে ৰং-তামাচা কৰি আছিল। হঠাৎ স্বৰ্গদেউৰ ইচ্ছা অনুসৰি মাজু কুঁৱৰীৰ চেং নামৰ লিগিৰীজনীক তালৈ অনা হ'ল। ওখ-পাখ, বেছ আটিল চেহেৰাৰ লিগিৰীজনী। এলাপচা মতাই তাইক যি কোনো কামত বলে পৰা দায়। হাত-ভৰি পাহুৱাল। পিন্ধনত কপাহী মেখেলা আৰু বুকুত বান্ধি লোৱা চেলেং চাদৰ। চুলিকোছা পাহকটা। হঠাৎ অন্ধকাৰত দেখিলে মতা নে তিৰোতা ঠাৱৰ কৰা কঠিন। চকুহাল তিৰ্‌বিৰাই থকা। কাণত এযোৰ জাংফাই কেৰু। ডিঙিত এধাৰ পোৱালমণিৰ মালা। স্বৰ্গদেউৰ তীক্ষ্ণ দৃষ্টিৰ ওচৰত তাই জঁই পৰি গৈছিল। কুঁৱৰীসকলেও স্বৰ্গদেউৰ দৃষ্টিত অন্য অৰ্থ বিচাৰিবলৈ আৰম্ভ কৰিছিল।

ঃ লিগিৰী কাৰ বা সঁচ ?

তামুলী লিগিৰাৰ হাতৰ ঠাৰত চেং মাটিত আঁঠু লৈ বহিল। দেহৰ ভাঁজবোৰ স্বৰ্গদেউৰ দৃষ্টিৰ পৰা লুকুৱাবলৈ তাই হাত দুখন আগবঢ়াই হাতযোৰ কৰিলে। স্বৰ্গদেউৰ দৃষ্টি তাইৰ ওপৰতে ৰ'ল। তাই লাহে লাহে ক'লে—

ঃ পিতাই চাৰিঙৰ। শইকীয়া হৈছিল। নগাই পাইক বুলি জনাজাত আছিল। "নগাই, নগাই পাইক"— মুখৰ ভিতৰত আওৰালে স্বৰ্গদেৱে। তাৰপাছত তামুলী লিগিৰালৈ চালে। তামুলী লিগিৰাৰ বয়স হৈছে। এইজনা স্বৰ্গদেউ মেলডঙীয়া ৰজা হৈ থকাৰ আগৰে পৰা স্বৰ্গদেৱৰ লগত লগুৱা। অনেক অলিখিত কাহিনী তামুলী লিগিৰাৰ গৰ্ভত।

ঃ স্বৰ্গদেউ, মাজুজনা আইচু দেউতা কুঁৱৰীৰ লগৰ যৌতুকীয়া তাই। নগাই পাইক যুঁজত জনাজাত। গ'লজনা চুচেনফা স্বৰ্গদেউৰ দিনত নগাৰে যুঁজ হৈছিল। স্বৰ্গদেউৰ ল'ৰাকাল। টুচুং নগাৰ যুঁজত সেইজনা স্বৰ্গদেৱে ঘা খাইছিল। কিন্তু স্বৰ্গদেউক নগাৰ পৰা ৰক্ষা কৰে আমাৰ পাইক নগায়ে। মেলডঙীয়া কোঁৱৰো যুঁজত লাগিছিল। নগায়ে বোলে নগা গাঁও গৰকি পেলাইছিল। স্বৰ্গদেৱে বঁটা-বাহনো দিছিল। তাৰ কাৰণেই বোলে নগাযুঁজ জিকিল। দুই হাতেৰে তৰোৱাল ঘূৰাব পাৰে। বনৰীয়া ঘোঁৰা বইচ কৰিবলৈ বোলে এবেলাও নালাগে। গ'লজনা স্বৰ্গদেৱে শইকীয়া বাবো খাবলৈ দিছিল।

ঃ ক'ত বা আছে নগাই?

ঃ চাৰিঙতে। পাইকক যুঁজৰ আখৰা কৰায়। দেহাত আগৰ বল নাই। ডা-ডাঙৰীয়া, কোঁৱৰক যুদ্ধৰ আখৰা কৰায়।

চেঙৰ কথাত তামুলী লিগিৰাই মাত লগালে—

ঃ মনৰ বলী। এতিয়াও বেছ পাহুৱাল। দুটা ৰণুৱাই বলে পৰা টানেই। যুঁজৰ আখৰা কৰায়। ভাল ভাল ডাঙৰীয়া ল'ৰাই নগাইৰ পৰা শিকে।

ঃ লিগিৰীয়ে শিকিছিলনে?

ঃ বান্দীক কাটকেই বা মাৰকেই, আমি পিতাইৰ হাততে হেংদাং ধৰিবলৈ শিকা। ঘোঁৰাৰ পিঠিত উঠা।

স্বৰ্গদেউ কিছু সময় মনে মনে ৰ'ল।

ঃ কুঁৱৰীৰ টাঙোনধৰা তয়েই তেনে।

সকলোৰে স্বৰ্গদেউৰ কথাত ৰং পালে। তামুলী লিগিৰাই মাত দিলে—

ঃ স্বৰ্গদেউ ঈশ্বৰ, তাই এলাপেচা পাইকতকৈ এখোপ চৰাহে। এটাই বলে পৰা টান।

স্বৰ্গদেৱে তাইৰ দেহাটোলৈ আকৌ এবাৰ চালে—

ঃ গাভৰুৰ যুদ্ধ কিহলৈ? বোৱা-কটা, ৰোৱা-তোলাহে লাগে।

ফট্‌কৈ মাত মাতিলে চুকৰ পৰা মূলাই—

ঃ নিজকে ৰক্ষা কৰিবলৈ।

সকলোৰে চকু গ'ল মূলালৈ।

স্বৰ্গদেৱে তাইক কাষলৈ মাতিলে। তাই চুচুক-চামাককৈ আহিল।

ঃ আজি বাজে কালিলৈ এঘৰত দিম। বিষয়া-ৰাজখোৱাৰ ঘৰত বোৱা-কটাহে লাগে, ৰোৱা-তোলাহে লাগে কেতিয়াবা। যুঁজলৈ নহ'লে আমাৰ ফুকন-বৰবৰুৱা কেলৈ আছে?

ঃ ঈশ্বৰে কৰিলে সেইফেৰাই শিকা হৈছে প'।

প’ মাতষাৰে অন্যদিনা স্বৰ্গদেউক কোমলাই পেলায়; কিন্তু সেইদিনা গহীন হৈয়ে ক’লে—

ঃ শুন, লিগিৰীৰে তৰোৱালৰ যুঁজ চাম মই। যদি লিগিৰী জিকে, তেনে তাইক মই বিচৰা মতালৈ দিম। যদি হাৰে, গাভৰুৰে পুৰুষৰ ছেও দিয়া বন্ধ।

সকলোৱে স্বৰ্গদেউৰ মুখলৈ চাই ৰ’ল।

ওঠৰ

যথেষ্ট চিন্তিত খাৰঘৰীয়া ফুকন। বুঢ়াগোহাঁই ডাঙৰীয়াৰ লগত এটা সম্পৰ্ক তেওঁৰ নথকা নহয়। খাৰঘৰীয়া ফুকনৰ য়ানাইৰ ভনীয়েক এজনী বুঢ়াগোহাঁইৰ বোৱাৰীয়েকৰ য়ানাই। গতিকে সম্পৰ্কত মিতিৰেই হয়। কিন্তু তেওঁ হ'ল ডাঙৰীয়া। সন্মান ৰাখিব লাগে। বাটত যাওঁতে খাৰঘৰীয়া ফুকন পাহি চাঙিত যায়। বুঢ়াগোহাঁই যায় দোলাত। বাটত ভেটা-ভেটি হ'লে পাহি চাঙিৰ পৰা নামি, চাঙি লুকুৱাই দেখা দিব লাগে। কিবা বিশেষ কাৰ্যত গ'লেও বাটচ'ৰাতে বৈ বাৰ্তা দিয়াব লাগে। কঠত বহিবলৈ দিয়ে ডাঙৰীয়াৰ ঘৰত। গতিকে বিশেষ আহ-যাহ নাই। কিন্তু এতিয়া বিপদৰ গোন্ধ পাই তেওঁক খবৰ দিয়াইছে। এটা কথা বুজে খাৰঘৰীয়া ফুকনে যে গ'লজনা স্বৰ্গদেউৰ দৰে এইজনা নহয়। চোভা কৰি এওঁ কাকো শূলত নিদিয়ে। কিন্তু গ'লজনা স্বৰ্গদেউ ঢুকুৱাত ডাঙৰীয়াসকলৰো আপত্তি নাই। যদি পুহাই জীয়াই থাকিলহেঁতেন, তেন্তে কোনেও তেওঁক চোভা নকৰে। পুহাই মৰিয়েই বিপদ লাগিল।

বুঢ়াগোহাঁইৰ কথা মতে তেওঁ গোপনে লগ কৰিবলৈ গৈছিল।

ঃ ফুকনৰ পাছে খাৰঘৰ কেনেকুৱা? পাইক সাজু আছেনে?

ঃ তেনেবোৰ চিন্তা নাই। স্বৰ্গদেৱে যেতিয়াই চাব খোজে বন্দী সাজু।

ঃ গ'লজনা হোৱা হ'লে ইমানত বংশ নাথাকিলহেঁতেন।

ঃ আমি একো বুজি পোৱা নাই।

ঃ বুজাক বুজাবা ঠাৰে-চিঁয়াৰে। আমি ৰাজমন্ত্ৰী, দেশৰ হানি নিবিচাৰোঁ। কোন শতৰুৱে ক'ত ধৰেহি বুজা ভাল। গতিকে ৰাজ বিষয়াক প্ৰমাণ নহ'লে একো কৰা নহয়। আগৰজনাই পিতৃবৈৰী বুলি যাকে পালে তাকে বধিলে। অৰাজকো হৈছিল। লেংডনে যি কৰে ৰাইজৰ মংগলৰ বাবেই কৰে।

ঃ ফুকনৰ যেনেকৈ কঁকালত কোব পৰিল, স্বৰ্গদেউৰো পিতৃহন্তাক জানো এৰিবৰ মন? নক'লেও বুজিব লাগে, কঁকালৰ কোব নাপাহৰে, কিন্তু ৰাজকাৰ্যত গাফিলতি নহ'লে দেৰে একো নকৰে।

ঃ নৰা ৰজাৰে যুঁজ হ'বনে ডাঙৰীয়া?

ঃ নৰা ৰজাৰ দেশৰ পৰাই আমাৰ স্বৰ্গদেউৰ আগৰ পুৰুষ অহা। নৰা ৰজাৰে যুদ্ধ হ'ব পাৰে জানো?

বহুত কথা নিবন্ধ কৰি খাৰঘৰীয়া উভতি আহিল। এইবাৰহে বুজিলে খাৰঘৰীয়া ফুকনে যে তেওঁ কি কাৰ্যত জড়িত হ'ল। হয়, স্বৰ্গদেউৰ ওপৰত তেওঁৰ খং উঠিছিল কুঁৱৰীক নগালৈ দিয়াত। তাতে সগৰ্ভা কুঁৱৰীক, তাকো বিনা দোষত। কিন্তু এয়াতো ৰজাৰ নিয়মেই। সন্ধি কৰোঁতে নিজৰ পত্নী বা জীয়াৰীকো শত্ৰু ৰজা বা সেনাপতিক দিব লাগে। তেতিয়াহে তেওঁৰ উপলব্ধি হ'ল যে ৰজাৰ কাৰ্যত অসন্তুষ্ট ডাঙৰীয়াই তেওঁৰ হতুৱাই কেনেদৰে কাৰ্যটো কৰালে। এতিয়া সকলো আঁতৰি গৈছে। সকলোৱে তেওঁৰ ফালে আঙুলি টোঁৱাইছে। যেন দোষী অকল তেওঁহে। আগৰ ভগামন্ত্ৰী এই ষড়যন্ত্ৰৰ প্ৰধান। কিন্তু তেওঁ যেন একোৱেই নাজানে। বৰ্তমানৰ ৰাজমন্ত্ৰী আৰু ডাঙৰীয়া ভালেমানৰ ইচ্ছা আছিল আগৰ স্বৰ্গদেউক আঁতৰোৱাৰ। কিন্তু এতিয়া যেন সকলো অজান। ইয়াকেই বোলে ৰাজনীতি। ৰাজনীতিৰ পাশাখেলত তেওঁ অকলশৰীয়া হৈ পৰিল। তেওঁ খাৰঘৰীয়া ফুকন। ৰাজ্যৰ সকলো অস্ত্ৰ তেওঁৰ হাতত। ছহেজাৰ পাইকে তেওঁৰ তলত দেশ ৰক্ষাৰ বাবে অস্ত্ৰ-শস্ত্ৰ, খাৰ-বাৰুদ সাজুকৈ ৰাখে। তেওঁৰ বিৰুদ্ধে ঘপ্‌কৈ স্বৰ্গদেৱে কিবা এটা অপবাদ দিবলৈ ভাল নাপায়। কাৰণ তেওঁ শত্ৰুৰ বাবে বৰ কামৰ মানুহ। কিন্তু তেওঁ ৰাজদ্ৰোহ কৰিলে ক্ষমা কৰিবও নোৱাৰে। ৰজাক হত্যা কৰা এক গুৰুতৰ অপৰাধ। এই অপৰাধৰ পৰা মুক্ত কৰাটো সাধাৰণ কথা নহয়। কিন্তু সন্ধিৰ বাঁহ বুদ্ধিৰে কাটিব খুজিছে দিহিংগীয়া ৰজাদেৱে। খাৰঘৰীয়া ফুকনৰ কৰ্মত খুঁত উলিয়াই তেওঁক শাস্তি দিয়াৰ বুদ্ধি। তেওঁৰ জীয়াৰী আজলী শেষ হৈ গ'ল। নাতিয়েক ক'ৰবাৰ নগা-চাঙত। তাকো মৰিলেনে আছে, কোনেও নাজানে। এতিয়া প্ৰতিশোধ ল'বলৈ গৈ তেওঁ বিপদত। ৰজাদেৱে যেতিয়া তেওঁক কিবা এটা কৰিম বুলি মনত পাঙিছে নিশ্চয় কৰিব। কিন্তু তাৰ আগতে এনে এটা কাণ্ড

ঘটাব লাগিব, যাতে তেওঁ দেশৰ বাবে, ৰজাৰ বাবে প্ৰয়োজনীয় মানুহ হৈ পৰে। নহ'লে আৰু এটা বাট মুকলি হৈ আছে— ৰাজ্যৰ পৰা পলাই গৈ শত্ৰু পক্ষৰ লগ হোৱা। নাই, সেইটো তেওঁ কৰিব নোৱাৰে, কেতিয়াও নোৱাৰে। ৰজাৰ ওপৰত প্ৰতিশোধ ল'বলৈ গৈ তেওঁ নিজে ৰাজদ্ৰোহী হ'ব নোৱাৰে। তাতকৈ মৃত্যুৱেই শ্ৰেয়।

ঊনৈশ

নিজৰ হোৱা হ'লেও ইমান আকুল হ'লহেঁতেন নে নাই সেই কথা ক'ব নোৱাৰে ৰূপহীয়ে। কিন্তু এই ল'ৰাটোক বুকুত সুমুৱাই ডাঙৰ কৰাৰ কাৰণেই নেকি তাৰ প্ৰতি ইমান হেঁপাহ তাৰ কাৰণেই ৰৈ গ'ল নগা-চাঙত। এফালে কাৰংমাৰ মৰম আৰু ইফালে এই দেও সঁচ ল'ৰা অপঙৰ মায়া। তাই ইয়াতেই বান্ধ খাই ৰৈ গ'ল নগা-চাঙত। আজি কালি তাইৰ ভয় লাগে। অপঙলৈ বৰ ভয় লাগে। এই নগা জাতিটো বৰ যুঁজাৰু জাতি, প্ৰতি মুহূৰ্ততে যুঁজ-বাগৰ কৰাতেই থাকে। এই বাৰ-তেৰ বছৰীয়া ল'ৰাটোও সিহঁতৰ লগত যুঁজলৈ যায়। অৱশ্যে তাৰ সাহ-পিত দেখিলে আৰু গা-গাঁৰি দেখিলে কোনেও নকয় তাৰ সেইটো বয়স বুলি। কাৰংমাৰ ল'ৰা — ৰজাৰ ল'ৰা, নিয়মত সিয়েই আগলৈ ৰজা হ'ব লাগে। কিন্তু সকলোৱে যেন আগলৈ ৰজা হ'ব বুলি অপঙকে বুজে। য'তে-ত'তে সি আগৰণুৱা। নগাবোৰ চুটি-চাপৰ, কিন্তু সি ওখ, শকত আৰু আটিল। নগাৰ দৰে যাঁঠি মৰাত সি পাকৈত। পাহাৰৰ শিলে শিলে জঁপিয়াই ফুৰা দেখিলে আচৰিত হ'ব লাগে। গাত সামান্য লেংটি এখন মাৰি দিনৰ দিনটো লগৰ ল'ৰাৰ লগত ঘূৰা, চিকাৰ কৰা, খেতিত লগা আৰু পাহাৰৰ জুৰিৰ পানীত গা ধোৱা। চুলিবোৰ দীঘল পাহকটা। হাতীত উঠি হাতী চলাবও জানে সি। এইখন গাঁৱত হাতী মাত্ৰ দুটা। এটা মতা, অন্যটো মাইকী। পোৱালি মাত্ৰ এটা হৈছে। সৰুতে দিনৰ দিনটো পোৱালিটোৰ লগতে ধেমালি কৰোঁতেই পাৰ হৈছিল তাৰ। পাহাৰত ঘোঁৰা নাই। কিন্তু কিছুদিনৰ আগতে পাহাৰৰ তলৰ হাবিৰ পৰা বনৰীয়া ঘোঁৰাৰ পোৱালি এটা আনি বান্ধি থৈছিল। এতিয়া ঘাঁহ-পানী খুৱাই নিপোটলটো কৰি তুলিছে। তাকেই পাহাৰৰ মাজৰ সমান ঠাইলৈ লৈ গৈ দৌৰায়। সমনীয়াৰ লগত কাঠৰ হেংদাং সাজি বা নগা দাৰে যুঁজ-বাগৰো কৰে। খুন্‌বাওটোৱে তাৰ এই কামবোৰত বেছ আনন্দ পায়। গাঁৱৰ বুঢ়া-মেথাবোৰে দোৱানতে পতা কথাবোৰ আজি কালি তাই বুজি পায়। সি নগা-চাঙত জন্মা আহোমৰ পো। গতিকে তাৰ তেজৰ পৰা ভৈয়ামৰ গুণ ক'লৈ যাব সেইবাবেই সি হাতী-ঘোঁৰা চলোৱাত পাকৈত। নগা দা, যাঠিৰ আগত

কোনো থাউৰিবই নোৱাৰে। সিহঁতে তাক লৈ বহুত আশা কৰিছে। তাৰ দৰে পাহুৱাল, পাহাৰে-ভৈয়ামে যুঁজ কৰিব পৰা ডেকা এটা থাকিলে কোনেও সিহঁতক বলে নোৱাৰে। তাতে সি দেও সঁচ মানুহ। গতিকে ভৈয়ামৰ ৰজায়ো সিহঁতৰ লগত যুদ্ধ কৰিবলৈ অকণমান তোচ কৰিব।

লোণৰ পাহাৰটোক লৈ দুয়ো ফৈদৰ কাজিয়াৰ এতিয়াও অন্ত পৰা নাই। কেতিয়াবা মনে মনে ইটো ফৈদে লোণ তোলে। সেইটো ফৈদৰ মানুহে সদায় পহৰা দিয়া সম্ভৱ নহয়। তাৰ বাহিৰেও সিহঁতকো লোণ লাগে— খাবলৈ আৰু ভৈয়ামত বস্তু সলাবলৈ। গতিকে সিহঁতেনো ক'ৰপৰা পাব দূৰৰ পাহাৰলৈ যাবলৈও বেলেগৰ লগত যুদ্ধ কৰিব লাগিব। আকৌ মাজে মাজে সিহঁতে গাঁও আক্ৰমণ কৰাৰ শংকা আছেই। লোণ আনিবলৈ যাওঁতে এতিয়া যুদ্ধ কৰিবলৈ যোৱাৰ দৰে যাব লাগে; নহ'লে কাৰ মূৰ থাকি আহে ঠিক নাই। মাজে মাজে যুদ্ধৰ বাবে যোৱাৰ দৰে সাজি-কাচি, হেংদাং লৈ সি লোণ আনিবলৈ যোৱা দলৰ লগত যায়। ঘূৰি নহালৈকে ছটফটাই থাকে ৰূপহী। বাকী নাগিনীবোৰৰ কিন্তু কোনো চিন্তা নাই। গ'ল গ'ল, মৰিল মৰিল। এইদৰে জীৱন আৰু মৰণৰ মাজতে জীৱন। কিন্তু ৰূপহীয়ে সেইটো সহজে ল'ব পৰা নাই। তাই দেখিছে ভৈয়ামতো যুদ্ধ-বিগ্ৰহ হয়। তাইৰ পিতাক আছিল সাধাৰণ পাইক। যুদ্ধলৈ গ'লে কোনোবা ঘূৰি আহে, কোনোবা নাহে। কাৰোবাৰ জখমো হয়। কিন্তু সেইবোৰ সদায় নহয়। ডাঙৰ দায় নলগালে স্বৰ্গদেৱে ঘপ্‌কৈ কাকো প্ৰাণদণ্ড নিদিয়ে। গতিকে মৰা কাৰ্যটো ইমান সহজ নহয়। ইয়াত অতি সহজতে মানুহ মৰে। কিন্তু জন্ম সহজে নহয়। বৰ কম ল'ৰা-ছোৱালীহে জন্ম হয় ইহঁতৰ। প্ৰায়বোৰ তিৰোতাই বাজী। আচলতে ইহঁতে কষ্ট কৰে প্ৰচুৰ। সেই কাৰণেই ইহঁতৰ ল'ৰা-ছোৱালী কম হ'ব পায়।

হঠাৎ কাঁড়পাট যোৱা দি তাইৰ কাষেৰে পাৰ হৈ গ'ল কোনোবা এটা। পাহাৰৰ ধূলি উৰি গ'ল, ঘোঁৰাৰ খুৰাৰ শব্দতহে তাই গম পালে এইটো অপং বুলি। আকৌ ঘূৰি আহিল সি। মুগা বৰণৰ ঘোঁৰাটোত উঠি থকা অপঙৰ সমগ্ৰ দেহত ঘামৰ টোপাল। চুলিবোৰ দীঘল যদিও মূৰৰ ওপৰত খোপা বান্ধি তাত বাঁহৰ শলখা লগোৱা। কঁকালত হেংদাং। নগা দোৱানতে সি ক'লে—

ঃ ঘোঁৰা পাহাৰত উঠাব নোৱাৰি। আমনি কৰে।

ফোপাই আছিল সি। ঘোঁৰাটোৰ মুখত কিহবাৰ ছালৰ লেকাম।

নগাৰ দোৱানতে বেছিকৈ কথা কয় সি। ৰূপহীয়ে তাক আহোমৰ মাত-কথা শিকাইছে। অসমীয়াতে কথাবোৰ ক'বলৈ শিকাইছে। চমুৱা কুঁৱৰীৰ ল'ৰা সাধাৰণতে ৰজা নহয়। ৰজা হয় বৰকুঁৱৰী বা অন্য কুঁৱৰীৰ ল'ৰা। চমুৱা কুঁৱৰীৰ ল'ৰা কিন্তু মন্ত্ৰী-বিষয়া হয়। গতিকে কোনোবা দিনা ৰজাৰ তেজ বুলি যদি ক'ৰবাত বিষয় এখনো পায়, অকল নগাৰ দোৱানেৰে ৰাজ্য চলাব নোৱাৰে। গতিকে ৰূপহীয়ে তাক ভৈয়ামৰ ভাষাতেই কথা কয়।

চকুৰ পচাৰতে সি আকৌ ধূলি উৰুৱাই গুচি গ'ল। মাত্ৰ চাই ৰ'ল ৰূপহীয়ে তাৰফালে।

বিশ

ৰজাটোলৰ বৰচোতালত কুঁৱৰীসকল গোট খাইছে। চাৰিওফালে লগুৱা-লিকচৌ, চাউদাং; চাংমাইশালৰ চাংমাইকেইটাৰ বাদে সকলো গোট খাইছে। ৰং চাম বুলি চ'ৰাৰ ফুকন, ৰাজখোৱাও গোট খাইছেহি। এফালে কুঁৱৰী টোলৰ বাটচ'ৰাত কুঁৱৰীসকল, আনফালে চাঙত স্বয়ং স্বৰ্গদেউ। চাৰিওফালে মানুহ গিজগিজাই আছে। সকলোৰে মনত উত্তেজনা। কি হয় কোনেও ক'ব নোৱাৰে। আচলতে ৰং চোৱাৰ ইচ্ছাত আহিলেও সকলোৱে চেং লিগিৰীৰ কি হয় তালৈ ৰৈ আছে। কুঁৱৰীসকলো চেঙৰ ফালে। লগুৱা-লিগিৰীবোৰো চেঙৰ ফলীয়া। চেঙৰ সকলোতকৈ ডাঙৰ সাহস ৰজাৰ কন্যা মূলা। মূলাৰ হাতত ধৰি কুঁৱৰীটোলৰ পৰা চেং ওলাই আহিল। আজি তাইৰ পিন্ধনত বেলেগ সাজ। তাই পূৰ্বৰ আহোম ৰমণীয়ে পিন্ধাৰ দৰে পিন্ধিছে পয়জাৰ। ওপৰত হাতৰ মণিবন্ধলৈকে চাপকন। মূৰৰ চুলিবোৰ ওপৰলৈ খোপা বান্ধি, তাত পাগুৰিৰ দৰে কাপোৰ এখন বন্ধা। কপালত ৰঙা এটা ফোট। গৃহডামক সেৱা কৰি ওলাই আহিছে তাই। খোজত তাইৰ দৃঢ়তা। প্ৰথমেই তাই চাঙৰ তলৰ পৰাই স্বৰ্গদেউলৈ প্ৰণাম কৰিলে। তাৰপাছত আই কুঁৱৰীসকলক প্ৰণাম কৰিলে। কুঁৱৰীসকলে উৰুলিৰ ধ্বনি দিলে। তাৰপাছত তাই আগবাঢ়ি গ'ল লিগিৰাবোৰৰ কাষত বৰাবৰুৱাৰ মাজত থিয় হৈ থকা এটা মানুহৰ ওচৰলৈ। মানুহটো কিচকিচকৈ ক'লা। বয়স হৈছে যদিও এতিয়াও দেহাত যেন এটা হাতীৰ বল। তেনে পাহুৱাল মানুহ। মূৰৰ চুলিবোৰ ধকধকীয়া বগা। চুলিবোৰ পাহকটা, কান্ধলৈকে পৰা। মানুহটোৰ ভৰি দুখনত ধৰি চেং লিগিৰীয়ে মূৰটো লগালে। ঘপ্‌কৈ মানুহটোৱে নিজৰ কনিষ্ঠ আঙুলিটোৰ মূৰটো হাতত থকা চোকা দাখনেৰে ফালি তাইৰ কপালত ৰেঘা আঁকি দিলে। চেং উঠিল। চেঙৰ চকু দুটা ৰঙা। দেও লগা মানুহৰ দৰে তাই চোতালৰ মাজলৈ আহি অস্থিৰ হৈ মাটি গৰকিবলৈ ধৰিলে। তাইৰ কাযে কাযে সকলো সময়তে লাগি আছিল মূলা। চেঙৰ যেন জীৱনীশক্তি মূলাহে। এইবাৰ সকলোৰে চকু পৰিল গপ্‌গপাই

সোমাই অহা গজপুৰীয়া বৰুৱালৈ। লগত এটা পাইক। সকলোৰে মুখত গুণগুণনি উঠিল। কাৰণ গজপুৰীয়া বৰুৱাৰ লগত অহা পাইকটো সকলোৰে চিনি পোৱা। তাৰ নাম দানৱ পাইক। দানৱ পাইক দানৱ পাইকেই। দানৱৰ দৰে চেহেৰা তাৰ। মূৰৰ চুলিবোৰ চুটিকৈ কটা। মানুহটো কিচকিচকৈ ক'লা। মাত্র গাঁঠলু মানুহটো। হাত-ভৰিবোৰ বেছ আটিল। বহল পাহুৱাল বুকু। সি ভাল মালো। স্বৰ্গদেৱে মালযুঁজ চাবলৈ ইচ্ছা কৰিলে দানৱক মাতি অনা হয়। অন্য ৰাজ্যৰ মাল আহিলে তাক যুঁজিবলৈ পঠিওৱা হয়। যুঁজত সদায় সি আগৰণুৱা। মাত্র মানুহটো বৰ খঙাল। দানৱক দেখি এইবাৰ কুঁৱৰী আৰু লিগিৰা-লিগিৰীৰ মাজত গুণগুণনি বেছি হ'ল। চেঙৰ ফালে থকাবোৰৰ কলিজা শুকাল। চেং সাধাৰণ এজনী লিগিৰী, তাই বাৰু এই দানৱ পাইকৰ লগত কেনেকৈ হেংদাঙেৰে যুঁজ কৰিব প্রকৃততে স্বৰ্গদেৱে গজপুৰীয়াক কোনোবা এটা হেংদাঙত পাকৈত পাইকক দিবলৈ কৈছিল। কিন্তু গজপুৰীয়া বৰ কুটিল স্বভাৱৰ মানুহ। ভালটোতকৈ বেয়াটো কৰাত তাৰ আনন্দ। গতিকে দানৱ পাইকক লৈ আহিল। দানৱ পাইকৰ লগত এলাপেচা যুঁজাৰুৱে যুঁজ কৰিবলৈ সাহসেই নকৰে। স্বৰ্গদেউৰ ইচ্ছা তেনে নাছিল। কথাষাৰ ক'ৰবাৰ পৰা কোনোবাখন পালেগৈ। ইফালে সকলো সাজু হৈ আছে। তামুলী লিগিৰালৈ চালে স্বৰ্গদেৱে—

ঃ এইহেন তিৰীৰ লগত যুঁজিবলৈ মালটো কিয় অনা হৈছে?

তামুলী লিগিৰাও বেছ অস্বস্তিত। স্বৰ্গদেউৰ আদেশত গজপুৰীয়া বৰুৱাক তেৱেঁই কৈছিল পাইক এটা যুঁজৰ বাবে আনিবলৈ। এজনী লিগিৰীৰ লগত যে যুঁজিব লাগিব সেই কথা কোৱা নহ'ল। এফালে হাতী, এফালে মাখি। একমাত্র নগাইহে যদি দানৱৰ লগত যুঁজিব পাৰে। স্বৰ্গদেউৰ অনুমতি লৈ তামুলী লিগিৰা খৰধৰকৈ চাঙৰ পৰা নামিল। ইফালে যুঁজৰ আনন্দ ল'বলৈ ৰৈ থকাবোৰ তেনেই জঁই পৰিল। এই তিৰীটো দানৱ পাইকৰ লগত খন্তেকো টিকিব নোৱাৰে। মূলাই ভেবা লাগি চাই আছে দানৱ পাইকৰ মুখলৈ। কি হ'ব তাই ইতিমধ্যে গম পাইছেই। চেং এখন্তেকো টিকিব নোৱাৰে এই দুৰ্দান্ত দানৱটোৰ লগত। পেটে পেটে তাইৰ খং উঠিল স্বৰ্গদেউৰ ওপৰত। সিহঁতৰ সাধাৰণ ধেমালিটোক স্বৰ্গদেৱে ইয়াতে ইতি কৰিবৰ বাবে এয়া কৰিছে। সকলোৰে মনবোৰ মৰি গ'ল। নগাই পাইকে স্বৰ্গদেউৰ মুখলৈ আশাৰে চাই আছে। দানৱ পাইক তাৰ হাতত শিকা পাইক নহয়। দানৱে সুবিধা পালে তাতকৈ যে যুঁজত চোকা, তাকে দেখুৱাবলৈ চেষ্টা

কৰিব। তথাপি সি জীয়েকক তাৰ লগত যুঁজিবলৈ এৰি দিব নোৱাৰে। হাতীয়েমাখিয়ে যুঁজ যুঁজেই নহয়। তামুলী লিগিৰা চোতাল পালেহি। গজপুৰীয়া বৰুৱা আৰু দানৱ পাইকে স্বৰ্গদেউৰ ওচৰত আঁঠু ল'লে। তামুলী লিগিৰাই যুঁজৰ কথা বেকত কৰিলে। আচৰিত হ'ল দানৱ পাইক। তাৰ খং উঠিল। কোনোবা বৰযুঁজাৰুৰ লগত যুঁজিবলৈ স্বৰ্গদেৱে তাক মাতিছে বুলি ভাবিছিল সি। কিন্তু নগাই শইকীয়াৰ বান্দী জীয়েকৰ লগত যুঁজিবলৈ তাক অনা হৈছে বুলি সি ভবা নাছিল। গজপুৰীয়াৰো স্বৰ্গদেউৰ ভয়তে মুখ শুকাই গৈছে।

দানৱ পাইকে খঙেৰে গজপুৰীয়াক ক'লে—

ঃ তিৰীৰ লগত এই পাইকে যুঁজ নিদিয়ে দেৱ। লাগিলে তাইৰ বাপেকৰ সহিত এখুন্দা যুঁজিব পাৰি।

গজপুৰীয়ায়ো কথাটো বেয়া নেদেখিলে। যুঁজখন তথাপি সমানে সমানে হ'ব। কিন্তু তামুলী লিগিৰাই স্বৰ্গদেউৰ আদেশ শুনালে। যুঁজ স্বৰ্গদেউৰ যুঁজাৰুৰ লগত কুঁৱৰীৰ লিগিৰীৰেই হ'ব। মাত্ৰ এটা কথাতহে দুয়ো সাৱধান। কোনেও কাকো ঘৈয়াব নোৱাৰিব। এটোপাল তেজো টোলৰ চোতালত পৰিব নোৱাৰে। তথাপি খঙতে গাহৰিৰ দৰে নোকনোকাবলৈ ধৰিলে দানৱে। গজপুৰীয়াই তাক বুজালে—

ঃ হেৰৌ স্বৰ্গদেউ চাঙৰ ওপৰত। অমূৰি নকৰিবি। কটা যাবি একা।

খঙতে একো নাই হৈ যুঁজলৈ সাজু হ'ল দানৱ। তামুলী লিগিৰাৰ নিৰ্দেশত চাউদাং বৰুৱাই দুই পক্ষকে চোতালৰ মাজলৈ মাতিলে। ৰজাটোলৰ চোতালত এনে যুঁজ আগতে হোৱা নাই। ইয়াত কুকুৰা যুঁজ হয়। কেতিয়াবা স্বৰ্গদেউৰ ইচ্ছাত, কেতিয়াবা কুঁৱৰীসকলৰ ইচ্ছাত। ৰজাটোলৰ সকলোৰে এই যুঁজ চায়। এটা কুকুৰা নমৰালৈকে যুঁজ চলে। যিটো জিকে, তাৰ গৰাকীক স্বৰ্গদেৱে বঁটা-বাহন দিয়ে। আজিৰ যুঁজখনলৈ সকলোৰে আগ্ৰহেৰে বাট চাই আছিল যদিও একপক্ষীয় হোৱাৰ আশংকাত যুঁজৰ আনন্দ ম্লান পৰিছিল।

চাউদাং বৰুৱাই আকৌ এবাৰ স্বৰ্গদেউৰ আদেশ শুনালে। এয়া যুঁজ মানে যুঁজ নহয়। মাত্ৰ যুঁজৰ আখৰাহে হ'ব। কোনেও কাকো ঘৈয়াব নোৱাৰে। তাকো যুঁজ বেছি দেৰি নচলে। কোনো এটা পক্ষ দুৰ্বল যেন দেখিলেই যুদ্ধ বন্ধ। চাউদাং বৰুৱাই যুঁজৰ পেঁপা বজালে। দুয়ো যুঁজৰ বাবে সাজু। দুখন হেংদাং বৰুৱাই দুয়োকে

তুলি দিলে। যুঁজ আৰম্ভ হোৱাৰ পেঁপা বাজি উঠিল। সকলোৱে জয়ধ্বনি দিলে। আকৌ এজোলোকা উৰুলি দিলে কুঁৱৰীসকলে। কেউফালে এক জয়াৰ পৰিৱেশ হ'ল। দুয়ো যুঁজাৰুৱে সন্মুখা-সন্মুখিকৈ ঘূৰিবলৈ ধৰিলে। চেঙৰ চকু দানৱৰ চকুত। হাতত খামুচি আছে হেংদাং। দানৱৰ খঙত ৰঙা পৰা চকু। সামান্য লিগিৰীয়ে তাৰ লগত যুঁজ কৰে। একে কোবতে যুঁজ শেষ কৰাৰ ইচ্ছাৰে সি এটা হুংকাৰ দি শূন্যলৈ জঁপিয়াই দিলে। তাৰপাছত গোটেই মানুহটো চেঙৰ ওপৰত জঁপিয়াই পৰি, চেঙৰ হেংদাংখনৰ ওপৰত নিজৰ হেংদাঙেৰে এক ঘাপ মাৰিলে। চাৰিওফালে কাঁহ পৰি জিন যোৱা এটা অৱস্থা। তাৰ হুংকাৰত অকল যে চেং বা মূলাৰেই বুকু কঁপিছে তেনে নহয়, বহুতৰে বুকু কঁপি উঠিল। তাৰ বাহিৰেও তাৰ বাঘৰ দৰে যি তীব্ৰ গতি, বহুতে টলকিবই নোৱাৰিলে কি হ'ল। কিন্তু তাৰ হেংদাং তাইৰ হেংদাঙৰ ওপৰত পৰাৰ আগতেই তাই ক্ষিপ্ৰ গতিত আঁতৰি দিলে। দানৱৰ হেংদাং তাইৰ হেংদাঙত পৰিবলৈ নাপাই মাটিত সোমাল। হেংদাঙৰ আধা মাটিৰ ভিতৰত পোত গ'ল। কিন্তু দানৱৰ হাতৰ মুঠি অকণো ঢিলা নহ'ল। চেং কিন্তু ৰৈ নাথাকিল। নিজৰ দেহাটো চেৰেকীৰ দৰে পাক ল'বলৈ দি তাই হেংদাঙৰ আগটো নি দানৱৰ পাহুৱাল বুকুৰ ঠিক কলিজাৰ ওপৰত ৰাখিলে। দানৱে বাধা দিয়াৰ কোনো উপায় নাছিল; কাৰণ তাৰ হেংদাং আধা মাটিত সোমাই আছে। সকলোৱে এক প্ৰচণ্ড জয়ধ্বনি কৰি উঠিল। দানৱৰ লগতে সকলোৱে বুজিলে যে সঁচা যুঁজ হোৱা হ'লে চেঙৰ হেংদাঙে দানৱৰ কলিজা ভেদ কৰি গ'লহেঁতেন। দানৱৰ বুকুৰ পৰা হেংদাং আঁতৰাই তিনি খোজ পাছলৈ গ'ল চেং। দানৱো কম যুঁজাৰু নহয়। একে টানে মাটিৰ পৰা উলিয়াই পেলালে হেংদাং। তাৰপাছত তাৰ গাত যেন দেওহে লম্ভিল। সি খঙত একো নাই হ'ল। সি যেন পাহৰি গ'ল সি ক'ত আছে, পাহৰি গ'ল কাৰ লগত যুঁজ কৰিছে। পাহৰি গ'ল স্বৰ্গদেউৰ আদেশ। এটা ভৰিৰ ওপৰত দেহাটো চেৰেকীৰ দৰে ঘূৰাই পেলালে দানৱে। তাৰ আঁঠুৰ ওপৰত চুৰিয়া, কঁকালত ক'লা টঙালি আৰু মূৰত সৰু এটুকুৰা ৰঙা কাপোৰৰ কপালবন্ধা। হেংদাংখন বতাহত ছোঁ-ছোঁকৈ ঘূৰাবলৈ ধৰিলে সি। আকৌ এবাৰ হুংকাৰ দি সি জঁপিয়াই জঁপিয়াই চেঙক ঘেঁয়াবলৈ ধৰিলে। চেং আছিল সম্পূৰ্ণ সাজু হৈ। তাৰ প্ৰতিটো ঘাপত চেঙে বাগি দি দি আঁতৰি গ'ল। সি সৰ্বশক্তিৰে তাইক মৰা ঘাপবোৰ মাটিত বা শূন্যতে পৰিল। এইবাৰ চেঙে সুবিধা বুজি তাৰ পাছফালে গৈ তাৰ পিঠিত হেংদাং থ'লে। সকলোৱে জয়ধ্বনি কৰিলে। দুবাৰৰ পৰাজয়ে আৰু হিংস্ৰ কৰি তুলিলে দানৱক। এইবাৰ সি সৰ্বশক্তি প্ৰয়োগ কৰি তাইৰ ওপৰত জঁপিয়াই

পৰিবৰ বাবে সাজু হ'ল। সি শূন্যলৈ জাঁপ মাৰিলে। তাৰ হেংদাং মাটিলৈ মুখ কৰা, শূন্যতে সি প্ৰকাণ্ড দেহাটো ঘূৰাই তলত থকা চেঙৰ ওপৰত নিৰ্দিষ্ট কৰিলে। সকলোৰে বুজিলে— এইবাৰ দানৱৰ হেংদাং মাটিত নহয়, চেঙৰ কলিজাত সোমাব। কিন্তু চেঙৰো শক্তি কম নহয়। তাই চকুৰ পচাৰতে মাটিত শুই দিলে। তাইৰো হেংদাঙৰ আগটো আকাশৰ ফালে। হাতৰ মুঠি টানকৈ ধৰি আছে। কাৰো মুখত এটাও শব্দ নাই। সকলোৰে বুকুৰ ধপধপনিও বন্ধ হৈ গৈছে। এতিয়া আৰু কাৰো সাধ্য নাই যে এই কাৰ্যত বাধা দিয়ে। দুটা মানুহ একেলগে মৃত্যুমুখত পৰিব। এক চেং আৰু অন্য দানৱ। স্বৰ্গদেৱে ঘৈয়াবলৈ হাক দিলেও দুয়োৰে হেংদাং দুয়োৰে কলিজাত সোমাব। সকলো নিজৰ ঠাইত ৰৈ আছে। কাৰো শব্দ নাই মুখত। স্বৰ্গদেৱেও নিজ আসনৰ পৰা উঠি, ওচৰত থকা চাঙৰ ভলুকা বাঁহৰ খুঁটাটোত খামোচ মাৰি ধৰি আছে। সকলোৰে চকু মাত্ৰ সিহঁত দুটাৰ ওপৰত।

কিন্তু চোমদেওৰ ইচ্ছা আছিল অন্যহে। হঠাৎ চেঙে মাটিত শুই থকা অৱস্থাতে চকৰিৰ দৰে এটা পাক মাৰি মূৰটোৰ ঠাই সলাই ভৰিৰ ফালে আৰু ভৰি দুখন মূৰৰ ফালে কৰিলে। লগে লগে তাইৰ দেহাৰ ওপৰত পৰিল দানৱৰ দেহা, তাই ভৰি দুখন মেলি দিলে। তাইৰ কলিজালৈ পোনাই অহা হেংদাঙৰ মূৰ সম্পূৰ্ণ তাইৰ দুয়োখন ভৰিৰ মাজেৰে মাটিত সোমাল। দানৱৰ আঁঠু দুটা তাইৰ গাৰ ওপৰত পৰাৰ আগতেই তাই বহি দিলে আৰু ক্ষিপ্ৰ গতিৰে তাই হাতৰ হেংদাঙেৰে পিছফালৰ পৰা দানৱৰ ডিঙিৰ পিছফালে হেঁচি ধৰিলে। দানৱৰ হেংদাং মাটিত সোমাই আছে। সি আঁঠু কাঢ়ি, মূৰ তললৈ কৰি ৰৈ আছে চেঙৰ দুয়োখন ভৰিৰ ওচৰত। তাৰ ডিঙিৰ পিছফালে চেঙৰ হেংদাঙৰ হেঁচা। চাৰিওফালে আকাশ-পাতাল কঁপাই মানুহে জয়ধ্বনি কৰিলে। স্বৰ্গদেউৰ ইংগিতত যুদ্ধ বন্ধ হ'ল। চাউদাং বৰুৱাৰ আদেশত দুটা চাউদাঙে দানৱক দাঙিলে। দানৱ তললৈ মূৰকৈ ৰৈ থাকিল। হেংদাং তললৈ মূৰ কৰা। গজপুৰীয়া বৰুৱাৰো মুখৰ বৰণ সলনি হৈ পৰিছে। স্বৰ্গদেউৰ ওচৰত আঁঠু ল'লে চেঙে। আনন্দত জঁপিয়াইছে মূলাই। স্বৰ্গদেৱে চাই আছে আচৰিত হৈ।

ঃ তাই সাক্ষাৎ কেঁচাইখাঁতী। তাই বিচৰাখিনি দিয়া হওক।

এৰৈকেশ

কাৰংমা আজি অহা নাই। কাৰংমা নাহিলেই ৰূপহীৰ মনটো ইচাট-বিচাট কৰে। টোপনি নাহে ভালকৈ। কাজু খাই সি হয়তো ক'ৰবাত পৰি আছে। সিহঁতে আজি দেও পূজা কৰিছিল; গতিকে গোটেইমখা কাজু, গাহৰি আৰু ভাত খাই গেৰেলা হৈ পৰি আছে। তিৰোতামখায়ো খাইছে কাজু। তাই কিন্তু এইবোৰ নাখায়। আগতেও কোনোদিনে তাই সাঁজপানী মুখত দিয়া নাই। ইয়াতো খোৱা নাই কাজু। কিয় জানো তাইৰ ভাল নালাগে এইবোৰ উত্তেজনা। একমাত্ৰ কাৰংমাৰ মদেই যেন তাইৰ জীৱনটোৰ নিচা। অপঙো নাই। সি ডেকা চাঙত আছে লগৰবোৰৰ লগত। ডেকা চাঙতেই থকাৰ নিয়ম সিহঁতৰ, গতিকে সিহঁতৰ নিয়ম ভাঙি সি নিজৰ চাঙত থাকিব নোৱাৰে। চাঙৰ আগফালে ওলাই আহিল তাই। অকণ অকণ গৰম পৰিছে। কোঠাবোৰ কাঠেৰে কৰা। ভিতৰখন ঘোপমৰা অন্ধকাৰ। পোহৰ অহাৰ বাট নাই। নহ'লে বাহিৰৰ জোনাক সোমালহেঁতেন। তাই দূৰলৈ চাই পঠিয়ালে। চাৰিওফালে ফৰিংফুটা জোনাক। নগা গাঁওখন শুই নিঃপালী দিছে। দূৰত ভৈয়াম। মাজৰ পাহাৰবোৰো জোনাকত জিলিকিছে। হঠাৎ তাই দৃশ্য এটা দেখি আচৰিত হ'ল— দূৰৰ গড়ৰ বাহিৰত যেন ছাঁৰ দৰে কিবা ঘূৰি ফুৰিছে। জোনাক থকা বাবেহে তাই এইবোৰ মনিব পাৰিছে, নহ'লে ধৰিবই নোৱাৰিলেহেঁতেন। গড়ৰ মুখত গছৰ মাজৰ চাংঘৰত থকাকেইটাৰ চকুত পৰা নাইনে? দেও পূজাৰ কাজু খাই চাগৈ সিহঁতো ক'ব নোৱাৰা হৈ পৰি আছে। গড়ৰ দুৱাৰ বা বন্ধ আছে নে নাই এনেবোৰ উৎসৱৰ দিনত গড়ৰ দুৱাৰ এনেয়েতো বন্ধ থাকে। কিন্তু তাই অহাৰ পৰাই কোনেও এনেদৰে আক্ৰমণ কৰা দেখা নাই। গতিকে আজিকালি বৰকৈ গড়ৰ দুৱাৰো বন্ধ নাথাকে। তাই অকণমান দেৰি চাই থকাৰ পাছত নিশ্চিত হ'ল যে কোনোবা শত্ৰুৱে আক্ৰমণ কৰিবৰ বাবে গাঁৱত সোমাইছেহি। কিন্তু তাই কৰে কি? কাক মাতিব, কাক চিঞৰিব। কাৰংমা বা ক'ত? ডেকা চাঙত যদি ডেকাবোৰক খবৰ দিব পাৰে, তেন্তে হয়তো কিবা এটা

হ'ব। তাই খৰধৰকৈ চাঙেৰে নামি আহিল। মাটিত ভৰি দিয়েই তাই উচাপ খাই উঠিল। কাৰণ ইতিমধ্যে শত্ৰু গাঁৱৰ ভিতৰত সোমাইছেহি। চাৰিওফালে পিয়াপি দিছে। তাই তাৰ মাজতে দৌৰিবলৈ লাগিল। লক্ষ্য ডেকা চাং। হঠাৎ গাঁওখন পোহৰ হৈ উঠিল। তাই গম পালে যে সিহঁতৰ ঘৰবোৰত শতৰুৱে জুই লগাই দিছে। জুইৰ পোহৰত গাঁওখন পোহৰ হৈ উঠিছে। চাৰিওফালে চিঞৰ-বাখৰ। মাইকী মানুহ আৰু ল'ৰা-ছোৱালীবোৰে লুকাবলৈ চাঙৰ পৰা ওলাই দৌৰিছে। তথাপি তাই ডেকা চাঙলৈ লক্ষ্য কৰি আগবাঢ়ি গ'ল। ডেকা চাং পাবলৈ আৰু অকণমান বাকী থাকোঁতে তাই দেখিলে যে ডেকা চাঙৰ মুখত শতৰুৰ দল। মানুহবোৰ যে ইহঁতৰ দৰে নগা নহয়, তাই জুইৰ পোহৰতে চিনি পালে। কান্ধৰ পৰা আঁঠুৰ ওপৰলৈকে ওলোমা চোলা পিন্ধিছে সিহঁতে। হাতত তৰোৱাল আৰু ঢাল। কাৰোবাৰ হাতত কাঠৰ গদা। তাই বুজিলে এইবোৰ পৰ্বতীয়া মিজি। তাইৰ বুকু চিৰিং কৰি গ'ল। কাৰণ এই মিজিবোৰ বোলে বৰ নিষ্ঠুৰ। এনেদৰে ছেগ বুজি সিহঁতে সৰু গাঁওবোৰ আক্ৰমণ কৰে আৰু তাৰ পৰা মানুহ ধৰি লৈ গৈ অন্য ৰাজ্যত বিক্ৰী কৰে। এইবোৰক দাস হিচাপে বাকীবোৰে কিনে। লুটপাতো নকৰে ইহঁতে। মাত্ৰ কথা হ'ল ইহঁত বৰ শক্তিশালী আৰু যুদ্ধত বৰ পাৰ্গত। ইহঁতক সাধাৰণতে হৰুৱাব পৰা নাযায়। ইতিমধ্যে নগা গাঁওখনে বুজি উঠিছিল সিহঁত কাৰ কবলত পৰিছে। কাজুৰ নিচাত সিহঁত ক'ব নোৱাৰা হৈ আছে। হঠাৎ আক্ৰমণত ভয় খাইছে। তিৰোতাবোৰে নিজক আৰু ল'ৰা-ছোৱালীবোৰক লুকুৱাইছে, য'তে যেনেকৈ পাৰে আন্ধাৰত। ৰূপহীৰ চিন্তা নিজলৈ নাই। অপঙক যদি কোনোবাই ধৰি লৈ যায় তাইৰ কি হ'ব বেছ পাহুৱাল হৈ পৰিছে সি; বয়সো বেছি নহয়, দুই-এডাল গোঁফ ঠুঁটিয়াইছেহে। এনেকুৱা ডেকাবোৰক ধৰি নিলে ভাল দামত বেচিব পাৰে সিহঁতে। কাৰণ বহুত দিনলৈ সিহঁতক কাম কৰাব পাৰিব। গতিকে তাইৰ চিন্তা অপঙলৈহে। তাই আগ-পাছ নাভাবি ডেকা চাঙলৈ দৌৰ দিলে।

কিন্তু হঠাৎ তাইক দুটা সবল বাহুৱে সাবট মাৰি ধৰিলে। এক মুহূৰ্ততে তাই গম পালে যে এয়া শত্ৰু পক্ষৰ মানুহ। কাৰণ নগা মানুহৰ গাৰ গোন্ধৰ লগত তাই পৰিচিত। কিন্তু এই গোন্ধটো সম্পূৰ্ণ বেলেগ। এই গোন্ধ নগাৰ নহয়। সাধাৰণতে মিচিমিবোৰৰ গাৰ গোন্ধবোৰ অলপ এনেকুৱা। কাৰণ আগতে গাঁৱত বেপাৰ কৰিবলৈ অহা মিচিমিবোৰৰ পৰা সিহঁতে মিচিমি তিতা, ৰংচঙীয়া মমি আৰু গন্ধক কিনি লয়। তেতিয়া তাই মিচিমিবোৰৰ গাৰ গোন্ধ পাইছিল। তাইৰ তেনে

যেন লাগিল গোন্ধটো। অদ্ভুত তীব্ৰ এটা গোন্ধ, নাকত ধৰি যায়। তাই প্ৰথম চঁক খোৱা ভাবৰ পৰা নিজকে মুক্ত কৰিয়েই এইবাৰ এই মানুহটোৰ পৰা মুক্ত হ'ব। কিন্তু মানুহটোৱে যেন তাইৰ অভিপ্ৰায় বুজি পালে। তাই কিবা কৰাৰ আগতেই তাইক মাটিত আছাৰ মাৰি পেলাই দিলে সি। তাই মূৰত দুখ পাই অজ্ঞান হোৱাৰ দৰে হ'ল। হঠাৎ তাই অনুভৱ কৰিলে যে তাইৰ মূৰত যেন এক তীব্ৰ যন্ত্ৰণা হৈছে। তাই লাহে লাহে জ্ঞান হেৰুৱাই পেলালে।

তাই যেতিয়া জ্ঞান ঘূৰাই পালে, দেখিলে যে হাত-ভৰি বান্ধি তাইক এটা ঘোঁৰাৰ ওপৰত থৈ দিয়া হৈছে। ৰ'দৰ সম্পূৰ্ণ পোহৰত তাই প্ৰথমতে চকু মেলিব পৰা নাছিল। তাইক তললৈ মূৰ কৰি ঘোঁৰাটোৰ ওপৰত পথালিকৈ বান্ধি থোৱা হৈছিল। ঘোঁৰাৰ গাৰ কেচেমা কেচেম গোন্ধটো তাইৰ নাকত লাগিছিল। পিছফালে যন্ত্ৰণা তেতিয়াও আঁতৰা নাছিল। তাই মাটিলৈ চাই গম পাইছিল যে হাবিৰ মাজৰ কোনোবা বাটেৰে তাইক লৈ অহা হৈছে। দাঁতিৰ লতা আৰু গছবোৰে তাইৰ গাত আঁচুৰিছিল। তাই বুজি পাইছিল যে তাই অকলশৰীয়া নহয়। মৃদু কান্দোনৰ শব্দ এটাও তাইৰ কাণত পৰিছিল। এয়া যে কোনোবা নগা গাভৰুৰ কান্দোন, তাই বুজিব পাৰিছিল। কিন্তু কাক আনিছে তাই ঠিক ধৰিব পৰা নাছিল। তাই নেদেখিলেও বুজি পাইছিল যে সিহঁতৰ গাঁওখন আক্ৰমণ কৰি তাইকে আদি কৰি বেছ এসোপা মানুহক এই মানুহবোৰে ধৰি আনিছে আৰু অগাধ হাবিৰ মাজে মাজে সিহঁতক লৈ আহি আছে। তাই ঘোঁৰাৰ পিঠিৰ পৰা মাত্ৰ মাটিহে দেখিছিল। ইফালে-সিফালে চালেও মাত্ৰ ঘোঁৰাৰ খুৰা। কাণত পৰিছিল তাই বুজি নোপোৱা দোৱান। তাইৰ ডিঙি শুকাই গৈছে। পানী অকণমান খাবলৈ পোৱা হ'লে তাইৰ পেটত যন্ত্ৰণা, মূৰত যন্ত্ৰণা, গোটেই শৰীৰতে যন্ত্ৰণা। কিন্তু মনে মনে এই সকলো সহ্য কৰাৰ বাহিৰে তাইৰ কোনো উপায় নাই।

হঠাৎ তাই মন কৰিলে যে হাবিৰ মাজত যেন অকণমান মুকলি মুকলি লাগিছে। সিহঁতৰ মানুহবোৰে দোৱানতে কিবাকিবি ক'লে। তাৰপাছত ৰৈ গ'ল ঘোঁৰা। মানুহৰ খোজৰ শব্দ তাই শুনিলে। হঠাৎ তাইৰ তপিনা চেৰচেৰাই গ'ল। তাইক যিটো মানুহে মাৰিছিল, সি যে মনত বেয়া চিন্তা লৈ মাৰিছিল, তাই গম পালে। কাৰণ কিছু সময় সি হাতখন তাতে থৈ হেঁচা দিলে। তাৰপাছত সিহঁতৰ দোৱানতে কিবা কৈ হাঁহিলে। এইবাৰ তাইক দাঙি লৈ ঘোঁৰাটোৰ পৰা নমালে। তাই চকু মেলিলে। ঘোঁৰাটোৱেও গাটো জোকাৰিলে। যেন ডাঙৰ বোজাটোৰ পৰা মুক্ত

হৈ সি আনন্দ প্ৰকাশ কৰিলে। তাই মানুহটোলৈ চালে। বগা চেপেটা এখন মুখেৰে মানুহটো। মিচিমি নহয়, পাহাৰীয়া মিজি হ'ব। মানুহটোৰ দাঁতবোৰ হালধীয়া ৰং ধৰা। চকু দুটা সৰু। চকু দুটা দেখি তাইৰ ভয় লাগি গ'ল। সি যে এটা নিষ্ঠুৰ মানুহ, সেইটো তাই গম পালে। চকুকেইটাত কিন্তু অকল নিষ্ঠুৰতাই নাছিল, লগতে আছিল তাৰ দেহৰ জুই। তাইৰ বুকু কঁপি উঠিল। তাইৰ ভৰিৰ বান্ধবোৰ সি সৰু দা এখনেৰে কাটি দিলে। তাৰপাছত তাইৰ বাহু এটাত ধৰি মুকলি ঠাই টুকুৰালৈ লৈ আহিল। ইতিমধ্যে বৃহৎ এজোপা জৰি গছৰ তলত মানুহবোৰ গোট খাইছিল। ভোক-পিয়াহ-ভাগৰত জৰ্জৰিত হৈ তাই মাটিত বহি পৰিল। টানকৈ বন্ধা হাতৰ বান্ধটোত তাই দুখ পালে। বেতেৰে বন্ধা বান্ধটোত তাইৰ কোমল হাতখন কাটিছিল। তেতিয়াহে তাইৰ চাৰিওফালে চাবলৈ হুঁচ আহিল। তাই দেখিলে যে সিহঁতৰ বাৰটামান ঘোঁৰা। ঘোঁৰাবোৰ বেছ তজবজীয়া। কিন্তু চাপৰ। আচলতে পৰ্বতত থকা ঘোঁৰাবোৰ চাপৰেই হয়। সিহঁতৰ মানুহ সেই বাৰটামানহে হ'ব। কিন্তু মানুহবোৰ বেছ পাহুৱাল। পিন্ধন সেই একে ধৰণৰ ক'লা পোচাক। কান্ধৰ পৰা আঁঠুৰ ওপৰলৈ পৰা। কাপোৰটো ডাঠ। অলপ গৰমো হ'ব। কঁকালত তৰোৱাল আৰু চুটি দা। দুটামানৰ হাতত কাঠৰ গদা। তাই বুজিছিল যে তাইক নিশ্চয় মূৰত কাঠৰ গদাৰেই মাৰিছিল। মূৰটো চাগৈ উখহি টেমুনা হৈ আছে। এতিয়াও চনচনাই আছে। বন্ধা হাত, চুই চাবৰো উপায় নাই। কিন্তু তাই গম পাইছে যে গদাবোৰ বৰ টান কাঠৰ গুৰিৰ। একোটা ভাল কোব পৰিলে মূৰ গুড়ি হৈ যাব। মানুহবোৰৰ বগা মুখবোৰৰ থুঁতৰিৰ ফালে ক'লা ক'লা ৰঙেৰে কিবা অঁকা আছে। হাতবোৰতো কিবাকিবা অঁকা। সাপৰ ছবিও আঁকি থৈছে। চুলিবোৰ ওপৰলৈ কৰি খোপা বন্ধা। তাৰ মাজত শলখাও সুমুৱাই থৈছে। আবৰ নহে ইহঁত আইতনীয়া নগাও হ'ব পাৰে। তাই লগৰবোৰৰ ফালে চালে। চাৰিটা মানুহ ধৰি আনিছে সিহঁতে। দুটা ডেকা ল'ৰা, বিয়া কৰোৱা নাই— গুলং আৰু মেকমাই। বাকী দুটা বিয়া কৰোৱা, ল'ৰা-ছোৱালী থকা; টিজু আৰু লাখা সিহঁতৰ নাম। সিহঁতৰ লগত থকা ল'ৰাটোক দেখিহে তাইৰ মনটো বেয়া লাগি গ'ল। সেইটো কণপাৰ ল'ৰা নুংই। ছেঃ বেচেৰাটো দা ধৰিব জনা হোৱাই নাই সি। তাতকৈ বেয়া লাগিল তাইৰ সিহঁতক বান্ধি থোৱা দেখি। এখন এখন হাতৰ তলুৱা ফুটাই তাৰ মাজেৰে ৰছী সুমুৱাই সিহঁতক বান্ধি থৈছে। নগা মানুহ বুলিহে সহ্য কৰিব পাৰিছে সিহঁতে। এনেকৈ বান্ধি থ'লে খুলি পলোৱা টান। টানিলেই হাতত দুখ পাই তেজ ওলাব। যন্ত্ৰণা বেছি হয় তেতিয়া। সিহঁতৰ ওচৰতে পৰি আছে তিনিজনী গাভৰু। নামবোৰ

পাহৰিছে তাই। গাভৰুকেইজনীৰ পিন্ধনত কঁকালৰ পৰা তললৈ নগা মেখেলা। কিন্তু ওপৰৰ অংশ উদং। উদং বুকুৰে সিহঁতে নিশা শুই আছিল। তেনেদৰেই সিহঁতক ধৰি লৈ আনিলে। তাই নিজলৈ চালে।

তাইৰ মেখেলাখন ঠিকেই আছে, কিন্তু বুকুত মৰা বন্ধাখনত এডোখৰ এৰাই গৈ বুকুৰ এটা অংশ ওলাই আছে। নাগিনীবোৰৰ দৰে উদং বুকুৰে তাই নাথাকে। তাইৰ অভ্যাস নাই, লাজ লাগে তাইৰ। হঠাৎ তাই চালে মানুহকেইটালৈ। মানুহকেইটাৰ এটাই ডাঙৰ গছজোপাৰ ওপৰলৈ উঠি গৈ গছৰ খোৰোঙৰ পৰা টোপোলা এটা নমাই আনিছে। তাৰপাছত ঘূৰণীয়াকৈ বহি চুঙা কেইটামান উলিয়াই তাৰ পৰা কিবা খাইছে, বোধকৰো মদ। মাজত ইয়াতে লুকুৱাই থৈ গৈছিল আৰু পিঠাৰ দৰে কিহবাৰ সৈতে খাইছে। শুকান গৰুৰ মঙহো হ'ব পাৰে। গৰুৰ মঙহবোৰ ধোঁৱা-চাঙত থৈ শুকুৱাই খায় এই পাহাৰীয়া মানুহবোৰে। তাই তেতিয়াহে গম পালে যে তাইৰ ভোক লাগিছে। ক'ব নোৱাৰাকৈয়ে তাইৰ খং এটা উঠি আহিল। মানুহকেইটাই হাঁহি হাঁহি খাই কথা পাতি আছিল। সিহঁতৰ এইবাৰ ভালেই লাভ হ'ব। এইকেইটা মানুহক ভৈয়ামত বেচিলে ভাল ধন পাব। তাইৰ জানো কি হ'ল চিঞৰি চিঞৰি মানুহকেইটাক গালি পাৰিবলৈ ধৰিলে। মানুহকেইটাই তাইলৈ আচৰিত হৈ চালে। মুখত অসমীয়া ভাষা আৰু এনেকৈ চিঞৰি চিঞৰি গালি পৰা শুনি চাগৈ সিহঁত আচৰিত হৈছিল। এজনী বন্দী তিৰোতাই এনেকৈ কেতিয়াও নামাতে প্ৰাণৰ মায়াত, অত্যাচাৰৰ ভয়ত। তাতে এই নগাৰ পৰ্বতত অসমীয়া মাত শুনি সিহঁত আচৰিত হৈছিল। সিহঁতে আচৰিত হৈ চাই থকাৰ পাছত কিবাকিবি কথা পাতিলে। দুটামানে খঙেৰেই কিবা ক'লে। তাৰপাছত তাৰে এটাই খাবলৈ এৰি, হাতত দা এখন লৈ তাইৰ ফালে আগবাঢ়ি আহিল।

বাইশ

বকতাত নগৰ কৰি স্বৰ্গদেৱে কিছুদিন থাকি, আকৌ চৰগুৱাতে থিতাপি ল'লে। স্বৰ্গদেউৰ ৰাজ্য শান্তিতে থকা বাবে প্ৰজাৰ দিনো সুখেৰে গৈছিল। স্বৰ্গদেৱে টোলত থাকোঁতেই সন্ধিয়া পৰত তামুলী লিগিৰাই বাৰ্তা দিলেহি যে ৰাজমন্ত্ৰী বুঢ়াগোহাঁই আৰু বৰগোহাঁয়ে তেওঁক দেখা কৰিব খোজে। দুয়োজন মন্ত্ৰী এনে সময়ত এনেদৰে অহাটো শুভ লক্ষণ নহয়। বৰঘৰতে তেওঁলোকক আসন দিবলৈ আদেশ কৰি স্বৰ্গদেৱে চিন্তিত মনেৰে ওলাই আহিল। ইতিমধ্যে তেৰাসৱে আসন লৈছিল। স্বৰ্গদেৱো আহি বৰপীৰাত বহিল। দুয়োৰে মুখ গম্ভীৰ। দুয়ো স্বৰ্গদেউক জনালে যে স্বৰ্গদেউ চুকাফাৰ দিনতে তলতীয়া হোৱা আইতনীয়া নগা আৰু পানীনৰাহঁতে মিলি বিদ্ৰোহ কৰিছে। সিহঁতে প্ৰজাৰ ওপৰত অত্যাচাৰ কৰি বয়বস্তু লুট কৰাৰ লগতে তাত থকা আহোমৰ দাঁতিতলীয়া গোহাঁইক বধ কৰিছে। তাৰ বাহিৰেও স্বৰ্গদেউৰ ওচৰত শোধাব লগা কৰো শোধোৱা নাই আৰু পালসেৱা কৰিবলৈও অহা নাই। স্বৰ্গদেউ কিছু সময় তভক মাৰি ৰ'ল। তাৰপাছত লাহে লাহে ক'লে—

ঃ আমাৰ পুত্ৰ চাৰিং ৰজা চুৰেং সহিত বৰগোহাঁই আৰু বুঢ়াগোহাঁই ডাঙৰীয়া যোৱা হওক। ডাঙৰীয়াসৱৰ অধীনৰ পাইক আৰু আমাৰ মেলডঙীয়া ৰজাৰ পাইক যুঁজলৈ যাব।

ঃ স্বৰ্গদেৱে সজ কৈছে। তিনিজনৰ পাইকেই বুজন হ'ব। খাৰঘৰীয়া ফুকনৰ কিছু পাইকো যুঁজলৈ নিব লাগে।

ঃ আজ্ঞা কৰা হৈছে।

সাধাৰণতে এনেধৰণৰ বিদ্ৰোহ বৰ চিন্তাৰ কাৰণ নহয়। শাসন দুৰ্বল হ'লেহে বিপদ হয়। তাতে এই তলতীয়া জাতিবোৰে বেছিকৈ উৎপাত কৰি ৰাজধানী আক্ৰমণ কৰিবলৈ সাহস নকৰে। তথাপি বিদ্ৰোহ সদায় বিদ্ৰোহেই। কঠোৰ হাতেৰে

দমন নকৰিলে বিপদ হ'ব পাৰে। শত্ৰুক সৰু বুলি ভাবিব নোৱাৰি। তাৰপাছতো স্বৰ্গদেউ আৰু দুই মন্ত্ৰীৰ মন্ত্ৰণা বহুত সময়লৈকে চলিল।

এটা সময়ত স্বৰ্গদেৱে দুই ডাঙৰীয়াক বিদায় দিলে। এই সময়ত স্বৰ্গদেৱে অকণমান সময় সাঁজপানীৰ সোৱাদ ল'ব। বেলেগ বেলেগ দিনা বেলেগ বেলেগ কুঁৱৰীয়ে এয়া যতনাই দিয়ে। হাঁহৰ মঙহ নহ'লে হাঁহকণী ভাজিৰে সাঁজপানী খাই স্বৰ্গদেৱে মন পাতলায়। চমুৱা কুঁৱৰী এগৰাকীয়ে স্বৰ্গদেউক যতন কৰি আছিল। স্বৰ্গদেউৰ মনত এটাই চিন্তা— কেনেকৈ বিদ্ৰোহ দমন কৰিব পৰা যায়। স্বৰ্গদেৱৰ চিন্তাত কুঁৱৰীসকলে নতুনকৈ একো যোগ কৰিব নোৱাৰে। স্বৰ্গদেউৰ কথাতে মাত্ৰ হয়ভৰ দিয়ে। কিন্তু স্বৰ্গদেৱে বিচাৰে ৰাজ্যৰ বিষয়ে নিবন্ধ কৰিবলৈ।

ঃ প'

গভীৰ চিন্তাৰ পৰা মূৰ তুলি চালে স্বৰ্গদেৱে। স্বৰ্গদেউৰ কন্যা মূলা গাভৰু থিয় হৈ আছে।

মূলা লাহেকৈ স্বৰ্গদেউৰ চৰণৰ কাষতে মজিয়াত বহি পৰিল। স্বৰ্গদেৱৰ চৰণ দুখনি কোলাত তুলি ল'লে। তাৰপাছত লাহে লাহে টিপি দিলে। স্বৰ্গদেউৰ মনটো কন্যাৰ প্ৰতি কোমল হৈ পৰিল। মূলাই পিতাকৰ চিন্তিত মুখ দেখি কাৰণ সুধিলে। স্বৰ্গদেৱে ক'লে যে সীমান্তত বিদ্ৰোহ কৰিছে আইতনীয়া নগা আৰু নৰাবোৰে। কিছু সময় মূলাই একো নামাতিলে। তাৰপাছত এটা হাঁহি দেখা গ'ল তাইৰ মুখত। কিবা এটা শুনাৰ আশাত তাইলৈ চালে। চাওঁতে চাওঁতে মূলা গাভৰু হ'ল। সিদিনাহে তাইৰ জন্ম হৈছিল। প্ৰকৃত আহোমৰ জীয়াৰীয়েই হৈছে তাই। ওখ, নিয়মীয়া শকত মূলা দহজনী গাভৰুৰ মাজত জিলিকি থকা। তাৰ বাহিৰেও তাইক কোনোফালে বলে নোৱাৰে কোনোৱে— বোৱা-কটা আৰু ৰোৱা-তোলা কৰাৰ পৰা ডেকা ল'ৰাৰ দৰে ঘোঁৰাৰ পিঠিত উঠালৈকে। চেঙৰ লগত থাকি তাই তৰোৱাল-হেংদাং চলোৱাতো হৈ পৰিছে পাৰ্গত। ৰজাৰ জীয়েক হৈ মূলাই ঘোঁৰা চলোৱা আৰু যুদ্ধ কৰাত পাৰ্গত হৈ উঠা বাবে নগৰৰ অন্য কিছু গাভৰুও আগবাঢ়ি আহিছে। মূলাই এই গাভৰুবোৰক লৈ এটা গোট কৰিয়েই পেলাইছে। সিহঁতে যুঁজৰ আখৰাও কৰে।

কোনোদিনে নোহোৱা এটা কাৰ্য হোৱা বাবে প্ৰথমতে বুঢ়াগোহাঁই আৰু বৰগোহাঁই দুয়োৱে ৰজাক আপত্তি দিছিলহি।

ঃ স্বৰ্গদেউ, তিৰী জাতি সদায় পাতৰ তল। এনেদৰে যুদ্ধ-বিগ্ৰহ শিকিলে আমাৰ মুনিহবোৰৰ মান ক'ত ৰ'ব?

অকল সেয়াই নহয়। ৰজাৰ পুতেক দিহিঙ্গীয়া ৰজা, চাৰিঙ্গীয়া ৰজাই মিলি স্বৰ্গদেউক আপত্তি কৰিলেহি যে এনেদৰে গাভৰুহঁতক মুকলিকৈ মুনিহৰ দৰে অস্ত্ৰ শিক্ষা দিয়া সজ কাম নহয়। বহুত চিন্তা কৰি স্বৰ্গদেৱে নাকটো মোহাৰি ক'লে যে সময় সদায় একেদৰে নাথাকে। মানুহে বাহিৰলৈ চকু দিব লাগে।

স্বৰ্গদেউসকলে সময়ে সময়ে বিভিন্ন দেশৰ বা-বতৰা আনিবলৈ আৰু আচাৰ-নীতি চাই আহিবৰ বাবে বৈৰাগী পঠিয়ায়। বৈৰাগীবোৰ একপ্ৰকাৰৰ চোৰাংচোৱাই। তেওঁলোকে অন্য দেশৰ মানুহে ব্যৱহাৰ কৰা সাজ-পোছাক, আ-অলংকাৰ, আনকি যুদ্ধ কৰা সঁজুলি পৰ্যন্ত মনে মনে চাই আহি স্বৰ্গদেউক ক'ব লাগে। স্বৰ্গদেৱে বহুত সময়ত বিদেশৰ পৰা মানুহ আনি দেশত বহুৱাই এনেবোৰ কামত ব্যৱহাৰ কৰে। এনেদৰে অনা বহুকেইঘৰ মানুহ এতিয়া স্বৰ্গদেউৰ ৰজাঘৰীয়া প্ৰজা। এনেদৰে বৈৰাগীয়ে স্বৰ্গদেউক আহি ক'লেহি যে পূবৰ দেশৰ ছোৱালীবোৰো পুৰুষৰ সমানেই যুদ্ধ বিদ্যাত পাৰ্গত। তাৰপাছৰ পৰাই মূলা আৰু অন্য গাভৰুবোৰক অস্ত্ৰ শিক্ষা বা ঘোঁৰা চলোৱাত বাধা কৰা নাই। স্বৰ্গদেউৰ যুক্তিপূৰ্ণ কথাত বাকীসকলেও আৰু কথা ক'বলৈ সাহস কৰা নাই।

ঃ প', ৰাজ্য হ'লে প্ৰজা থাকিবই। সকলো প্ৰজাই ৰজাৰ আদেশ নামানে। বিদ্ৰোহ হ'বই। কিন্তু দাঁতিকাষৰীয়া বা তলতীয়া ৰাজ্যৰ প্ৰজাক ৰজাই মাজে মাজে শক্তিৰ উমান দিব লাগে। একোটা কোঠ মাৰি স্থায়ী বৰবৰুৱা ৰাখিব লাগে।

স্বৰ্গদেৱে তাইৰ বুদ্ধিদীপ্ত মুখখনলৈ চালে। ঠিকেই কৈছে তাই। লাহে লাহে স্বৰ্গদেৱে নুবুজাৰ দৰে মূলাৰ মুখলৈ চাই ক'লে—

ঃ গাভৰুৰ কথা বুজা হোৱা নাই। খোলোচা কৰা হওক।

এটা হাঁহি মাৰিলে মূলাই। তাই বুজিছে যে প'য়ে সকলো বুজিছে। মাত্ৰ তাইক পৰীক্ষা কৰিছে।

ঃ যুঁজত জিকি শক্তি দেখুৱাই তাত বৰবৰুৱাক ৰাখিলে তলতীয়া প্ৰজাই স্বৰ্গদেৱৰ শক্তিৰ উমান পাই থাকিব।

ঃ এমুঠি বৰবৰুৱা দেখিলে যদি হেঁচা মাৰি ধৰি মাৰে? ৰাজ্য মৰাহেন নহ'বনে?

ঃ কেঁচুৱায়ো বুজে প’ যে অগ্নিত হাত দিলে পুৰিব।

স্বৰ্গদেৱে তাইৰ মুখলৈ চালে। ভাবিলে— এইজনী যদি জী নহৈ পো হ’লহেঁতেন, এদিন শিঙৰি ঘৰত উঠিলহেঁতেন।

তেইশ

ৰূপহীয়ে নিজৰ জীৱনৰ কথাকে ভাবি ভাবি বহি আছে। তাইৰ অসমীয়া কথা আৰু চিঞৰ-বাখৰ শুনি সিহঁতৰ এটাই তাইৰ হাতৰ বান্ধবোৰ খুলি দি আকৌ খোৱাত লাগিল। তাই অকণমান পাছত ওচৰৰ জুৰিটোলৈ নামি গৈ হেঁপাহ পলুৱাই পানী খালে। মুৰে-গায়ে পানী ল'লে। গাটো অকণমান জুৰ পৰিল। মানুহকেইটাই কিন্তু তাইক লক্ষ্য কৰি আছিল। এইবাৰ তাই ওচৰৰ হাবিখনলৈ চালে। অলপ দূৰত বৰকচু কেইজোপামান আছিল। তাই তাৰে পাত এটা ছিঙি আনিলে। জুৰিৰ পানী কেইবাৰমান নি প্ৰথমতে ছোৱালীকেইজনীক আৰু তাৰপাছত মতাকেইটাক খুৱালে। সিহঁতৰ গালৈ যেন জীৱ ঘূৰি আহিল। তাইৰ এইবোৰ কাম সিহঁতে লক্ষ্য কৰি আছিল। তাৰপাছত তাই বহি বহি নিজৰ ভাগ্যৰ কথাকে চিন্তা কৰি আছে।

স্বৰ্গদেউৰ প্ৰজা হৈ থাকিলে বিপদ কমকৈ আহে। স্বৰ্গদেউৰ ৰাজ্যৰ পৰা মানুহ ধৰি নিবলৈ বা অত্যাচাৰ কৰিবলৈ অন্য মানুহে সাহস নকৰে। সৰু সৰু দুৰ্বল জাতি বিচাৰি ফুৰে ইহঁতে। যিবোৰৰ বল-শক্তি কম, সিহঁতৰ মানুহ ধৰি অনা সহজ।

মানুহকেইটাই ভালকৈ খাই-বৈ উঠিল। এতিয়া হয়তো সিহঁতে বন্দীবোৰক লৈ পাহাৰ বগাব। বন্দীবোৰৰ কষ্ট হ'ব বেছি। ভোকে-পিয়াহে সিহঁতৰ লগত যাব লাগিব। কেইদিন-কেইৰাতি যাব লাগে ঠিক নাই। কিমান দূৰ তাকো নাজানে ৰূপহীহঁতে। তাইক ঘোঁৰাৰ পৰা নমোৱা মানুহটোৱে তাইৰ ফালে চালে। বোধকৰো বাকীকেইজনীৰ লগতে তাইৰো হাত বান্ধিব। আগতে ক'ব নোৱাৰা হৈ আছিল বাবে যেনিবা ঘোঁৰাৰ ওপৰতে আহিল, এতিয়াতো ৰক্ষা নহ'ব। খোজ কাঢ়িয়েই যাব লাগিব। লগৰকেইটাক মানুহটোৱে কিবা ক'লে। লগৰকেইটায়ো তাইৰ ফালে চালে। তাইৰ গাটো শিয়ৰি উঠিল। সিহঁতৰ মনৰ ভাবটো তাই ধৰিব নোৱাৰিলে। তাৰপাছত সিহঁতে বাকীকেইজনী ছোৱালীলৈ চালে। আগৰ

মানুহটোৱে এইবাৰ তাইৰ ফালে চালে। তাইৰ ফালে আগবাঢ়ি আহি তাইৰ সন্মুখত থিয় হ'ল। তাই তাৰ চকু-মুখলৈ চাই জিকাৰ খাই উঠিল। মতা মানুহৰ মুখৰ ভাব পঢ়ি অন্ততঃ মাইকী মানুহে কিছু কথা সহজেই বুজি পায়। তায়ো বুজি পালে মানুহটোৱে তাইৰ পৰা কি বিচাৰিছে। প্ৰকৃততে তাই এনে কৰ্মৰ বাবে মুঠেই সাজু নাছিল। তাই জানে যে পুৰুষবোৰে এটা বস্তুৱেই সিহঁতৰ ওচৰত বিচাৰি আহে। কিন্তু তাৰো সময় থাকে। কাৰংমা তাইৰ কাষলৈ আহে। তায়ো বিচাৰে কাৰংমা আহক। তাত এক আনন্দ আছে। কিন্তু এই সম্পূৰ্ণ অচিনাকি মানুহটোঙ্গ তাই জানে যে তাৰ হাতত বন্দী যেতিয়া সি বিচৰাখিনি তাই দিবই লাগিব, নাইবা সি যাকেই যি দিবলৈ কয়, তাই তাকেই দিব লাগিব সেইখিনি। দাসীৰ জীৱন তাইৰ আৰম্ভ হ'ল, তাই বুজিলে। সি তাইৰ বাহুটোত ধৰি ওচৰৰ হাবিডৰালৈ লৈ গ'ল। তাই যোৱাৰ সময়ত দেখিলে যে বাকী মানুহকেইটায়ো গাভৰুকেইজনীৰ উদং বুকুকেইখনলৈ চাই নিজৰ ভিতৰতে কিবাকিবি কৈ আগবাঢ়ি গৈছে। তাইৰ বুজিবলৈ বাকী নাথাকিল এতিয়া কি ঘটিব।

হাবিডৰাৰ মাজৰ অকণমান ঠাই গছ-পাতবোৰ কাটি সি মুকলি কৰিলে। তাৰপাছত তাইৰ গাৰ কাপোৰবোৰ আঁজুৰিবলৈ ধৰিলে। তাই দেখিলে যে আত্মসমৰ্পণৰ বাহিৰে অন্য কোনো উপায় নাই। কাৰণ সি যি বিচাৰিছে, যেনে-তেনে সেয়া আদায় কৰিব। কাৰণ পুৰুষৰ এটা অৱস্থা তাই জানে যে দেহে বিচৰাখিনি পুৰুষে ল'বই, জোৰকৈ হ'লেও। তাইৰ যদি কাপোৰবোৰ সি টানি ছিঙি পেলায়, তেনেহ'লে তাই সিহঁতৰ লগত উলংগ হৈয়েই গোটেই বাটছোৱা যাব লাগিব। গতিকে তাই নিজেই গাৰ কাপোৰবোৰ খুলি ওচৰৰ গছত থৈ দিলে। তাইৰ উলংগ দেহাটো দেখি যি বলিয়াৰ দৰে হ'ল। সি গাৰ পৰা তাৰ হলৌ চোলাটো খুলি পেলালে। ভিতৰৰ লেংটিখন খুলি সিও সম্পূৰ্ণ উলংগ হ'ল। তাৰপাছত তাইক সাবটি ধৰি গছ-বনবোৰৰ ওপৰতে তাইক বগৰাই দিলে। তাই চকু দুটা মুদি দি সকলো সহ্য কৰাৰ চেষ্টা কৰিলে। তাৰ কিছু পৰৰ পাছতে তাই অদ্ভুত এটা শব্দ শুনিলে আৰু তাইৰ গাৰ ওপৰৰ পৰা যেন এক মুহূৰ্ততে সি আঁতৰি গ'ল। তাই মুখত এক লুণীয়া সোৱাদ পালে। চকু মেলি তাই প্ৰথমতে একো বুজিব নোৱাৰিলে। তাই গাৰ ওপৰৰ অংশ দাঙি বহিল। আচৰিত হ'ল দেখি যে সেই মানুহটোৰ মূৰটো এফালে পৰি আছে আৰু অন্যফালে মূৰ নাইকিয়া দেহাটো। দেহাটোৰ এডোখৰ তাইৰ ভৰিৰ ওপৰতে আছে। দেহাটো তেতিয়াও

কাটি পেলাই দিয়া কুকুৰা চৰাইটোৰ দৰে জঁপিয়াই আছিল। মূৰটোৰ পৰা হোলাকা-হোলাকে তেজ ওলাইছিল। তাইৰো গায়ে-মুখে তেজৰ ছিটিকনি পৰিছিল। তাৰপাছত তাই চকুহাল ডাঙৰকৈ মেলি চাই দেখিলে যে অপং থিয় হৈ আছে হাতত খোলা হেংদাং এখন লৈ। সি আচৰিত হৈ তাইৰ দেহাটোলৈ চালে, তাইৰ তেতিয়াহে লাজ লাগিল। লৰালৰিকৈ তাই কাপোৰবোৰ বিচাৰিলে। সি তাইৰ ফালে পিঠি দি তাইৰ ওচৰৰ পৰা আঁতৰিল। তাই খৰধৰকৈ কাপোৰ পিন্ধি মুকলি ঠাই টুকুৰালৈ আহিল। তাত তাই অপঙৰ লগত আৰু চাৰিটা নগা ডেকাক দেখিলে। সিহঁতৰ হাততো নগা দা আৰু যাঠি। সেইবোৰো তেজেৰে ৰাঙলী।

নগা ছোৱালীকেইজনীয়ে ইফালে-সিফালে থিয় হৈ কান্দি আছে। তেতিয়াহে ৰূপহীৰ কিবা শোক এটাই খুন্দা মাৰি ধৰিলে। তায়ো হাওহাওকৈ কান্দিবলৈ ধৰিলে। নগা ডেকা ল'ৰাকেইটাই হাতৰ বান্ধোন খুলি পেলাইছে। অপঙে সিহঁতৰ হাতত কিবা বন দৰব বান্ধি দিছে। তেতিয়া তাই বুজিলে যে অপঙে অন্য ডেকাকেইটাক লৈ সিহঁতৰ পাছে পাছে আহি আছিল। হয়তো ঘোঁৰা লৈ আহিছে। এই দস্যুকেইটাক আক্ৰমণ কৰিবলৈ চল চাই আছিল। খাই-বৈ লৈ সিহঁতে ৰূপহী আৰু বাকী ছোৱালীকেইজনীৰ লগত ক্ৰিয়া কৰিব খোজোঁতেই সিহঁতক আক্ৰমণ কৰি মাৰি পেলালে। অপঙৰ বুদ্ধি কম নহয় দেই। সি চল চাইহে সিহঁতক ধৰিছে।

সিহঁত ঘূৰি আহি যেতিয়া গাঁও পালে, তেতিয়া বেলি ওলাইছিল।

চৌবিশ

ডাঁৰৰ বাতৰি ডাঁৰে পাই আছে স্বৰ্গদেৱে। যুদ্ধৰ সময়ত স্বৰ্গদেউক বাৰ্তা দিবৰ বাবে এটা পাইকৰ দল নিৰ্দিষ্ট কৰা থাকে। তাৰ বাহিৰেও থাকে চোৰাংচোৱাৰ দল। পাইকৰ পৰা যুদ্ধৰ বাতৰি পোৱাৰ বাহিৰেও স্বৰ্গদেৱে চোৰাংচোৱাৰ পৰা পাই আছে গুপুত বতৰা। যুদ্ধৰ সময়ত এটা পাইকৰ খেলে এই যুদ্ধৰ খবৰবোৰ স্বৰ্গদেউক দিব লাগে। এটা পাইকেৰে এপোৱা হয়, চাৰি পোৱাৰে এক গোট। যুদ্ধৰ সময়ত খবৰ অনা-নিয়া কৰা পাইকবোৰ সাধাৰণ পাইকতকৈ অলপ বেলেগ। সিহঁত যেনেদৰে ঘোঁৰা চলোৱাত পাকৈত, তেনেদৰে যুদ্ধতো পাকৈত। এলাপেচা মানুহে সিহঁতক হৰুওৱা টান হয়। সিহঁতৰ খেলে মাত্ৰ যুদ্ধৰ সময়তেই কামত লাগিব লাগে। যুদ্ধৰ খবৰ স্বৰ্গদেৱে সিহঁতৰ মুখেৰেই পায়।

চোৰাংচোৱাৰ খবৰবোৰ অলপ বেলেগ। চোৰাংচোৱাই যুদ্ধৰ বতৰা দিয়াতকৈ স্বৰ্গদেউক ভিতৰুৱা খবৰবোৰ দিয়ে। কোন সেনাপতিয়ে কামত অৱহেলা কৰিছে, কোনে কাৰ পৰা মনে মনে উপঢৌকন লৈছে, কোন ৰাজখোৱা-ফুকনে শত্ৰুৰ লগত হাত মিলাইছে, কোনে স্বৰ্গদেউৰ বিপক্ষে ৰচনা কৰিছে, এই সকলোবোৰ গুপুতে স্বৰ্গদেউৰ কাণত পেলোৱাই হৈছে গুপ্তচৰৰ কাম। কিন্তু যুদ্ধৰ বতৰা ডাঁৰে ডাঁৰে দিয়ে পাইকে। ঘোঁৰাৰ পিঠিত উঠি দ্ৰুত গতিত আহি স্বৰ্গদেউক বতৰা দিব লাগে। সকলো পাইকে যুদ্ধৰ সময়ত যুঁজলৈ যাব লাগে। বাকী সময়ত ৰজা বা ডা-ডাঙৰীয়াৰ ঘৰত বছৰত তিনি মাহ খাটি দিব লাগে। ইয়াৰ বাবদ তেওঁলোকে খেতিৰ মাটি পায়। এক গোটিৰ পাইকে ৰজাৰ ঘৰত খাটি থকাৰ সময়ত অন্য তিনিজনে তেওঁৰ ঘৰত খেতি-বাতি কৰি দিয়াৰ নিয়ম। কিন্তু খাৰঘৰীয়া ফুকনৰ তলত থকা পাইকে যুদ্ধলৈ যায়ো, নাযায়ো। তেওঁলোকে কাঁড়, ধনু, হিলৈ, খাৰ প্ৰস্তুত কৰে। যুদ্ধৰ সময়ত তাৰ যোগান ধৰে। দৰকাৰ অনুযায়ী সেনাৰ লগত যায়।

এই বিদ্ৰোহ দমন কৰিবলৈ যোৱাৰ আগতে স্বৰ্গদেৱে নিজে মন্ত্ৰীসকলক

লগত লৈ খাৰঘৰীয়া ফুকনৰ ভঁৰাল চালেগৈ। তাত বিধে বিধে বৰ্শা, তৰোৱাল, বাৰুদ, কাঁড়, ধনু, যাঠি, দা, হেংদাং, হিলৈ আৰু খাৰ দেখি তেওঁলোকৰ মন ভৰি পৰিছিল। শত্ৰুৰ লগত যুদ্ধ কৰিবৰ আহিলা আছে। আছে বৰবৰুৱা। গতিকে শত্ৰুক দমন কৰাহে কথা।

স্বৰ্গদেৱে বিদ্ৰোহ দমনৰ বাবে সেনাপতি দুজনৰ সৈতে নিজ পুত্ৰক সেনাপতি পাতি পঠিয়ায়ো শান্তিৰে থাকিব পৰা নাই। সৈন্যদলে গৈ চৰাইদেউৰ সীমাত ৰৈ ছাউনী পাতিলে। তাৰপাছত সম্পূৰ্ণ এটা দিন শত্ৰুৰ আলেখলেখ চালে। শত্ৰু পাহাৰৰ ওপৰত। পাহাৰ পাৰ হৈ অকণমান সমতলো আছে। তথাপি পাহাৰৰ ওপৰত থকা শত্ৰুক অনায়াসে আক্ৰমণ কৰা সহজ নহয়। তিনিজন সেনাপতিয়ে আলোচনা কৰি বিদ্ৰোহীক তিনিফালৰপৰা বেৰি ধৰি আক্ৰমণ কৰাৰ ইচ্ছা কৰিলে। স্বৰ্গদেৱে এই বাতৰি শুনি একো আদেশ নকৰিলে। কাৰণ যুঁজৰ ঠাইত সেনাপতিয়েই বৰ। বাহিৰৰ পৰা মাত মতা অনুচিত। বৰচ'ৰাতো এই বিষয়ে আলোচনা হৈয়েই আছে। দুইজন মন্ত্ৰী নায়েই, গতিকে স্বৰ্গদেউৰ কথাতে বাকী ৰাজখোৱা, ফুকন সকলোৱে হয়ভৰ দিছে।

বৰচ'ৰাত আলোচনা হ'লেও আচল চিন্তাটো হয় স্বৰ্গদেউৰ বৰঘৰৰ মজিয়াত। তামুলী লিগিৰা আৰু মূলা গাভৰুৱে স্বৰ্গদেৱে আলোচনা কৰে। তামুলী লিগিৰা বয়সত বৃদ্ধ। অভিজ্ঞতা বহুত। মূলা গাভৰু অন্য গাভৰুৰ দৰে নহয়। ৰাজ্যৰ কথা জানে, চিন্তা কৰিব পাৰে। স্বৰ্গদেউক সত্যটো আঙুলি টোঁৱাই দিব পাৰে। খাৰঘৰীয়া ফুকনৰ কাৰ্যত স্বৰ্গদেৱে আনন্দ পোৱা কথাটোও মূলাই সহজভাৱে ল'ব পৰা নাছিল। কাৰণ তাই স্বৰ্গদেউৰ মুখতে শুনিছিল যে গ'লজনা স্বৰ্গদেউৰ মৃত্যুত খাৰঘৰীয়া ফুকনৰো কিবাকৈ অকণমান হাত আছিল। তথাপি পিতাকে ফুকনক একো নকৰি কিয় এনে এটা বাব খাবলৈ দিছে সেয়া তাইৰ বাবে সাঁথৰ। ৰাজনীতিৰ জ্ঞান দিয়া পিতাকে তাইক আচল কথাটো বুজালে। গ'লজনা স্বৰ্গদেউৰ মৃত্যু স্বাভাৱিক নহয়। তাৰ কাৰণ আছিল তেওঁৰ পিতাকক হত্যা কৰাৰ বাবে যাকে-তাকে দিয়া শাস্তি। ডা-ডাঙৰীয়াৰ পৰা সাধাৰণ প্ৰজালৈকে সকলোৱে ৰজাৰ এই কাৰ্যত খং উঠিছিল। তাৰে সুযোগত হত্যা কৰিছিল ৰজাদেৱক। কিন্তু তেওঁ এইবোৰ দেখিও যদি একেটা ভুলকে কৰে, ৰাজ্য ৰ'ব জানো? তাতে খাৰঘৰীয়া ফুকনৰ পদটো এটা গুৰুত্বপূৰ্ণ পদবী। পিতাকৰ মৃত্যুৰ বাবে দায়ী কৰি খাৰঘৰীয়া ফুকনক বধ কৰা সহজ। কিন্তু অন্য এজনক উপযুক্ত খাৰঘৰীয়া ফুকন কৰিবলৈ

বহুত সময়ৰ দৰকাৰ হ'ব। তাতকৈ হেঁচাৰ মাজত থাকিলে তেওঁ সদায় নিজৰ ৰক্ষাৰ বাবে সাৱধান হৈ থাকিব। তেওঁ জানে যে স্বৰ্গদেৱে কামত অকণমান অৱহেলা কৰাৰ সুৰুঙা পালেই তেওঁক বধিব। গতিকে তেওঁ কামত অকণো অৱহেলা নকৰে। বৰঞ্চ কৰ্মৰ দ্বাৰাহে জিলিকিবলৈ চেষ্টা কৰিব। তেতিয়া স্বৰ্গদেৱে দেশৰ স্বাৰ্থতে তেওঁক জীয়াই ৰাখিব লাগিব। তাতকৈও ডাঙৰ কথা মৃত্যুভয়। স্বৰ্গদেউৰ কোপদৃষ্টিত পৰি কোনদিনা তেওঁৰ মৃত্যু হয় ঠিক নাই, গতিকে এটা অশান্তি বা ভয়ে খাৰঘৰীয়া ফুকনক সদায় ব্যতিব্যস্ত কৰি ৰাখিছে। এইটো জানো কম শাস্তি মূলায়ো স্বৰ্গদেউৰ কাষত থাকি লাহে লাহে ৰাজনীতি শিকি পেলাইছে। তাৰ প্ৰমাণো স্বৰ্গদেৱে নোপোৱা নহয়।

আইতনীয়া নগা আৰু পানী নৰাহঁতৰ বিদ্ৰোহ দমন কৰিবলৈ যোৱা বৰাবুৰুকে সিহঁতৰ গাঁওবোৰ তিনিফালৰ পৰা বেৰি আগবাঢ়ি গ'ল। এই পৰ্বতত থকা জাতিবোৰ ধনু-কাঁড়ত বৰ পাৰ্গত নহয়। দা আৰু যাঠিৰেই সাধাৰণতে যুদ্ধ কৰে। কিন্তু অসমীয়া সৈন্যৰ ধনু-কাঁড়ৰ কোবত সিহঁতে আগলৈ আহিবলৈ সাহস নকৰিলে। চাৰিঙীয়া ৰজা আৰু বৰগোহাঁই, বুঢ়াগোহাঁইৰ নেতৃত্বত যোৱা সৈন্যই গৈ পাহাৰৰ ওপৰত উঠিল। ৰজাদেৱৰ সৈন্যই কাঁড়েৰে কিছুমানক ঘাইল কৰিলে যদিও সৰহভাগ পলাল। পাহাৰৰ ওপৰতে সিহঁতৰ ৰজাই এশ মেঠোন লৈ চাৰিঙীয়া ৰজাৰ ওচৰত বশ্যতা স্বীকাৰ কৰিলে। দুই মন্ত্ৰীৰ সৈতে আলচ কৰি যুদ্ধ বন্ধ কৰি অসমীয়া সৈন্য তাতে থিতাপি দি ৰ'ল। ইফালে স্বৰ্গদেউলৈ বাতৰি পঠিয়ালে আদেশ বিচাৰি। আনহাতে, চোৰাংচোৱায়ো গোপন বাতৰি দিলে যে বিদ্ৰোহী ৰজাবোৰ আহোমৰ শক্তি দেখি লেউসেউ হৈ পৰিল। স্বৰ্গদেৱে লগে লগে হুংকাৰ দি উঠিল—

ঃ পানী নৰা আৰু আইতনীয়া নগাৰ ৰজাক লোৱা লগাই বন্দী কৰি ৰাজধানীলৈ লৈ অহা হওক।

কিন্তু ৰাজ আদেশ হ'লেও তাক কাৰ্যকৰী কৰিবলৈ বৰচ'ৰাত আলোচনা হ'ব লাগিব। পিছৰদিনা বৰচ'ৰালৈকে আদেশ দিবলৈ স্বৰ্গদেৱে বিলম্ব কৰিলে। এই সুবাদতে মূলাই স্বৰ্গদেউক ক'লে—

ঃ প', সিদ্ধান্ত সলনি কৰিব নোৱাৰিনে?

ঃ কিয়বা এনেকৈ ক'লে গাভৰুৱে?

ঃ প', আজি শত্ৰুক ধৰি আনি বন্দী কৰি ৰখা সহজ। তাৰ পৰা আগলৈ শত্ৰুৱে ভয় খাব ঠিক। কিন্তু বন্দী ৰজাক মোকলাবলৈ অনেক প্ৰবন্ধ কৰিব। অশান্তি বাঢ়িবহে, নকমে। সিবোৰে আমাৰ শক্তি দেখিলে। গতিকে আকৌ সাহস নকৰে। তলতীয়া কৰি ৰখাই মঙ্গল।

স্বৰ্গদেৱে কথাটো গমি-পিটি চাই পাছদিনা বৰচ'ৰাত আলোচনা কৰি আদেশ পঠিয়ালে। নগা আৰু পানী নৰাহঁতক তলতীয়া কৰি ৰখা হ'ল। বছৰি পালসেৰা কৰি আহোম ৰজাক কৰ দিয়াৰ ব্যৱস্থা কৰি সৈন্য আৰু সেনাপতিক ঘূৰি আহিবলৈ আদেশ কৰা হ'ল।

সৈন্য আৰু ডাঙৰীয়াসকল ৰাজধানী পোৱাৰ পাছত স্বৰ্গদেৱে চৰাইদেউলৈ গৈ ৰিকখান উৎসৱ কৰিলে। পাটত উঠাৰ পাছত স্বৰ্গদেউৰ এয়া প্ৰথম যুদ্ধ জয়। পানী নৰাহঁতে স্বৰ্গদেউলৈ বৰকাঁহ, জাংফাই আৰু নৰাদ প্ৰভৃতিৰে কৰ শোধাই বশ্যতা স্বীকাৰ কৰিলে। লাহে লাহে মূলা স্বৰ্গদেউৰ অতি বিশ্বাসী মন্ত্ৰণা দিব পৰা লোকৰ ভিতৰত পৰিল।

পঁচিশ

অপঙক বীৰৰ দৰে সকলোৱে মান কৰিবলৈ লৈছে সেই ঘটনাটোৰ পাছৰ পৰা। আগতেও এনেকৈ মিজিবোৰে মানুহ ধৰি নিয়ে। ধৰি নিয়া মানে নিয়াই আৰু কোনোদিনে সিহঁত উভতি নাহে। দুই-এদিন দুখ কৰিব আৰু পাহৰি যায় এই নগাবোৰে। কিন্তু এনেদৰে দস্যুৰ মুখৰ পৰা কাঢ়ি অনা এয়াই প্ৰথম। সিহঁতে আগতে ভাবিবই পৰা নাছিল যে এনেকৈ দস্যুবোৰক মাৰি নিজৰ মানুহবোৰক কাঢ়ি আনিব পাৰি। অপঙৰ বাবে এয়া সম্ভৱ হ'ল। এনে কাণ্ডৰ পাছত সিহঁতৰ ফৈদটোৰ মান বাঢ়িল। এনেদৰে আৰু কোনেও সিহঁতক ঘপ্‌কৈ আক্ৰমণ কৰিবলৈ সাহস নকৰিব।

গাঁৱৰ নগা গাভৰুবোৰ এতিয়া তাৰ কাৰণে পাগল। তাৰ বুকুত এবাৰ সোমাব পাৰিলে যেন সিহঁতে সুখ পাব। সকলোৱে বুজিছে যে এদিন অপঙেই খুনবাও হ'ব। তাৰ বুদ্ধি আছে, সাহস আছে আৰু আছে শক্তি। ৰজাৰ তেজ থকা সি এটা শক্তিশালী মানুহ। তাতে পাহাৰৰ শিলৰ মাজত ডাঙৰ হৈ সি যেন কঠিন হৈ পৰিছে। সকলোৱে তাক মানে, সমীহ কৰে।

ইফালে কাৰংমাই এইবছৰৰ পালসেৰা কৰিবলৈ যাবলৈ ওলাইছে স্বৰ্গদেউৰ ওচৰলৈ। এইবাৰ বোলে অপঙো যাব এই নগা দলটোৰ লগত। সেই কথা শুনিয়েই তাইৰ বুকুখন চিৰিংকৈ মাৰিছে। এই পালসেৰা বুলিলে তাইৰ ভয় লাগে। চমুৱা কুঁৱৰী আজলী এই পালসেৱাতে নগাৰ লগত থাকিবহি লগা হৈছিল। এইবাৰ বা আকৌ কি অঘটন ঘটে তাইৰ জীৱনৰ দুটাই নক্ষত্ৰ— এটা কাৰংমা, অন্যটো অপং। অপঙৰ যদি কিবা এটা হয় তাই অপঙক মতাই আনিলে—

ঃ তই স্বৰ্গদেউৰ ওচৰলৈ যাব নালাগে।

ঃ কিয়?

ঃ মোৰ ভয় লাগে। এই ৰজাবোৰ বৰ বেয়া। বিপদ হ'ব তোৰ।

ঃ মোৰ কি বিপদ কৰিব স্বৰ্গদেৱে? মই নগ'লে স্বৰ্গদেউক কোনে ৰণচালি দেখুৱাব?

ঃ আগতে নগাবোৰেই দেখুৱাইছিল। এতিয়া তই নগ'লেও হ'ব।

ঃ মই কিবা তিৰোতা নেকি?

তথাপি তাই বাধা দিলে। তাই বাৰে বাৰে ক'লে যে তাইৰ ভয় লাগে। তাই তাক বলাব নোৱাৰি মাকৰ সকলো কাহিনী ভাঙি-পাতি ক'লে তাক। সি ইমানখিনি কথা জনা নাছিল। ৰূপহীকেই মাক বুলি ভাবিছিল। মাত্ৰ জানিছিল যে ৰাজবংশৰ তেজ আছে তাৰ গাত। সকলো কথা শুনি সি কিছু সময় নিবোকাটো হৈ বহি থাকিল। তাৰপাছত ঘপ্‌কৈ উঠি দাখন হাতত লৈ পাহাৰৰ ওপৰলৈ উঠি গ'ল। সকলো কথা শুনি তাৰ মনটো যে বেয়া লাগিল, তাই বুজিলে। এই ডেকা বয়সলৈকে সি সকলো জনাও নাছিল বা জানিবৰ ইচ্ছাও কৰা নাছিল। মাত্ৰ জানিছিল যে সি আহোম ৰজাৰ সন্তান। ঘটনা চক্ৰত সি নগা-চাঙত ডাঙৰ হৈছে। কিন্তু আজি সকলো কথা জানি তাৰ মনত আঘাত লাগিছে।

বহুত নিশাহে সি ৰূপহী থকা চাংঘৰলৈ ঘূৰি আহিল।

ঃ মোৰ আই কেনেকুৱা আছিল অ'?

চকুপানী ওলাই আহিল ৰূপহীৰ। ডেকা অপঙক তাইৰ সৰু ল'ৰা এটা যেন লাগিল। অপঙৰ মূৰটো বুকুত সুমুৱাই লৈ এসোঁতা কান্দিলেও। অপঙৰ চকুপানী ওলাই আহিল। বহুত কথাই ক'লে তাক ৰূপহীয়ে। মাকৰ কথা, ককাকৰ ঘৰৰ কথা, ৰজাঘৰৰ কথা। এটা সময়ত সকলোবোৰ শুনাৰ পাছত তাইৰ বুকুৰ পৰা ওলাই সি দুই বাহু ওপৰলৈ তুলি হুংকাৰ দিলে—

ঃ মই আহোম ৰাজ্য আক্ৰমণ কৰিম। আহোম ৰজাক বধ কৰিম।

প্ৰতিহিংসাৰ জুইত তাৰ চকু দুটা তেতিয়া জুইৰ দৰে জ্বলিছিল। ভয় খাইছিল ৰূপহীয়ে। আহোম ৰজাৰ শক্তি অসীম। আহোমৰ লগত সাধাৰণ এটা নগা ফৈদে যুঁজ কৰি জিকিবতো নোৱাৰেই, বৰঞ্চ নিজেই শেষ হৈ যাব।

অপঙৰ আহোম ৰাজ্য আক্ৰমণ কৰাৰ ইচ্ছাৰ কথা কাৰংমাক ক'লে। কাৰংমাই কথাষাৰ গুৰুত্বসহকাৰে লৈ গাঁৱৰ অন্যবোৰৰ লগত আলোচনা কৰিলে। গাঁৱৰ অন্য ডেকাবোৰৰ উৎসাহটো কিন্তু বৰ বেছি। সিহঁতৰ অপঙে ইচ্ছা কৰিলে সকলো

কৰিব পাৰে। সি বৰ ডাঙৰ বীৰ। আহোমকো সি ঘটুৱাব পাৰে। সেইবাবে সিহঁতে যেন কাইলৈকে আক্ৰমণ কৰিব আহোমৰ ৰাজ্য। গাঁৱৰ বুঢ়াবোৰে কিন্তু এই প্ৰস্তাৱত হয়ভৰ নিদিলে। সিহঁত এটা সৰু ফৈদ। সিহঁতৰ মানুহ কিমান? তাতে যুদ্ধ কৰা মানুহেই বা কিমান? ওচৰৰ অন্য ফৈদৰ মানুহ লৈ যুদ্ধ কৰিবলৈ সিহঁত বা ৰাজী হ'ব নে নহয়ঙ্গ নিজৰ শক্তিৰ বিষয়ে জানি লৈহে যুদ্ধ কৰা উচিত। তাতে আহোমসকলে অন্য ঠাইৰ পৰা আহি অসমত থিতাপি লৈছে। অন্য জাতিবোৰক বশ কৰি ৰাজ্য পাতিছে। গতিকে সিহঁত বুধিয়ক আৰু শক্তিশালী। ইমান সহজে সিহঁতক বশ কৰা নাযায়। বহুত বুজনিৰ পাছত অপঙে বুজিলে যে বুঢ়াবোৰে কোৱা কথাবোৰত সত্যতা আছে। প্ৰথমতে আহোমৰ শক্তিৰ উমান ল'ব লাগিব। হঠাৎ অপঙৰ মনত এটা কূটবুদ্ধিয়ে বাহ ল'লে। যদি সিহঁতক এনেদৰে ঘটুৱাব পৰা নাযায়, তেন্তে সিহঁতৰ লগত মিলিব লাগিব। সিহঁতৰ বুকুত সোমাই কলিজাত কামুৰিব লাগিব। তাৰ মুখত এক ৰহস্যময় হাঁহি বিৰিঙি উঠিল। সি সিহঁতৰ লগত পালসেৱালৈ যাবলৈ ঠিক কৰিলে।

বাকী নগাবোৰেও মেঠোন, নগা দা, লোণ আৰু পাহাৰৰ আলু-কচু লৈ ৰজাক কৰ দিবলৈ যাবলৈ সাজু হ'ল।

ছাবিশ

ব'হাগ বিহুৰ এইকেইটা দিন যুদ্ধ-বিগ্ৰহ নাথাকিলে ৰজা-প্ৰজা-পাইক সকলোৰে আনন্দ কৰাৰ দিন। চ'তৰ প্ৰথম দিনটোৰ পৰাই ৰং-ৰহইচ কৰে ৰাইজে। দেশত চাৰিওফালে শান্তি যেতিয়া ৰাইজে ৰং-ৰহইচ কৰাত আপত্তি নাই।

ব'হাগৰ চাৰি দিন যোৱাত স্বৰ্গদেউ, ডাঙৰীয়া আৰু প্ৰজাৰ বাবে জন্তুযুঁজৰ আয়োজন কৰিলে। হাতীযুঁজ, ম'হযুঁজ সকলো হৈ গ'ল, সেইদিনা আছিল বনৰীয়া জন্তুৰ যুঁজ। স্বৰ্গদেউৰ আদেশত ৰজা-প্ৰজা সকলোৰে যুঁজ চাবলৈ আহিছিল। ডাঙৰ পথাৰখন এইবোৰ ৰং-ৰহইচৰ বাবে মাটি কাটি সমান কৰা হৈছিল। তাৰ মাজত বিভিন্ন যুঁজৰ কাৰণে বেলেগ বেলেগকৈ ভেটি বন্ধা হৈছিল। হাতীযুঁজৰ বাবে মুকলি ঠাই। হাতীযুঁজত ৰজা, ডাঙৰীয়া আৰু প্ৰজা বহা ঠাই যথেষ্ট দূৰত কৰা হয়। কাৰণ দুয়োটা হাতীৰ এটা ফাগুন-চ'তমহীয়া কুম ফুটি বলিয়া হোৱা হাতী, যুঁজলৈ বুলি বাঁহৰ খোঁকত সুমুৱাই ৰখা হয়। বাকীটো হাতীৰ গাটো মৰাপাটৰ ৰছীৰে চান্দি, তাৰ ওপৰত মাউত বহে। দুয়োটাকে যুঁজ লগোৱা হয়। দুয়োটাই দুই-চাৰি দণ্ডমান যুঁজ কৰে। তাৰপাছত বাহিৰৰটো হাৰিলে পলাই যায়। ভিতৰৰটো হাৰিলে নঙলা লগাই বাহিৰৰটোক আক্ৰমণ কৰিব নোৱাৰা কৰা হয়। পলাই যোৱাটোৰ পিঠিত মাউত থাকিলে কেইবাদিনলৈ তাক লৈ ফুৰে। গছৰ ওপৰৰ পৰা মাউতক খাবলৈ দিয়া হয়। নহ'লে মাউত গছৰ ডালত ধৰি ৰয়। কেতিয়াবা মৰেও। হাতীৰ ডিঙিত গজঘণ্টা বান্ধি দিয়া হয়, যাতে মানুহে গম পাই পলাব পাৰে।

হাতীযুঁজ হৈ গ'ল। সেইদিনা আছিল বনৰীয়া জন্তুৰ যুঁজ। বনৰীয়া ভালুক এটা আৰু বাঘ এটা ইয়াৰ বাবে যোগাৰ কৰি ৰখা হৈছিল। ওখ ভেটিৰ চাৰিওফালে গড় মাৰি তাৰ ওপৰত কেঁটেলা মাৰি, শিয়াল-টাটী দি, নঙলা-জপনা দি, তাৰ ওপৰত জাল বেৰা দিয়া হৈছিল। জপনাখনেৰে মানুহ আৰু জন্তু সোমাব পাৰে। ভেটিৰ চাৰিওফালে ওখকৈ মাটিৰ ভেটি কৰি ডা-ডাঙৰীয়াসকল বহিব পৰা চাং

আৰু সুচল ঠাইত স্বৰ্গদেউ সকলোৱে সৈতে বহিব পৰা চাং সাজি দিয়া হৈছে। সাধাৰণ প্ৰজাই মাটিৰ ওখ ভেটিৰ পৰাই চাব পৰাকৈ ৰখা হৈছে। এই জন্তুৰ যুঁজ চাবলৈ ৰজাদেৰকে আদি কৰি কুঁৱৰীসকলো আহিছে। মেলডঙীয়া ৰজা আৰু তেওঁলোকৰ পা-পৰিয়ালো বহিছে। গাভৰুসকলো স্বৰ্গদেউৰ লগতে চাঙত। লগুৱা-লিগিৰীবোৰো চাঙৰ ওপৰতে। লোকে লোকাৰণ্য হৈ আছে কেউফালে। ইতিমধ্যে মজলীয়া আকৃতিৰ বাঘ এটা হুমুৰিয়াই হুমুৰিয়াই ঘূৰি ফুৰিছে গড়টোৰ ভিতৰত। বাহিৰৰ মানুহৰ কোলাহল শুনি সি ওলাই যোৱাৰ বাবে চেষ্টা কৰি আছে। জপনাৰ ওচৰত যাঠি লৈ কেইবাটাও মানুহ। বাকী অন্যফালে বাঘ ওলাই যোৱাৰ বাট নাই। এনেতে গড়ালত সুমুৱাই এটা ভালুক আনি গড়টোৰ ভিতৰত মেলি দিলে। চাৰিওফালে মানুহে জয়ধ্বনি দিলে। সকলোৱে চকু গড়টোৰ ভিতৰত। ভালুকটোৱে মূৰ-ঠেং জোকাৰি বাঘটোলৈ চালে; কিন্তু একো নকৰি বহি থাকিল। বাঘটোৱে গোঁজৰণি দুটামান মাৰিলে যদিও তাতকৈ ডাঙৰ আকৃতিৰ ভালুকটোক জোকাবলৈ সাহস নকৰিলে। তেতিয়াই ৰজাৰ মানুহে গড়টো বগাই গৈ যাঠিৰে বাঘটোক পাছফালৰ পৰা খুঁচি দিলে। বাঘে গুঁজৰিবলৈ ধৰিলে। ইফালে জপনাৰ ওপৰেৰে ভালুকটোকো খুঁচি দিলে। সিও খঙত জ্বলি-পকি উঠিল। এইবাৰ দুয়োটায়ে দুয়োটাৰ মুখামুখি হ'ল। দুই-একে খং উঠাবলৈ ফৰ্মুটি দুই-এটাও মাৰিলে। বাঘ আৰু ভালুক যুঁজৰ বাবে সাজু হ'ল। বাঘটো হঠাৎ জাঁপ মাৰি ভালুকৰ ওপৰত পৰিল। কিন্তু ভালুকৰ নোমাল গাটোত দাঁত বহুৱাব নোৱাৰিলে। ভালুকেও তাৰ নখ থকা হাতোৰা দুখনেৰে বাঘক ঘাইল কৰিবলৈ চেষ্টা কৰিলে। দুয়োটা মাটিত বাগৰি পৰিল। ভালুকটোৱে মাজতে বাঘৰ গাত কামোৰ গোটাচেৰেক মাৰিলেই। বাঘেও ভালুকক আগ হাতোৰাৰে ঘাইল কৰি মণ্ডহ এৰুৱালে। প্ৰজাৰ কিৰীলি আৰু উত্তেজনা। কোনোবাই বাঘৰ, কোনোবাই ভালুকৰ পক্ষ লৈ চিঞৰিবলৈ ধৰিলে। স্বৰ্গদেউ, ডাঙৰীয়া সকলোৱে চকু যুঁজৰ ওপৰত। হঠাৎ বাঘটোৱে ভালুকৰ মুখত কামুৰি এবখলা এৰুৱাই আনিলে। ভালুকটোৱে বাঘৰ এটা চকুত হানিলে। মুঠতে দুয়োটাৰ হানি হ'লেও যুঁজ লাগি থাকিল। হঠাৎ একোবত বাঘটো ভালুকৰ বাহুৰ মাজৰ পৰা ওলাই আহি বাগৰ এটা মাৰি থিয় হ'ল। এবাৰ ভালুকলৈ আৰু এবাৰ চাৰিওফালে চালে। মানুহবোৰে উল্লাসত চিঞৰি চিঞৰি যুঁজ চাবলৈ ধৰিলে। বাঘটো ভালুকৰ পৰা আঁতৰি ঠাইতে দুপাকমান ঘূৰিল। ভালুকটোৱেও যন্ত্ৰণাত থিয় হৈ বাঘটোলৈ চালে। বাঘটোৱে আৰু এটা পাক মাৰি হঠাৎ ভালুকটোৰ ফালে চোঁচা ল'লে। ভালুকটো সাজু

হৈয়েই আছিল। কিন্তু বাঘটোৱে ভালুকটোৰ কাষেৰে জাঁপ মাৰি জপনা আৰু নঙলাৰ ওপৰেৰে গড়ৰ বাহিৰতহে পৰিলহি। জপনা থকা সেই অংশহে চাপৰ আছিল। গতিকে বাঘটো জপনাৰ ওপৰেৰে পাৰ হোৱা সহজ হৈ আছিল। জপনাৰ ওপৰেৰে যুঁজ চাই থকা পৰীয়াকেইটাই একো টলকিবই নোৱাৰিলে। বাঘটো জপনাৰ বাহিৰৰ মুকলি ঠাই টুকুৰাত পৰিলহি। সি ইফালে-সিফালে চালে। তাৰ চকু এটা ঘাইল হৈ তেজ ওলাই আছিল। গাৰ দুই-এঠাইত ভালুকৰ কামোৰত বখলা-বখলে এৰাই গৈছিল। সি এইবাৰ চাৰিওফালে থকা মানুহৰ ফালে চোঁচা ল'লে। মানুহবোৰৰ মাজত হুৱাদুৱা লাগিল। যেনিয়ে-তেনিয়ে মানুহবোৰ পলাবলৈ লাগিল। যাঠি লৈ থকা পৰীয়াবোৰেও বাঘটোক বাধা দিবলৈ তৎ নাপালে। এনেয়ে বাঘ, তাতে আকৌ আঘাত পাই খঙত ক'ব নোৱাৰা হৈ আছে। গতিকে কোনেও তাৰ মুখামুখি হ'বলৈ সাহস গোটাব নোৱাৰিলে। মানুহবোৰৰ হুলস্থূল আৰু পলোৱাৰ শব্দত বাঘটো থমকি ৰ'ল আৰু ওচৰতে ডাল-পাত নথকা লঠঙা গছ এজোপাৰ গাত বগাবলৈ সেইফালে চোঁচা ল'লে। ইফালে এটা আঠ-দহ বছৰীয়া ল'ৰা বাঘৰ ভয়তে সেই লঠঙা গছজোপাৰ ফালে দৌৰি গৈছিল। সি বাঘটো সেইফালে অহা দেখি গছজোপাৰ গুৰি বগাই ওপৰলৈ উঠিল। তাৰ পিছে পিছে বাঘটোৱে গছজোপাৰ গুৰি পাই গছজোপাত বগাবলৈ ধৰিলে। লঠঙা গছজোপা বেছি ওখ নাছিল। গছৰ ওপৰৰ ডাল-পাতবোৰ কাটি থোৱা আছিল। এই ৰং-ধেমালিৰ বাবে পথাৰখন চিকুণাওঁতে তাৰো ডাল-পাত কটা হৈছিল। ল'ৰাটো গছৰ ফেৰেঙণিত ভয়তে কঁপিছিল। কটা ডাল এটাত সি গবা মাৰি ধৰি আছিল। ইফালে বাঘটোৱে গছজোপাত বগাই ল'ৰাটোক হাতেৰে হাঁকুটিয়াইছিল। ইমান সোনকালে ঘটনাটো ঘটিছিল যে কাৰো বাধা দিবলৈ জ্ঞানেই হোৱা নাছিল। কাৰো মুখত মাত নাছিল। সকলোৰে চকু মাত্ৰ বাঘটো আৰু ল'ৰাটোৰ ওপৰত। আহত হৈ খঙত থকা বাঘটোক জোকাবলৈ কোনেও সাহস কৰা নাছিল। কিজানি সি উভতি ধৰে বাঘটোৱে ল'ৰাটোক ধৰোঁ ধৰোঁ হ'ল। মানুহে ইচ্-ইচ্-আস্-আস্ কৰিবলৈ ধৰিলে। কিন্তু হঠাৎ এজন বেছ পাহুৱাল ডেকাই জাঁপ মাৰি আহি বাঘটোক পিছফালৰ পৰা গবা মাৰি ধৰি গছৰ পৰা নমাই আনি মাটিত আছাৰ মাৰি দিলে। ডেকাজনৰ পিন্ধনত চুৰিয়া আৰু মিহি কাপোৰৰ চোলা। তেওঁ কোন টলকত ক'ৰ পৰা উঠি আহিল কোনেও ধৰিবই নোৱাৰিলে। কিন্তু সাজ-পাৰত সাতঘৰীয়া আহোমৰ ঘৰৰে যে ডেকা হ'ব, সেইটো ধৰিব পাৰিলে সকলোৰে।

বাঘটোৱে এবাৰ খঙত গুঁজৰি উঠিল। জাঁপ মাৰি ডেকাক আক্ৰমণ কৰিলে। ডেকাই দুইহাতেৰে বাঘৰ ডিঙিত ধৰি তাক বাধা দিবলৈ চেষ্টা কৰিলে। বাঘৰ খুন্দাত ডেকাজন বাঘটো লৈয়েই মাটিত বাগৰি পৰিল। তাৰপাছত শক্তিৰ যুদ্ধ। বাঘে ডেকাক কামুৰিবলৈ চেষ্টা কৰিছে। ডেকাই বাধা দিছে। ঠিক সেই সময়তে হাতত যাঠি এপাট লৈ সেই ঠাইত ওলালহি ৰজাৰ জীয়েক মূলা। তাই হাতৰ যাঠিপাটেৰে গাৰ জোৰেৰে বাঘটোক হানি পেলালে। ডেকাৰ গাৰ ওপৰত উঠি থকা বাঘটোৱে আক্ৰমণ কৰিবলৈ চেষ্টা কৰিলে। কিন্তু মূলা সাৱধান হৈ আছিল। তাই দুখোজ পিছুৱাই আহিল। ইফালে ডেকাটো জাঁপ মাৰি উঠিল। ডেকাৰ গা ক্ষত-বিক্ষত, তেজেৰে ৰাঙলী। তথাপি সি সাউতকৈ ওচৰত থকা পৰীয়া এটাৰ পৰা যাঠি এপাট লৈ বাঘটোক খোঁচ মাৰিলে। বাঘটোৱে সেই সময়তে মূলাৰ মূৰটোলৈ লক্ষ্য কৰি থাপ মাৰিছিল যদিও ঢুকি নাপালে। তেতিয়াহে বাকীবোৰৰ গালৈ হুঁচ আহিল। পৰীয়াবোৰে যাঠিৰে খুঁচি খুঁচি বাঘটোক তাতে মাৰি পেলালে। মূলাৰ গাতো বাঘটোৰ পৰা ছিটিকি অহা তেজৰ চেকা। ডেকাই মূলালৈ আৰু মূলাই ডেকালৈ চালে। চাৰি চকুৰ মিলন হ'ল। সেই ডেকাজনেই আছিল তান্‌খাম বৰগোহাঁইৰ পুত্ৰ ফ্ৰাচেংমুং বৰগোহাঁই।

সাতাইশ

কাৰংমা খুন্‌বাওটোৱে নগাৰ দলটো লৈ আজি দুদিনৰ পৰা বাহৰ পাতি আছেহি। গ'লজনা স্বৰ্গদেউ থকা হ'লে হয়তো সি চাংমাইশালতে খাবলৈ পালেহেঁতেন, ৰজাৰ লগত বহি। কিন্তু এইজনা স্বৰ্গদেউৰ লগত তাৰ সেইটো ভাব নাই। তথাপি তলতীয়া ৰজা হিচাপে বছৰত এবাৰ কৰ দি পালসেৰা কৰাৰ নিয়ম। যুদ্ধ-বিগ্ৰহ হ'লে স্বৰ্গদেউক সৈন্য দি সহায়ো কৰিব লাগে। তাৰ বাবেই স্বৰ্গদেউক ৰণচালি দেখুৱাব লাগে। সাধ্যানুসাৰে স্বৰ্গদেউক কৰ দিব লাগে। আলু, কচু, মেঠোন, গৰু, হাতী, নগা দা আদি পাহাৰত থকা বস্তুৰেই কৰ দি অহাৰ নিয়ম। মাজে মাজে অৱশ্যে স্বৰ্গদেউৰ লগত যুদ্ধ নলগাও নহয়। ওচৰত থাকিলে যুদ্ধ-বিগ্ৰহ হ'বই।

স্বৰ্গদেৱে থকা-খোৱাৰ ব্যৱস্থা কৰি দিছে। মাংস, চাউল, সাঁজপানী, শুকান মাছ ইত্যাদি দিছে সিহঁতক। আগৰ দিনা কৰ আৰু উপঢৌকনসহ স্বৰ্গদেউক ৰাজচ'ৰাত সেৱা কৰি আহিছে কাৰংমা আৰু অপঙে গৈ। স্বৰ্গদেৱে কুশল মংগল সুধিছে। চ'ৰাৰ বৰগোহাঁই, বুঢ়াগোহাঁই, ফুকন, ৰাজখোৱাসকলৰ লগতো মত বিনিময় হ'ল। তাৰপাছত স্বৰ্গদেউক কৰ, উপঢৌকনৰ হিচাপ দিয়া হ'ল। স্বৰ্গদেৱে সেয়া গ্ৰহণ কৰি প্ৰীতিৰে থাকিবলৈ মত বুলিলে।

পুৱাবেলাতেই স্বৰ্গদেউৰ টোলৰ বৰচোতালত কাৰংমা, অপং আৰু বাকী নগাবোৰে ৰণচালি দেখুৱাবলৈ লাগিল। স্বৰ্গদেউৰ লগতে দুইজনা ডাঙৰীয়াও উপস্থিত আছিল। নগাৰ ৰণচালি দেখুওৱাৰ পাছতেই অঘটন ঘটিছিল আজি কেইবাবছৰৰো আগতে। গতিকে কুঁৱৰীসকল সাৱধান হৈয়েই আছে। নগাৰ ৰণচালি চাবলৈ বৰ সুন্দৰ। সুঠাম দেহৰ নগাবোৰে হাতত নগা দা লৈ যুদ্ধৰ আখৰা কৰে। সিহঁতৰ যুদ্ধ কৰাৰ পদ্ধতি বেলেগ। জঁপিয়াই জঁপিয়াই, সৰু ঢাল আৰু নগা দা লৈ যুদ্ধ কৰে। গাত ৰঙীণ লেংটি, মূৰত চৰাইৰ পাখি লগোৱা মূৰবন্ধা, গাত বেতৰ টঙালিৰে পাহাৰৰ মাজত ডাঙৰ হোৱা নগাবোৰৰ পাহুৱাল দেহাবোৰ

দেখিবলৈ সুন্দৰ। হঠাৎ স্বৰ্গদেউৰ চকু পৰিল নগাবোৰৰ মাজৰ পাহুৱাল ডেকা এটালৈ। নগাবোৰৰ দৰে চাপৰো নহয় ডেকাটো। আহোমৰ দৰে গা-গাঁৰি ডাঙৰ-ওখ, ৰ'দে পোৰা চেহেৰা; যদিও সিহঁতৰ দৰে লেংটি মাৰি আহিছে, তথাপি যেন চাল-চলনত সিহঁতৰ দৰে নহয়। যিদৰে ডেকাটোৱে ৰণচালি ধৰিছে, সি যুদ্ধত পাৰ্গত হ'ব যেনেই লাগিছে। কি স্বৰূপত এই ডেকাটো নগাৰ লগত আহিছে, তেওঁ বুজিব নোৱাৰিলে। অকণমানকৈ সন্দেহ এটায়ো তেওঁৰ মনত ভুমুকি নমৰা নহয়। তৎক্ষণাৎ ইংগিতেৰে তামুলী লিগিৰাক ওচৰলৈ মাতি আনি কিবা এষাৰ ক'লে। লিগিৰাই মূৰ দুপিয়াই আঁতৰি গ'ল।

এটা সময়ত নগাৰ খুন্‌বাও কাৰংমাই স্বৰ্গদেউৰ ওচৰত আঁঠু ল'লে। ৰজাই দিয়া সিধাৰে ভাত-পানী খাই সিহঁত যাবগৈ। এয়া শেষবাৰৰ বাবে সেৱা জনালে স্বৰ্গদেউক। গুৰু গম্ভীৰ মাতেৰে স্বৰ্গদেৱে সুধিলে—

ঃ খুন্‌বাও, এই পাহুৱাল ডেকাটো তহঁতৰ সঁচনে?

উচাপ খাই উঠিল খুন্‌বাওটো। কি বা জগৰ লাগিলঙ্গ কেনেবাকৈ স্বৰ্গদেৱে গম পালে নেকি যে অপঙে স্বৰ্গদেউৰ ৰাজ্য আক্ৰমণ কৰাৰ কথা পাঙিছিল। ক'বতো নোৱাৰিঙ্গ চৰ-পৰীয়াৰে ভৰি আছে ৰাজ্য।

ঃ স্বৰ্গদেউ, কাটিবি-মাৰিবি কি কৰিবি আৰু আমি ৰজাৰ চুৱাপাত খোৱা মানুহ। মানুহটো দেও সঁচৰ। স্বৰ্গদেউৰ আদেশত ৰাখিছোঁ দে।

আচৰিত নহ'ল স্বৰ্গদেউ স্বৰ্গনাৰায়ণ। তেওঁ শংকা কৰা মতেই হয়। এয়া তেওঁৰ বঙহৰ মঙহ। গ'লজনা স্বৰ্গদেউৰ বীৰ্যত জন্ম পোৱা সন্তান। চমুৱা কুঁৱৰীৰ গৰ্ভৰ সন্তান। স্বৰ্গদেউৰ আদেশত অপঙে আগবাঢ়ি আহি স্বৰ্গদেউক সেৱা জনালে। স্বৰ্গদেৱে ৰাজচ'ৰাত দেখা দিবলৈ আদেশ দিলে।

ৰাজচ'ৰালৈ যোৱাৰ আগতে স্বৰ্গদেৱে মনতে চিন্তা কৰিলে তেজ ধুলে উটে, মঙহ ধুলে নুটে। এই নগা কোঁৱৰটো তেওঁৰে বঙহৰ মঙহ। তেওঁৰ পিতৃ দেৱতাৰে সন্তান। তাক উপযুক্ত স্থানত থ'ব লাগে। তেওঁ ৰজাৰ বৰকুঁৱৰীৰ পুত্ৰ। গতিকে ৰজা হৈছে। বাকী কুঁৱৰীৰ পুত্ৰ সন্তানেও নিজ মৰ্যাদাৰে বিষয় খাই আছে। সিও নিজৰ প্ৰাপ্য পোৱা উচিত। ইমানখন ৰাজ্য, কোনে কাৰ খাই টুকুৱাব। যদি পিতৃয়ে ভুল কৰিছিল, তেওঁ সেই ভুলৰ শুধৰণি কৰা উচিত। তাৰ বাহিৰেও এটা ডাঙৰ কথা সি ৰাজধানীত নহয়— জন্ম ল'লে নগা-চাঙত। তাৰ মনতো নিশ্চয় খং

আছে, অনীহা আছে ৰজাঘৰলৈ। সি শক্তি-সামৰ্থ্য থকা ডেকা, তাৰ বুদ্ধিও আছে যেন লাগে। যদি নগা পৰ্বততে থাকে, কোনোবাদিনা মানুহ গোটাই ৰণ কৰিবলৈ যে নাহিব, তাৰ কোনো ঠিক নাই। কোনোবা দিনা ডাঙৰীয়াসকলে তাক ৰজাৰ সঁচ বুলি আনি কিবা আগ্ৰহত যে সিংহাসনত নবহুৱাব কি ঠিকঙ্গ গতিকে এই বীজৰ চকুৰ আঁতৰত নহয়, চকুৰ আগতেই গজালি ওলাবলৈ দিয়া উচিত। এনেবোৰ শক্তি দেশৰ কামত লাগিব। শতৰুক শক্তিশালী কৰিবলৈ দিয়াতকৈ, নিজৰ শক্তি বঢ়োৱা উচিত। গতিকে যেনে-তেনে তাক নিজৰ ভিতৰতে ৰখা উচিত।

ইফালে কাৰংমা আৰু অপঙৰ লগতে সকলোৰে চিন্তা। স্বৰ্গদেৱে বৰচ'ৰালৈ মাতিছে যেতিয়া নিশ্চয় কিবা এটা ঘটিব। কি উদ্দেশ্যৰে মাতিছে কোনেও নাজানে। সকলোৰে শংকা, ভয়। স্বৰ্গদেৱে যদি তাক লোৱা লগাই পোতাশালতো থয়, তথাপি কোনেও একো কৰিব নোৱাৰে। দেখাত একো দোষ কৰা নাই সি, তথাপি ক'ব নোৱাৰি। সি আগৰজনা ৰজাৰ সন্তান। এফালে বঙহৰ লোক সি। অন্যফালে তাৰ পৰা যে কোনোদিনে বিপদ নহ'ব, সেই কথাও ক'ব নোৱাৰি।

স্বৰ্গদেউ আহি বৰচ'ৰাৰ টুপতে সিংহাসনত বহিল। সাতখলপীয়া সিংহাসন। হেঙুল-হাইতালেৰে ৰং কৰি, লাৰে বন কৰা। সোণৰ পাত মাৰি বাখৰ খটোৱা। ৰজা বহা সপ্তম খলপাত মখমলৰ তলচা। তাৰ ওপৰত গোমচেং কাপোৰৰ তুলা ভৰোৱা চাৰিচুকীয়া তুলী। তাৰ ওপৰতে বহিল স্বৰ্গদেউ। সিংহাসনত থাকে সমান ঠাইত সোণৰ নাল লগোৱা হেংদাং আৰু তৰোৱাল। তাৰ কাষে কাষে সোণৰ পানী চৰোৱা সৰু হিলৈ সজাই ৰাখিছে। স্বৰ্গদেৱে সিংহাসনত বহি বিভিন্ন কথা আলোচনা কৰিবলৈ ধৰিলে। ইপিনে স্বৰ্গদেউৰ আলহী হৈ টোলৰ ভিতৰতে পানীচোৰাত উৎকণ্ঠাৰে বৈ আছিল কাৰংমা আৰু অপং। এনেতে স্বৰ্গদেউৰ বাৰ্তা লৈ মেলডঙীয়া বৰুৱা তিনিজন আহি অপঙৰ ওচৰত আঁঠু লৈ জনালেহি বোলে স্বৰ্গদেৱে নগা-চাঙৰ পৰা অহা ডেকাজনক বৰচ'ৰাত উপস্থিত হ'বলৈ তলব কৰিছে, কিন্তু এইদৰে নগা পোছাকত বৰচ'ৰালৈ যোৱা নাযায় বাবে তেওঁলোকে অন্য সাজ পোছাক লৈ আহিছে। তেওঁলোকৰ সহায়ত চুৰিয়া আৰু চোলাৰে সুন্দৰকৈ সাজি বৰচ'ৰাত উপস্থিত হ'ল অপং। অপঙক বহিবলৈ দলিচা আগবঢ়াই দিয়াত সকলো আচৰিত হ'ল।

স্বৰ্গদেউ সিংহাসনত বহি আছিল। দক্ষিণফালে তলচাৰ ওপৰত বুঢ়াগোহাঁই আৰু বৰগোহাঁই ডাঙৰীয়া। তেওঁলোকৰ আগত পিক চোবা পেলোৱা চুপ কৰপাত।

পূবফালে অন্য ৰজাসকল বহিছে। দক্ষিণফালে চ'ৰাৰ ফুকনসকল আৰু ৰাজখোৱাসকল বহিছে। সকলো কঠৰ ওপৰত বহিছে। ৰাজখোৱাসকলৰ পাছতে দেওধাই, বাইলুং, চেতিয়া পাত্র বৰুৱা, ঘৰফলীয়া বৰুৱা— এইসকল বহিছে। স্বৰ্গদেউৰ দক্ষিণলৈ পাঁচনি বৰা বহিছে। তাৰপাছতে পাঁচনিৰ পালি বহিছে। পূবফালে চমুৱা পাঁচনিৰ বৰা বহিছে। হাতত তৰোৱাল লৈ লিগিৰাহঁতৰ পালি বহিছে। মুঠ কথা, চমুৱা-বিষয়াৰ পৰা আদি কৰি সকলো বহিছে বৰচ'ৰাত।

এনে সময়তে মজিন্দাৰ বৰুৱাই তুলাপাতত লিখা স্বৰ্গদেউৰ আদেশ সভাত পঢ়িবলৈ ওলাল। কোনোবা এজনে ইংগিতেৰে অপঙক স্বৰ্গদেউৰ ওচৰত আঁঠু ল'বলৈ দিলে। অপঙে স্বৰ্গদেউৰ সিংহাসনৰ তলত সেৱা কৰি, আঁঠুকাঢ়ি মূৰ দোঁৱাই ৰ'ল।

ঃ তই পিতৃৰ বীৰ্যৰ ৰঙহৰ মঙহ। তোৰ নাম কনচেং ৰাখিলোঁ। আহোমৰ সঁচ। তোক বৰপাত্ৰ গোহাঁই বিষয় দি মন্ত্ৰী পাতিলোঁ।

মজিন্দাৰ বৰুৱাই স্বৰ্গদেউৰ আদেশ পঢ়ি শুনালে। বুঢ়াগোহাঁই আৰু বৰগোহাঁয়ে ইজনে-সিজনৰ মুখলৈ চালে। সকলোৰে চকু তেতিয়া অপঙৰ ওপৰত। স্বৰ্গদেউৰ আদেশত নগা-চাঙৰ অপং কনচেং হ'ল। নিজৰ ভাগ্যকে বিশ্বাস কৰিবলৈ মন নগ'ল কনচেঙৰ। কাৰণ পুৱালৈকে সি আছিল নগা-চাঙৰ নগাৰ মাজত ডাঙৰ হোৱা এটা সাধাৰণ ডেকা। অৱশ্যে তাৰ দেহত আছিল আগৰজনা স্বৰ্গদেউৰ তেজ। কিন্তু এতিয়া সি হ'ল অসম ৰাজ্যৰ মন্ত্ৰী।

কনচেং নাম লৈ অপং মন্ত্ৰী হোৱা শুনি কাৰংমা আৰু নগাবোৰৰ আনন্দই নধৰা হ'ল। সিহঁতে দোলাত তুলি কনচেংক লৈ নগা পৰ্বতলৈ বাট বুলিলে। মন্ত্ৰী হ'লেও নগাৰ লগত পালসেৱা কৰিবলৈ অহা অপং দুদিনৰ বাবে নগা ৰাজ্যলৈ গ'ল। অন্ততঃ যিখন গাঁৱত তাৰ জন্ম হৈছিল, যিজনী মানুহৰ পিয়াহ খাই সি ডাঙৰ হৈছিল, তেওঁলোককতো শেষ বিদায় জনাব লাগিব।

ইফালে স্বৰ্গদেৱে বুঢ়াগোহাঁই আৰু বৰগোহাঁইক নিৰলে লগ পাই ক'লে—

ঃ তোমালোক এই গোহাঁইৰ ৰূপ দুটা বৰ উধান, আমি ৰজাদেউ সোণৰ থালী। এতেকে আমাক আৰু এক উধান লাগে।

দুই গোহাঁয়ে ক'লে—

ঃ আৰু এক উধান পূৰ্বতে যে নহ'ল, এতিয়া কি ৰূপে হ'ব?

ঃ মোৰ বঙহৰ কনচেঙক তোমালোকৰ লগৰ মানুহ এভাগ দি লোৱা। তিনি উধান হওক।

ঃ আমি মানুহ দিব নোৱাৰোঁ। আমাক আৰু নালাগে।

স্বৰ্গদেউৰ খং উঠিল আৰু ক'লে—

ঃ তোমালোকৰ মানুহ নালাগে। মই কি কৰিব পাৰোঁ চাওঁ।

তাৰপাছত স্বৰ্গদেৱে বৰাহী, চুতীয়া আৰু নতুনকৈ পোৱা মানুহক, দুই গোহাঁইতকৈ বঢ়াই দি বৰপাত্ৰ গোহাঁইক থাপিলে।

কনচেং বৰপাত্ৰ গোহাঁই হৈ, স্বৰ্গদেৱে দিয়া লগুৱা-লিকচৌ লৈ, ৰূপহীক ঘৰৰ দায়িত্ব দি, গজগজীয়া হৈ বহিল।

আঠাইশ

এনেকুৱা অনুভূতি মূলাৰ মনলৈ আগতে অহা নাছিল। প্ৰথমতে তাই বুজি পোৱা নাছিল এয়া কি; কিন্তু লাহে লাহে তাইৰ গাভৰু মনটোৱে যেন উপলব্ধি কৰিবলৈ ধৰিলে এয়া কি পৰিৱৰ্তন তাইৰ মনলৈ আহিছে।

সৰুৰে পৰাই তাই ৰাজটোলৰ চোতালত খেলিছে। সমনীয়া ল'ৰা-ছোৱালীৰ সৈতে খেলিছে। লাহে লাহে গাভৰু হোৱাৰ পাছত সখীকেইজনীৰ বাহিৰে অন্য সমনীয়াবোৰ আঁতৰি গৈছে। গাভৰু কালৰে পৰাই তাইৰ কাষত চেং। চেং তাইতকৈ বয়সত ডাঙৰ। তাই ৰজাৰ কন্যা, গতিকে য'লৈ-ত'লৈ যোৱা বা যাৰে-তাৰে লগত খেলা-ধূলা কৰাতো বাধা আছে। সকলোৱে তাইক সম্ভ্ৰমৰ দৃষ্টিৰেই চায়। লাহে লাহে তাইৰ গাভৰু দেহটোলৈ চাই নিজৰে লাজ লাগি যোৱা এটা সময়তো তাইলৈ কোনো ডেকাই মূৰ তুলি নাচালে। পাত গাভৰুৰ তেজে ফুটি যাওঁ ফুটি যাওঁ চেহেৰা এটা থকা মূলালৈ লুকাই-চুৰকৈ সকলোৱে চায়। দুই একে হুমুনিয়াহ ছাৰে। কিন্তু ৰাজকন্যা তাই। শান্ত যদিও যথেষ্ট ব্যক্তিত্বসম্পন্ন মূলা। তাতে অনবৰতে চেং নামৰ সেই লিগিৰীজনী তাইৰ লগত। গতিকে কোনেও তাইক কথা ক'বলৈকে সাহস নকৰিলে। প্ৰেম নিবেদন কৰা দূৰৰ কথা।

গাভৰু হোৱাৰ পাছৰ পৰাই নাৰী-পুৰুষৰ সম্পৰ্কবোৰ জনা-বুজা হৈছিল মূলাই। তাইৰ গাভৰু মনেও মাজে মাজে উৰোঁ উৰোঁ নকৰা নহয়। কিন্তু উপযুক্ত পাত্ৰ ক'ত? তাইৰতো কাকো ভাল নালাগে। তাৰ বাহিৰে আছে চেং। চেং ছোৱালীজনী যেনে কঠিন, মনটোও কঠিন। কিমান লগুৱা তাইৰ মনৰ খবৰ ল'বলৈ ওচৰলৈ আহে, তাই কিন্তু কাকো ওচৰ চাপিবলৈ নিদিয়ে। চুক্লেং কুঁৱৰীয়েও তাইক দুই-এবাৰ জোকাই চাইছে; কিন্তু তাইৰ উত্তৰ একেটাই—

ঃ আইচু দেউতা, আপোনালোকৰ চৰণত সেৱা কৰি মৰিবলৈ পালেই সুখ। অন্য পুৰুষক সেৱা নকৰোঁ।

মাজু কুঁৱৰীয়েও বেয়া নাপায়। তাই কাষত থকা মানে বহুত কথাত নিশ্চিত। কিন্তু কোনোবা যদি বৰা, শইকীয়াই নিয়েও, তাত মাজু কুঁৱৰী চুক্লেঙৰ আপত্তি কৰাৰ কাৰণ নাই। হাড়ডাল শুচি হ'ব। কিন্তু তাইৰে মন নাই। তাই কিবা বেলেগ ধাতুৰে গঢ়া। মাত্ৰ যুদ্ধ-বিগ্ৰহ এইবোৰৰ বাবেহে তাইৰ মন। তৰোৱাল চলোৱা-ঘোঁৰাত উঠা এইবোৰৰ প্ৰতি আগ্ৰহ বেছি। মূলাও তেনেকুৱা হোৱাটো বিচাৰে চেঙে। কিন্তু মূলাৰ ওপৰত তাই সম্পূৰ্ণ নিজৰ প্ৰভাৱ খটুৱাব নোৱাৰিলে। মূলা যেনেদৰে চেঙৰ অন্তৰংগ, তেনেদৰে অন্তৰংগ পিতাক স্বৰ্গদেউৰ লগতো। স্বৰ্গদেউৰ লগত ৰাজনীতিৰ আলোচনা কৰাৰ সময়ত তাই যেন এগৰাকী মন্ত্ৰীহে। তাই সকলো কথাকে ফঁহিয়াই চাবলৈ ভাল পায়। ৰাজনীতিৰ কথাবোৰ ফঁহিয়াই চাই তাই পিতাকক বুজাই দিয়ে কোনে কি স্বাৰ্থ সিদ্ধিৰ বাবে কি কৰিছে। পিতাক দিহিঙীয়া ৰজাও বেছ বুদ্ধিমান আৰু দূৰদৰ্শী। মূলাৰ লগত ৰজাদেৱে আলোচনা কৰিবলৈ বেয়া নাপায়। কাৰণ মূলাৰ চিন্তাবোৰ পৰিপক্ক নহ'লেও অন্ততঃ স্বাৰ্থ জড়িত নহয়। পুত্ৰৰ দৰেই গঢ় দিছে তেওঁ মূলাক। পুতেককেইটা ইমান অন্তৰংগ নহয় তেওঁৰ। বিশেষ সমস্যা থাকিলে ৰাজমন্ত্ৰীৰ লগত আহি আলোচনা কৰে বা ভাগ লয়; কিন্তু এনেদৰে অন্তৰংগ নহয়। মূলা কিন্তু তেনে নহয়। লাহে লাহে গাভৰু হৈ অহাৰ লগে লগে পিতাকৰ লগত সম্পৰ্কটো বেছিহে হৈ আহিছে তাইৰ। ৰাজনীতি সম্পৰ্কে ৰজাদেৱৰ লগতে তায়ো সকলো বুজা হৈছে।

কিন্তু বিহুৰ পাছৰে পৰা তাইৰ মনটোৱে যেন হঠাৎ এটা কেঁকুৰি পাৰ হৈ গ'ল। তাইৰ মনত থকা গাভৰু মূলাজনী যেন সাৰ পাই উঠিল। ইতিমধ্যে মূলাৰ বিয়াৰ বাবে সাতঘৰীয়া আহোমৰ বংশৰ ল'ৰাৰ সন্ধান নকৰাও নহয় মাক চুক্লেঙে। কিন্তু সকলোফালে ভাল ল'ৰা এটা পোৱাও জানো কম কথাঙ্গ দুই-এক ওলালেও সকলো বংশৰ লগতে সম্বন্ধ কৰিব নোৱাৰি। নিজৰ ঠালটোৰ লগত বিয়া-বাৰুতো নহয়েই। তথাপি মূলাৰ বৰ ইচ্ছা নথকা বাবে সকলোৱে তাইৰ বিয়াৰ ওপৰত গুৰুত্ব দিয়া নাছিল। তাতে আহোমৰ নিয়ম মতে ল'ৰাইহে ছোৱালী ধৰিবহি লাগে। ৰজাৰ জীয়েকক নিজৰ ল'ৰালৈ ধৰিবলৈ হ'লে কিছু সাহসো লাগিব। তাতে সম্ভ্ৰান্ত আহোমৰ ঘৰৰ মানুহে সন্মানৰ ভয়তে ঘপ্‌কৈ প্ৰস্তাৱ নিদিয়েহি, যদি ৰজাদেৱে নাকচ কৰেঙ্গ

মূলাৰ ভিতৰত এক আচৰিত পৰিৱৰ্তন লক্ষ্য কৰিছে চেঙে। অৱশ্যে মূলায়ো গম পাইছে যে তাইৰ মনৰ এক পৰিৱৰ্তন হৈছে। সিদিনা ৰংমেলাৰ পৰা অহাৰ

পাছত তাই সকলোৰে চৰ্চাৰ বিষয় হৈ পৰিছে। তাইৰ সাহসক সকলোৱে প্ৰশংসা কৰিছে যদিও মাকে তাইক কিবাকিবি কৈছেও। ছোৱালী মানুহ হৈ এনেদৰে বাঘৰ লগত যুঁজিবলৈ যোৱাটো তাইৰ বাবে ভাল হোৱা নাই। চেঙৰো মনটো বেয়া। কাৰণ মূলা বাঘৰ লগত যুঁজ কৰিবলৈ যাওঁতে তাই মাত্ৰ এচুকত বহি চাইহে আছিল। আচলতে তাই যে মূলাক সহায় কৰিবলৈ যাব লাগে, সেই কথা মনলৈ অহাই নাছিল। মূলাই কিন্তু সেই কথা লৈ একো ভবা নাই। মূলাৰ মনটো বেলেগ এটা বিষয় লৈহে ব্যস্ত হৈ আছে।

বাঘটো মাৰি সকলোৰে প্ৰশংসা লৈ ঘৰলৈ ঘূৰি আহি নিশা শুব পৰা নাছিল মূলাই। এখন মুখে ঘনে ঘনে তাইক আমনি কৰি আছিল। সেইখন মুখ সেই পাহুৱাল ডেকাটোৰ মুখ। পাছদিনা পুৱালৈকে তাই গম পোৱা নাছিল ডেকাটো কোন। সুধেনো কাকঙ্গ ৰাইজে বাঘটো মৰাৰ পাছত ডেকাটোক যেনেদৰে জয়ধ্বনিৰে আদৰিছিল, তাইকো সকলোৱে আদৰিছিল। সেই সময়ত মাত্ৰ ৰাইজৰ মৰম লোৱাৰ উত্তেজনাত দুয়ো ব্যস্ত আছিল। স্বৰ্গদেৱেও মূলাক বুকুত সমুৱাই লৈ মূৰত হাত বুলাইছিল। তাৰপাছত সেই ডেকাটোৱে আহি স্বৰ্গদেউৰ ওচৰত আঁঠু লৈছিল। স্বৰ্গদেৱে নিজৰ হাতৰ আঙঠিটো খুলি ডেকাটোৰ ফালে দলিয়াই দি কৈছিল—

ঃ তই অকল বাঘকে জিনা নাই, মোকো জিনিলি।

মূলালৈ এবাৰ আকৌ দৃষ্টি দি ডেকাটো আঁতৰি গৈছিল। কুঁৱৰীসকলে নিজৰ ভিতৰতে বু-বু-বা-বাকৈ কথা পাতিছিল। মূলাই কিন্তু সুধিব পৰা নাছিল তেওঁ কোন। দুয়োটাৰে দেহ দুটা বাঘৰ তেজেৰে ৰাঙলী হৈ আছিল। মানুহৰ মৰম আৰু সন্মানৰ আনন্দ-উত্তেজনা কমাৰ পাছত তাই লাহে লাহে অনুভৱ কৰিলে তাইৰ মনৰ মাজৰ অন্য এক উত্তেজনা। তাইৰ উগুল-থুগুল মনটোৰ কাৰণে নিশাৰ ভাত সাঁজো চাংমাইশালত খাব নোৱাৰিলে। চুক্লেঙে তাইক এবাৰ সুধিছিলো গা বেয়া নেকি। তাই নহয় বুলি ক'লে।

গোটেই নিশাটো তাই একপ্ৰকাৰ উজাগৰেই কটালে। মাজে মাজে চিলমিলকৈ টোপনি ধৰে। তাই মাত্ৰ ডেকাটোৰ মুখখনকেই দেখে। তাই যেন এক আৱেগত উটি গ'ল। তাই বাৰে বাৰে নিজকে সংযত কৰাৰ চেষ্টা কৰিও বিফল হৈছে। তাই ৰজাৰ জীয়েক। তাই যি কোনো পুৰুষক পতি হিচাপে গ্ৰহণ কৰিব নোৱাৰে।

ডেকাটোৰ সাজ-পোছাক আৰু চুলিয়েই অৱশ্যে কয় যে সি সাতঘৰীয়া আহোমৰ কোনোবা এটা ফৈদৰ। কিন্তু জনা উচিত কোন ফৈদৰ। আহোমৰ সমাজতো বিয়া-বাৰুত বহুত বাধা আছে। তাতে তাই ৰজাৰ জীয়েক। মাজে মাজে তাই ভাবে— তাই যে ডেকাটোৰ বাবে মৰমতে মৰিছে, সি বা কি ভাবিছেঙ্গ সি বা কাক মৰম কৰেঙ্গ সি বাৰু বিবাহিত নেকিঙ্গ তাৰ চকুযুৰিত দেখা বিস্ময় তাই পাহৰিব পৰা নাই। পাহৰিব পৰা নাই তাৰ পাহুৱাল বহল বুকুখনো।

পুৱা ফেঁহুজালিতে উঠিল মূলা। মনটো স্থিৰ কৰিলে। তাই স্বৰ্গদেউৰ কন্যা। সকলোফালে উপযুক্ত কন্যা। বয়সৰ আৱেগত মনটো চঞ্চল হোৱা স্বাভাৱিক। সেই বুলি তাই সম্ভ্ৰান্ত আহোমৰ ঘৰৰ জীয়ৰী হিচাপে সকলোৰে মান ৰক্ষা কৰি কাম কৰা উচিত। তাই পুৱাৰ আকাশখনলৈ চালে। শান্ত আকাশ। এজাক বতাহে তাইৰ দেহ-মন জুৰ কৰি পেলালে। চাৰিওফালে চৰাইৰ কাকলি। ওচৰতে ক'ৰবাত ফুলা বকুলৰ গোন্ধে তাইক উন্মনা কৰি তুলিলে। এনেতে তাই অনুমান কৰিলে যেন কোনোবা তাইৰ কাষত থিয় হৈছেহি। তাই ঘূৰি চাই দেখো যে চেং। চেঙে তাইলৈ তীক্ষ্ণ দৃষ্টিৰে চালে। মূলাৰ জীৱনৰ এটা বৃহৎ অংশ চেঙে যেন আৱৰি আছে। চেঙৰ পৰা তাই একো লুকুৱাব নোৱাৰে। ক'বও নোৱাৰে। চেং তাইৰ সন্মুখত থিয় হ'ল। এটা মিচিকিয়া হাঁহি চেঙৰ মুখত বিৰিঙিল।

ঃ আইদেউ, কি বিচাৰিছা, এই বান্দীক কোৱা। স্বৰ্গদেউৰ জীয়াৰীয়ে বিচৰাটো আনিব নোৱাৰিলে কিহৰ বান্দীঙ্গ

মূলাই চেঙৰ মুখলৈ চালে। গভীৰ প্ৰত্যয়েৰে চালে। চেঙে কি বুজিলে জানোঙ্গ ৰজাৰ নগৰৰ চাৰিসীমাৰ কোটোহা বাঁহৰ বেৰৰ সিপাৰে ওখ জগবোৰলৈ চালে। তাৰপাছত হুমুনিয়াহ এটা কাঢ়ি ক'লে—

ঃ আইদেউ বৰ ভাগ্যৱতী। কাৰোবাক মৰম দিব পৰাটো ভাগ্য।

উচাপ খাই উঠিল মূলা। চেঙলৈ চালে। চেঙে আকৌ ক'লে—

ঃ বেলি লহিয়ালে আজাৰ তলৰ পুখুৰীৰ পাৰলৈ বান্দীয়ে লৈ যাব আইদেউ।

ঃ তই তাৰমানে জান কোন তেওঁ?

ঃ চাও ফ্ৰাচেংমুং। তন্‌খাম বৰগোহাঁই ডাঙৰীয়াৰ ল'ৰা। কালি আইচু দেউতাৰ মুখেৰে শুনা।

বেলি লহিয়াবলৈ ধৰোঁতেই মূলা ওলাই গ'ল চেঙৰ লগত। ৰজাটোলত কোনেও যেন গমকে নাপালে। চেঙৰ লগত মূলা এনেকৈ স্বৰ্গদেউৰ নগৰৰ বাহিৰলৈ যোৱাটো একো ডাঙৰ কথা নহয়।

মূলা আৰু চেং গৈ যেতিয়া আজাৰ তলৰ পুখুৰীটোৰ পাৰ পালেগৈ, তেতিয়া তাত কোনো নাছিল। মূলাই চেঙলৈ চালে। চাৰিওফালে চালে। এনেতে দেখা গ'ল যে দূৰত এটা শুকুলা ঘোঁৰাত উঠি ধীৰ কদমত সেইফালে আহি আছে ধুনীয়া ডেকা এটা।

ডেকাটোক দেখি মূলাৰ সৰ্বশৰীৰৰ মাজেৰে কিবা এটা যেন চাঁতকৈ বৈ গ'ল। তাই তললৈ মূৰ কৰি ৰ'ল। তেতিয়া ডেকাৰ ঘোঁৰাটো তাইৰ কাষতে ৰৈ গৈছিলহি।

ঊনত্ৰিশ

ৰজাৰ ঘৰ উদুলি-মুদুলি। চাৰিওফালে ৰং-ৰহইচ কৰিছে ৰজাঘৰীয়া-প্ৰজাঘৰীয়া সকলোৱে। স্বৰ্গদেউৰ আদৰৰ জী মূলা, তাইক উলিয়াই দিবলৈ মনত দুখ যদিও আনন্দ সকলোৰে।

চাও ফ্ৰাচেংমুং বৰগোহাঁয়ো সাতঘৰীয়া আহোমৰে বৰগোহাঁইৰ ল'ৰা। তেওঁলোকৰ পৰিয়ালটো পূৰ্বপুৰুষ চাও চুকাফা স্বৰ্গদেউৰ লগতে অহা। ফ্ৰাচেংমুঙৰ পুথাও স্বৰ্গদেউৰ মন্ত্ৰী আছিল। গতিকে সিদিনাৰ ঘটনাটোৰ পাছত ৰজাঘৰীয়া সকলোৰে চকুত মূলা গাভৰুৰ উপযুক্ত দৰা হিচাপে তেওঁ বিবেচিত হ'ল। কিন্তু কথা হ'ল আহোমৰ মতে দৰাবোৰেহে ছোৱালী বিচাৰিব লাগে।

ইফালে তন্‌খাম বৰগোহাঁয়ো বৈ থকা নাছিল। মূলা গাভৰু যে বোৱাই-কটাই, ৰোৱা-তোলাই বেছ ভাল, তাক তেওঁ জানিছিল। তেওঁৰ পুত্ৰও সকলোফালে উপযুক্ত। তাতে বংশাৱলী মতে স্বৰ্গদেউ তেওঁলোকৰ একে ফৈদৰো নহয়। কিন্তু কথা হ'ল ৰজাঘৰৰ কথা-কাণ্ড বেলেগ। হঠাৎ যদি ৰজাই ছোৱালী নিদিওঁ বুলি কয়, এইটো এটা ডাঙৰ অপমানৰ কথা হ'ব। গতিকে তেওঁ বিশ্বাসী মানুহৰ হতুৱাই আলেঙে আলেঙে খবৰ লোৱালে। ৰজাঘৰতো বোলে ফ্ৰাচেংমুঙৰ কথা উপযুক্ত দৰা হিচাপে বিবেচিত হৈছে। মাত্ৰ আগতে আগবাঢ়িব নোৱাৰা বাবেহে বৈ আছে। স্বৰ্গদেউ আৰু কুঁৱৰীসকলে বোলে আলোচনা কৰাৰ লগতে গাভৰুৰ মনো জুখিছে। ভিতৰুৱা কথা জানিব পাৰি বৰ আনন্দ পালে ফ্ৰাচেংমুঙৰ ঘৰে।

ফাগুনৰ কেইদিনমান যোৱাত তন্‌খাম বৰগোহাঁয়ে সাধনী ভাৰ এখন লৈ, লগত কেইবাজনো বংশৰ মানুহৰ সৈতে ৰজাঘৰ ওলালগৈ। স্বৰ্গদেৱে আথে-বেথে চাঙত তুলিলেগৈ। সাধনী ভাৰত চাউল-পাত, জা-জলপান, হাঁহ-পাৰ, তামোল-পাণৰ শৰাই ইত্যাদি লৈ যোৱা হৈছিল। স্বৰ্গদেৱে ভাৰখন গ্ৰহণ কৰি, অহাৰ উদ্দেশ্য জানিবলৈ বিচাৰিলে। তন্‌খামে স্বৰ্গদেউক তেওঁৰ বৰপুত্ৰ ফ্ৰাচেংমুঙৰ

বাবে স্বৰ্গদেউৰ জীয়াৰী মূলা গাভৰুক খোজা-বঢ়া কৰিবলৈ অহাৰ উদ্দেশ্য জনালে। স্বৰ্গদেৱে কুঁৱৰীসকলৰ সৈতে আলোচনা কৰি সন্মতি প্ৰদান কৰিলে। তাৰপাছত সকলোৱে আনন্দ মনেৰে জা-জলপান খাই, সেইদিনালৈ বিদায় ল'লে। তাৰ কেইদিনমানৰ পাছত স্বৰ্গদেউৰ আদেশতে মূলাৰ ককায়েক চুৰেং ডেকাৰজা আৰু জনদিয়েক বুঢ়া-মেথাক লৈ দৰাঘৰত ঘৰ চাৱনি খাবলৈ গ'ল। দৰাঘৰ চাই তেওঁলোকে তাত ভোজ-ভাত খালে আৰু আনন্দ মনেৰে ঘূৰি আহি স্বৰ্গদেউক জনালে। এইদৰেই ঘৰ চাৱনি খোৱা পৰ্বও শেষ হ'ল। স্বৰ্গদেৱে দেওধাইৰ হতুৱাই চোৱা-চিতা কৰি দিন ঠিক কৰিলে।

বিয়ালৈ চাৰি দিন থাকোতে স্বৰ্গদেৱে ন পুৰুষৰ চাউল খুওৱাৰ ব্যৱস্থা কৰিলে। তেনেদৰে দৰাঘৰতো এই নিয়ম পালন কৰা হ'ল। দুয়োঘৰতে জ্ঞাতি-কুটুম্ব ভৰি পৰিল। দুয়োঘৰৰ ন পুৰুষৰ চাউল খুওৱা ভোজত ন পুৰুষক স্মৰণ কৰি মাছ-মাংস আৰু লুকলাও আদিৰে সকলোকে ভোজ দিয়া হ'ল। বিয়ালৈ দুদিন থাকোঁতে ৰিকখান পালন কৰা হ'ল। আচলতে জলাধিপতি খাওখাম দেৱতাক পূজা দি, মন্ত্ৰ পাঠ কৰি, খন বা আয়ুস তোলে। দৰা-কইনা দুয়োঘৰতে তিনিজনকৈ দেওধায়ে এই উৎসৱত ভাগ ল'লে। তিনিজন পুৰোহিতে তিনিখনকৈ জাকৈ লৈ পুখুৰী আৰু বিললৈ লগত মানুহ লৈ গৈ তামোল-পাণ, হাঁহকণী, নিমখ, আদা আৰু মিঠাতেল সনা আৱৈ চাউলৰ প্ৰসাদ আৰু তুলসী ফুলেৰে সৈতে খাওখাম দেৱতালৈ পূজা আগবঢ়ালে। পুৰোহিতে মন্ত্ৰ পঢ়িলে—

ঃ হে উপৰিপুৰুষ জলপিতৃ, জলমাতা, উপৰি পিতৃ খাওখাম দেৱতা, তোমাৰ সেৱাভাগি ধৰা হৈছে আৰু দৰা-কন্যাৰ বাবে পৰমায়ুস বিচাৰি অহা হৈছে। তুমি আশীৰ্বাদ দি দৰা-কন্যাক দীৰ্ঘায়ু কৰিবা।

এইদৰে মন্ত্ৰ কৈ পুৰোহিতে জাকৈ মাৰিলে। পুৰোহিতৰ জাকৈত মাছ-পুঠি উঠিল। দৰাঘৰৰ ফালেও আৰু কন্যাঘৰৰ ফালেও পুৰোহিতে পাছদিনা দোকমোকালিতে এই মাছেৰে আঞ্জা ৰান্ধি দৰাঘৰৰ পুৰোহিতে দৰাক আৰু কন্যাঘৰৰ পুৰোহিতে কন্যাক নামমাত্ৰ মুখত দিয়ালে। তাৰপাছত চাৰিখন মেহেঙো স্থাপন কৰি দুয়োঘৰে বেলেগে বেলেগে লেংদন, লাংকুৰি, জাছিংফা আৰু লাৰেঙক দেৱতাৰ উদ্দেশ্যে উছৰ্গা কৰিলে। দুয়োঘৰৰ পুৰোহিতে মন্ত্ৰ মাতি দৰা-কন্যাৰ লগতে সেই গাঁওখন, ৰজাৰ নগৰ, ৰাজ্য আৰু ৰজাৰ আয়ুস তুলিলে।

সকলো শেষ হোৱাৰ পাছত লেংদনৰ বাবে এটা বগা পাখিৰ কুকুৰা, লাংকুৰিৰ বাবে এটা ৰঙা পাখিৰ কুকুৰা আৰু পূৰ্বপুৰুষৰ বাবে এটা পখৰা কুকুৰা উছৰ্গা কৰি, তাক মাৰি মেহেঙাত উছৰ্গা কৰা বস্তুৰ সৈতে ৰান্ধি দৰাঘৰত দৰাৰ সৈতে আৰু কন্যাঘৰত কন্যাৰ সৈতে সকলোৱে ভোজন কৰিলে।

বিয়াৰ আগদিনা দৰা আৰু কন্যা দুয়োঘৰতে দেওবান কৰা হ'ল। আহোমৰ ইষ্ট গুৰু লাংকুৰি জানছাইহুম্, লোৰেং আৰু জাছিংফা এইসকলক তামোল-পাণৰ শৰাই দি আৰাধনা কৰিলে। পুৰোহিতে ঘৰৰ মৃতকসকলক এখন, গোপিনীসকলক এখন আৰু ভকতসকলক এখনকৈ তামোল-পাণৰ লগতে চিংকৰা ফুলেৰে শৰাই আগবঢ়ালে। এইদৰে দৰা-কইনাৰ জীৱন সুখৰ হ'বলৈ আশীৰ্বাদ বিচৰা হ'ল।

টেকেলিৰ দিনা পুৱাৰ ভাগতেই দৰাঘৰৰ পৰা টেকেলি দিবলৈ আহিল। দৰাৰ মাকে লগত অন্য মানুহ লৈ আহিল। দৰাৰ দেউতাক আৰু অন্য অতিথিসকলো আহিল। কন্যা ঘৰৰ চোতালত ৰভা দি মৰল সাজি থোৱা হৈছিল। বাৰটা কলপুলিৰে সৈতে সজা মৰলৰ মুখত দৰাঘৰৰ মানুহে জোৰোণ থ'লে। স্বৰ্গদেৱে নিজে বাকীসকলক লৈ দৰাপক্ষক আদৰিলে। সেইদিনা যেন স্বৰ্গদেউ দেশৰ ৰজা নহয়, মূলাৰ পিতৃহে মাথোন। জোৰোণৰ বাবে সাত যোৰ কাপোৰ সহিত সোণৰ খাৰু এযোৰ, কৰ্ণবালা এযোৰ, বাখৰ পতোৱা বিৰি দুধাৰ, ডিঙিৰ ছেও দুধাৰ, হাতৰ ছেও দুধাৰ, বাখৰাই আঙঠি পাঁচটা, উজন্টি ছটা, ভৰিৰ ছেও দুধাৰ, লগত তেল-সেন্দূৰ দি ডাঙৰ ডাঙৰ খৰাহিত লৈ ৰাখিলেহি।

এটা সময়ত মূলাক মাকে উলিয়াই আনিলে। পাটৰ সাজেৰে অপূৰ্ব দেখা গৈছিল মূলাক। সোণৰ অলংকাৰ আৰু কাপোৰ পিন্ধাই শিৰত ফ্ৰাচেংমুঙৰ মাকে সেন্দূৰ দিলে। কন্যাৰ মাক কুঁৱৰীক দৰাৰ মাকে এসাজ কাপোৰ দিলে। এটা সময়ত জোৰোণ দি, খাই-বৈ, দৰাঘৰৰ মানুহ হাতীয়ে-দোলাই উভতিল।

দুয়ো ঘৰতে আনন্দত মানুহে ৰং-ৰহইচ কৰিছে। ৰজাঘৰীয়া বিয়াত চাৰিওফালে ঢোলে-দগৰে সকলোৱে আনন্দ কৰি আছে। ৰাজ বিষয়াসকলে ভাগে ভাগে ওজা-ঢুলীয়া আনিছে। বিহু গোৱাই বিহু গাইছে। ইফালে বৰগোহাঁইৰ ঘৰতো মানুহেৰে গিজগিজাই আছে।

ঢুলীয়া-কালীয়া লৈ, দুয়োঘৰৰ পৰা দৰা-কন্যাৰ মাকে গৈ দুণৰি লৈ পানী

তুলি আনিছে। তুলি অনা পানীৰে দুয়োঘৰতে দৰা-কন্যাক গা ধুওৱাৰ পাছত নতুন বস্ত্র পৰিধান কৰি, হাতত কাচি একোখন লৈ, পাছ হুঁহকি ঈশ্বৰৰ নাম লৈ মাটিত তিনিটা আঁক মাৰিছে আৰু কৈছে—

ঃ আজিৰ পৰা এই আঁক পাৰ হৈ কোনো আপদ-বিপদ মোৰ গালৈ নাহিবা।

দৰা-কন্যা দুয়োঘৰতে গাভৰুসকলে ৰাতি গাঁটিয়ন পাতিছে। গাঁটিয়ন গছৰ শিপা আগৰ পৰা খুন্দি গুড়ি কৰি ৰখা হৈছিল। তাৰে দৰা আৰু কন্যাক দুয়োঘৰতে ফোট দি, গাভৰুবোৰে আঁৰ কাপোৰেৰে বেৰি গাঁঠিয়ন নাম গাই ৰং কৰাত লাগিল।

বিয়াৰ দিনা পুৱাৰে পৰাই ৰজাঘৰত মানুহে বিৰ দি সন্ধি পাবলৈ নাইকিয়া হৈ আছিল। বিষয়াৰ পৰা পাইকলৈ সকলোৱে পাৰ্য মানে স্বৰ্গদেউৰ আদেশলৈ বাট নাচাই ৰাইজক খুৱাইছে-বুৱাইছে। কোনোৱে দৰা ঘৰৰ বাবে আছুতীয়াকৈ ৰখা ৰভাঘৰত দৰাঘৰীয়াৰ বাবে যোগাৰ-যতন কৰাত ব্যস্ত হৈ আছে। স্বৰ্গদেউৰ লগতে কুঁৱৰীসকলো ব্যস্ত বিয়াক লৈ। কিন্তু সেইদিনাও বৰচ'ৰা বহিছে, কাৰণ বৰচ'ৰা কোনোদিনেই খালী হ'ব নোৱাৰে। বৰচ'ৰালৈ স্বৰ্গদেউ নাহিলেও ন্যায় সোধা ফুকনে বহি লৈ কিবা বিচাৰ থাকিলে সোধে। স্বৰ্গদেউৰ অবিহনে মন্ত্রীসকল বহিয়েই দুই-এক পৰামৰ্শ কৰে। স্বৰ্গদেউ নগৰৰ বাহিৰত থাকিলে বা যুদ্ধলৈ গ'লে ৰাজচ'ৰা নবহে যদিও বৰচ'ৰা খালী হৈ নাথাকে।

দৰাঘৰতো কাৰো গাত থৰ-কাছুটি নাই। হাতী, ঘোঁৰা, দোলা— সকলো সাজু হৈ আছে দৰা যাবলৈ। কন্যা ঘৰৰ পৰা দিয়া সাজ পিন্ধি সন্ধিয়াৰ আগতে দৰা সাজু হ'ল। তাৰ আগতেই পানী তুলি দৰাক গা ধুওৱা হৈছিল। দৰাৰ মাকে দৰাৰ লগত কইনা আনিবলৈ যোৱাৰ নিয়ম নাই। দেউতাক বা অন্য গুৰুস্থানীয় লোক যাব পাৰে। ফ্রাচেংমুং বৰগোহাঁয়ে জ্ঞাতি-কুটুম্বক লৈ হাতীত উঠি কইনাৰ ঘৰ পালেগৈ। ৰজাঘৰত সাত জাঁই হিলৈ মাৰি বৰক আদৰণি জনালে।

হাতত দুণৰি লৈ কইনাৰ মাকে সুৱাগুৰি তুলিলে। এই সুৱাগুৰি তোলাক সৌভাগ্য বোটলা বুলিও কয়। কলৰ তলতে দৰাক মাকে আদৰিলে। তাৰপাছত দৰাঘৰীয়া কইনাৰ ঘৰত সোমাল।

চকলং কৰাৰ বাবে ইতিমধ্যে এশ এগছ চাকি সজাই ৰখা হৈছে। চাকি সজোৱা বেদীখন আঠকোণীয়া। আঠটা কলপুলি আঠ কোণত দিয়া হৈছে। এখন শৰাইত কলপাত পাৰি, নালত সোণ খটোৱা হেংদাং এখন সজাই থোৱা হৈছে। এখন

শৰাইত চিংকৰা ফুল, চাউল, তিল, আখৈ, মাটিকলাই আদি সজাই থোৱা হৈছে। দৰাক আদৰি আনি চকলং বেদীৰ মুখত বহুওৱাৰ পাছত কইনা মূলাক আনি দৰাৰ বাঁওফালে বহিবলৈ দিয়া হ'ল। মূল ম'লুংজনে লগৰ দুজনমানক লৈ চাকিবোৰ জ্বলোৱাৰ লগতে চাৰিওফালে সুগন্ধি কাঠ জ্বলাই সুগন্ধ বিয়পাই দিয়া হ'ল। স্বৰ্গদেউ আহি কন্যা প্ৰদান কৰিবলৈ দুয়োৰে মাজত বহিল।

চকলং আৰম্ভ কৰাৰ আগতে দৰাঘৰৰ মানুহে কইনাঘৰীয়া ৰাইজ, ভকত, কইনাৰ মাক-দেউতাক আৰু কইনাঘৰৰ নামতীক তামোল-পাণৰ শৰাই আগবঢ়ালে। তাৰপাছত দৰা-কইনা দুয়োঘৰৰ পৰা দুখন মাননি শৰাই ম'লুঙলৈ আগবঢ়াল। ম'লুংজনে টাই ভাষাৰে ক'লে—

ঃ হে পৰমেশ্বৰ, আমাৰ বিবাহ কাৰ্যত মঙ্গল কৰক।

ইয়াৰ পাছতে কইনাঘৰৰ আয়তীসকলে নাম গাবলৈ আৰম্ভ কৰিলে। সকলোৰে আগত চেং। স্বৰ্গদেৱে বস্ত্ৰ আৰু অলংকাৰ লৈ দৰাক বৰণ কৰি আঙঠি পিন্ধালে। ফ্ৰাচেংমুঙৰ বাঁওহাতৰ বুঢ়া আঙুলিত আৰু মূলাৰ সোঁহাতৰ কেঞা আঙুলিত ধৰি টাই ভাষাৰে মন্ত্ৰ মাতিলে—

ঃ মোৰ জীক আজি পৰমেশ্বৰৰ আগত ৰাখি তোমাক দান কৰিলোঁ। তুমি সদায় মৰমেৰে ৰাখিবা।

লগে লগে ফ্ৰাচেংমুঙে ক'লে—

ঃ মই আপোনাৰ দান সাদৰেৰে গ্ৰহণ কৰিলো। আপোনাৰ জীক সাদৰেৰে ৰাখিম।

ম'লুঙৰ নিৰ্দেশত মূলাই এশ এটা ফুলেৰে গাঁথি থোৱা মালাডাল ফ্ৰাচেংমুঙৰ ডিঙিত পিন্ধালে। তেৱোঁ এডাল মালা মূলাৰ ডিঙিত পিন্ধালে। চাৰি চকুৰ আকৌ মিলন হ'ল। বাকীসকলে ফুল ছটিয়াই উৰুলি দিলে। দৰা-কইনাক ম'লুঙে লগ্ন গাঁথি পিন্ধালে। দুয়ো ফ্ৰাক সেৱা কৰিলে। ভকতসকলে আশীৰ্বাদ কৰিলে। ম'লুঙৰ লগে লগে দৰা-কইনাই মাতি গ'ল—

ঃ হে পৰমেশ্বৰ, হে লেংদন, তুমি সকলোতকৈ শ্ৰেষ্ঠ। তুমি বৰ পৱিত্ৰ। তোমাক স্মৰণ কৰিলে সকলো পৱিত্ৰ হয়। তুমি সকলোৰে গৰাকী আৰু দাতা। তুমি সকলোৰে প্ৰাণৰো প্ৰাণ। তুমি আনন্দ স্বৰূপ আৰু মঙ্গলময়। আমাক সকলো

শোক-তাপৰ পৰা আঁতৰাই ৰাখিবা। আমাৰ সকলো অভাৱ দূৰ কৰিবা। আমি যি কৰ্ম কৰোঁ— সকলো যেন মঙ্গলময় হয়। আমাক এনে ক্ষমতা দিয়া, যাতে আমি সত্যৰ পথত মন আৰু বুদ্ধি লৈ থাকিব পাৰোঁ। হে মংগলময়, হে জগত পিতা, আমাক সুমতি দি থাকিবা, যাতে আমাৰ মাজত বিবাদ নঘটে। হে পৰম পুৰুষ, আমাৰ দুয়োৰে মিলন যেন মংগলময় হয়। হে মংগলময়, আমাৰ গাৰ্হস্থ্য জীৱন যেন সুখৰ হয়। দৰা-কইনাই সেৱা কৰাত সকলোৱে আশীৰ্বাদ দিলে। এইবাৰ মূলাই ম'লুঙৰ নিৰ্দেশত হাতেৰে শৰাইৰ পৰা হেংদাং লৈ ফ্ৰাচেংমুৰ ফালে আগবঢ়াই দি ক'লে—

ঃ এই হেংদাঙেৰে নিজৰ দেশ, জাতি, পুত্ৰ-পৰিবাৰ, ধন, ঐশ্বৰ্য ৰক্ষা কৰিবলৈ সমৰ্থ হওক।

ফ্ৰাচেংমুঙে ক'লে—

ঃ এই হেংদাং হাতত লৈ প্ৰজ্বলিত মৰল, ধৰ্ম আৰু আপোনালোক সকলোকে সাক্ষী কৰি মই নিজ দেশ, জাতি, ধৰ্ম, পুত্ৰ-পৰিবাৰ, ঐশ্বৰ্যকে আদি কৰি সকলো ৰক্ষা কৰিবলৈ প্ৰতিজ্ঞা কৰিলোঁ।

তাৰপাছত মূলাই কৱচ কাপোৰ এযোৰা ফ্ৰাচেংমুঙৰ হাতত দি ক'লে—

ঃ হে বঙহৰদেউ, এই বস্ত্ৰ অক্ষয় কৱচ স্বৰূপে পৰিধান কৰি আপুনি অজেয় হওক।

ঃ এই কৱচ কাপোৰ টঙালি বান্ধি শত্ৰুক জিনিবলৈ প্ৰতিজ্ঞা কৰিলোঁ।

তাৰপাছত দৰা-কইনাৰ আগত প্ৰাচীন বুৰঞ্জী জনা বুঢ়া এজনে সাত পুৰুষৰ কীৰ্তি-কলাপ বখানিলে আৰু সাত-আঠটামান কড়ি পাটৰ কানিৰে বান্ধি দৰাৰ কাণৰ কাষত বজাই ক'লে—

ঃ আমাৰ মূলা আইদেউক তোমালৈ স্বৰ্গদেৱে ঘৈণী কৰি দিছে। আইদেউক নেৰিবা, আপোনাৰ প্ৰাণতকৈ আপোন জানিবা। তেওঁৰ কথা নেপেলাবা। আইদেউৰ দুখ-মৰম ইয়াকো জানিবা।

তাৰপাছত মূলালৈ চাই মূলাৰ কাণৰ কাষত কড়িৰ টোপোলা বজাই ক'লে—

ঃ আইদেউ, তন্‌খাম বৰগোহাঁইৰ পুতেক, চাওখাম বৰগোহাঁইৰ নাতিয়েক,

চাও ফ্ৰাচেংমুং বৰগোহাঁইলৈ তোমাক স্বৰ্গদেৱে দিছে। তুমি তেওঁক গিৰিহঁত বুলি মানিবা। আপোন শৰীৰতকৈ তেওঁক অধিক আদৰ কৰিবা। অসূয়া-অপ্ৰীতি নকৰিবা।

তাৰপাছত দুয়ো সেৱা কৰিলে। দেওধায়ে দেও মাতি আশীৰ্বাদ দিলে। তাৰপাছত দৰা-কইনাই আঙঠি সলালে, কড়ি খেলিলে আৰু কটাৰী সলালে। লগৰ সমনীয়াই ধেমালি কৰিলে। এটা সময়ত মূলাক লৈ পুৰতি নিশা ফ্ৰাচেংমুং ঘৰলৈ উভতিল।

ত্ৰিশ

সকলোবোৰ সপোন যেন লাগে কনচেং বৰপাত্ৰ গোহাঁইৰ। সৌ সিদিনালৈকে তেওঁ আছিল নগা পাহাৰত। নগাৰ মনত দেও সঁচ মানুহ। নিজৰ সাহস, বীৰত্ব আৰু বুদ্ধিৰে তেওঁ নগাবোৰৰ মাজত বৰ বোলাই আছিল; কিন্তু আহোমৰ ৰাজ্যত এটা নগাৰ বাহিৰে অন্য একো পৰিচয় নাছিল। কিন্তু আজি তেওঁ শক্তিশালী অসম ৰাজ্যৰ প্ৰথম বৰপাত্ৰ গোহাঁই। তিনিজনা ক্ষমতাশালী মন্ত্ৰীৰ ভিতৰৰ এজন। এই তিনিজন ডাঙৰীয়াৰ মত মিলিলে ৰজায়ো ৰাজপাট এৰিব লাগিব। গতিকে তেওঁ সপোন বুলি নাভাবিব কিয়? হয়তো নিয়তিয়ে নকৰা হ'লে মাকৰো মৃত্যু নহ'লহেঁতেন বা ৰজাই নগা পাহাৰলৈ নিৰ্বাসন নিদিলেহেঁতেন। তথাপি এটা সান্ত্বনা যে এইজনা স্বৰ্গদেৱে তাক বঙহৰ মঙহ বুলি তুলি ল'লে। এতিয়া সি ৰজাদেৱৰ পাছতে ক্ষমতাশালী ৰাজমন্ত্ৰী। কিন্তু সি সৰুৰে পৰা যি অৱস্থাৰ মাজেৰে কটাইছে, জীৱনটো যেনেদৰে পাৰ কৰিছে, এই অৱস্থাতো সেইটো পাহৰা নাই। এতিয়া সি ঘৰৰ পৰা ক'ৰবালৈ ওলাই গ'লে আগৰ বিলতীয়াই গায়ন গাই যায়, কালীয়াই কালি মাৰি যায়। ৰঙা চুলিৰে বৰচি আৰু ৰঙা চুলি লগা দাৰে লগত পালি যায়। ঘোঁৰাত বা হাতীত গ'লে সিবোৰক বানত সীয়া জৰীৰে সজায় আৰু ঠেঙত নেপূৰ পিন্ধায়। ঘোঁৰাৰ বা হাতীৰ ওপৰত হালধীয়া পাটৰ কাপোৰৰ তলচা পাৰে। তেওঁলোকৰ আগে আগে ছেও দিয়া দোলাও লৈ যোৱা হয়। স্বৰ্গদেউক বাটত দেখা পালে কেপকৰা তলচাৰ নুৰাতে ডাঙৰীয়াসকলে উঠি দেখা দিয়ে। মেলডঙীয়া ৰজা হ'লে দোলাত থাকি বাট এৰি দিয়ে। কিন্তু বাকী ফুকন-ৰাজখোৱাসকলে লগ পালে দোলা বা চাঙিৰ পৰা নামি দেখা দিয়ে আৰু চাঙি লুকুৱাই থয়। কনচেঙৰ এইবোৰ কথাই কিবা সপোনত দেখা যেন ভাব হয়। তাৰ দৰে এটা মানুহক ইমান সন্মান কৰেঙ্গ

স্বৰ্গদেউৰ আদেশত তাৰ হাউলী সম্পূৰ্ণ কৰি, ধনে-ধানে, লগুৱা-লিকচৌৰে সম্পূৰ্ণ কৰি দিয়া হ'ল। তাক দিয়া সা-সম্পত্তি আৰু মানুহ চলাবলৈ বৰা-শইকীয়া

সম্পূৰ্ণ কৰি দিয়া হ'ল। ঘৰখন ৰূপহীয়ে অলপ দিনতে যতনাই পেলালে। কিন্তু সেই ৰূপহীও গ'লগৈ। আচৰিত লাগিল তাৰ। বেয়াও লাগিল ৰূপহী যোৱাত। তাৰ লগত ৰূপহীয়ে নগা-চাঙৰ পৰা অহাৰ পাছত তাই ঘৰখন থান-থিত লগাই পেলাইছিল; কিন্তু হঠাৎ তাইৰ উলাহ নাইকিয়া হ'ল। বৰপাত্ৰ গোহাঁই যেতিয়া তাইক বিয়া দিয়াৰ বাবে কোনোবা বৰুৱা বা শইকীয়া এটা যোগাৰ হ'লহেঁতেন। কিন্তু ৰূপহীয়ে এইবোৰলৈ মনকে নেমেলিলে। তাইৰ মন আছিল নগা-চাঙত। কাৰংমাক তাই পাহৰিব পৰা নাছিল। পাহৰিব পৰা নাছিল কাৰংমাৰ লগত কটোৱা দিনবোৰৰ কথা। অৱশেষত এদিন তাই কনচেঙৰ আগত মনৰ কথা ক'লে। তাই নগা পৰ্বতলৈ যাব। কাৰংমাৰ কাষলৈ যাব। কনচেঙে বুজালে তাই যদি তালৈ যায়, আকৌ কোনদিনা মিজিয়ে ধৰি নিয়ে কি ঠিক। সদায় বা কাৰংমাই তাইক মৰম কৰে নে নকৰে। বুঢ়া বয়সত চাবলৈও ল'ৰা-ছোৱালী এটা লাগে। তাৰ বাহিৰেও নগাৰ মাজত থাকি তাই জানো সুখ পাবঙ্গ কিন্তু তাই নামানিলে। তাই তাৰ কাৰণে বহুত কৰিলে। এতিয়া তাইক সুখ দিম বুলি ভাবিছিল, কিন্তু এই সুখ তাইক নালাগে। উপায় নাপাই এদিন পাইক কেইটামান দি, তাইক নগা পাহাৰত কাৰংমাৰ কাষত থোৱাই দিলে।

লাহে লাহে ৰাজসভাৰ নীতি-নিয়মবোৰ শিকিছে সি। ৰজাৰ টোলত সোমোৱাৰ আগতে টাঙোনধৰা, দোলা— সকলো থৈ টোলত সোমাব লাগে। বৰচ'ৰালৈ যোৱাৰ আগতে জখলামুখতে ভৰি ধুই সোমাব লাগে। গুপুত মন্ত্ৰণা থাকিলে স্বৰ্গদেউৰ ঘৰৰ ভিতৰলৈ যাব লাগে। তালৈ অন্য কোনো সেই সময়ত যাব নোৱাৰে। তাৰ মাজে মাজে আচৰিত লাগে। এই স্বৰ্গদেউৰ ওপৰতে সি খং কৰিছিল। আগৰজনা স্বৰ্গদেউৰ ওপৰত খং কৰিয়েই আহোম ৰাজ্য আক্ৰমণ কৰাৰ কথা ভাবিছিল। সি একেবাৰে ধ্বংস হৈ গ'লহেঁতেন। কি শৃংখলাবদ্ধ এই ৰাজ্য। সকলো নিজৰ নিজৰ কামত ব্যস্ত। স্বৰ্গদেউৰ টোলতে যিমান কাঁড়ী, পাইক, চাউদাং, টাঙোনধৰা আছে, কাৰংমাৰ গোটেই ফৈদটোতে নাই। সি আচৰিত হৈছিল স্বৰ্গদেউৰ ৰাজধানী দেখি। ৰাজধানীৰ উত্তৰ ফালে ৰজাৰ নগৰ। ইয়াৰ চাৰিওফালে গড়। গড়ৰ ওপৰত কোটোহা বাঁহৰ গছ। এই নগৰত প্ৰৱেশ কৰিবলৈ তিনিখন দুৱাৰ। দক্ষিণৰখন বৰদুৱাৰ, পূবৰখন পানীদুৱাৰ, পশ্চিমৰখনক ন-দুৱাৰ বোলে। বৰদুৱাৰ পাৰ হ'লে মানুহৰ ঘৰ পায়। পাইক, টেকেলা, বৰা প্ৰভৃতি ইয়াতে থাকে। ৰজাৰ বৰচ'ৰাৰ সন্মুখতে এটা বাটচ'ৰা। বাটচ'ৰাত সোমাই বৰচ'ৰা পায়।

ইয়াৰ চাৰিওফালে খালী ঠাই। তাক খোলা বোলে। এই খোলাৰ কাষতে ফুকন-বৰুৱা ৰাতি নগৰত থকাসকলৰ বহা। বাটচ'ৰালৈ যোৱাৰ আগতে যিসকল বিষয়াই ভৰি ধোৱে, সেইসকলৰো বহা ইয়াতে। এইবোৰক পানী চোৰা ঘৰ বোলে।

বৰচ'ৰাৰ ভেটি বৰ ওখ। কিছু দূৰত ৰজাৰ টোল। ইয়াৰো চাৰিওফালে প্ৰাচীৰ। টোললৈ প্ৰৱেশ কৰা তিনিখন দুৱাৰ। প্ৰথমখন দৰিকা দুৱাৰ। ইয়াক পাৰ হৈ দোলাকাষৰীয়া চ'ৰা। ইয়াত দোলাকাষৰীয়া প্ৰহৰীৰূপে থাকে, লগতে তেওঁলোকৰ ওজা। বৰদুৱাৰৰ ওজা কুকুৰাচোৱা বৰুৱা। তেওঁৰ কথাত সময়ে সময়ে দবা কোবাই সময়ৰ জাননী দিয়ে। গড়ৰ ভিতৰত উজনি আৰু নামনিত দুখন দুৱাৰ। ইয়াক চাউদাঙৰ দুৱাৰ বোলে। ৰজাৰ চাউদাং ইয়াত থাকে। এইখনেৰে গ'লে কুঁৱৰীসকলৰ টোল পায়। এইখন দুৱাৰেৰে বৰুৱা, ফুকনৰ ঘৈণীসকল টোলৰ ভিতৰলৈ যায়। নামনিখনেৰে গ'লে গোসাঁই-ঘৰ পায়। ৰজাৰ গুৰুকেইজনা এইফালেৰে যায়। চাউদাঙে এই দুয়োখন দুৱাৰ ৰক্ষা কৰে। চ'ৰাঘৰৰ পাছতেই বৰ বাটঘৰ। বৰ বাটঘৰৰ পাছতেই জখলামুখ। গোসাঁই-ঘৰ, কুঁৱৰীসকলৰ ঘৰ আৰু চাংমাইশাল চাংঘৰ নহয়। বাকী ৰজাৰ শোৱা, বহা, আমোদ-প্ৰমোদ কৰা, মৰং ঘৰহে চাংঘৰ। ৰজাৰ ৰাজভঁৰাল আৰু বেজঘৰো চাংঘৰ। ৰজাৰ লিগিৰা, লিগিৰী, কুঁৱৰীৰ লিগিৰীসকলো টোলৰ ভিতৰতে থাকে। চাংমাই, বেজ, গোসাঁইঘৰীয়া, জৰাধৰা, মৰংচোৱাসকলো টোলৰ বাহিৰত থাকে। অতি বিশ্বাসী লগুৱাৰ বাহিৰে বাকী পুৰুষ ৰাতি টোলত নাথাকে। ৰজাৰ চাঙত থকা বৰঘৰত গোপন মেল বহে। এদিনহে মাত্ৰ কনচেং বৰপাত্ৰ গোহাঁই তালৈ গৈছে।

বৰবৰুৱাক, ফুকন-ৰাজখোৱাৰ পৰা ঘোটকীয়া বৰুৱাকে আদি কৰি কটকী, বৈৰাগী— সকলোৰে কামৰ ভাগ কৰি দিয়া থাকে। সেইমতে সকলোৰে কাম সকলোৱে কৰে। নগাবোৰৰ দৰে ইয়াতো সৈন্যদল নাই, কাঁড়ী পাইকে অন্য কাম কৰাৰ লগতে যুদ্ধও কৰে। অৱশ্যে তেওঁলোকক শিকাই-বুজাই পাৰ্গত কৰি ৰখাৰ বাবে বিষয়া আছে। যুদ্ধৰ সময়ত বোলে আখৰাও হয়। ৰজাই বঁটা-বাহনো দিয়ে। এটা কথা কনচেঙে বুজিছে যে যুদ্ধ হ'লে তেওঁ আগৰণুৱা হ'ব লাগিব।

খাৰঘৰীয়া ফুকন তেওঁৰ ওচৰলৈ আহিছিল। তেওঁ চিনাকি দিছিল 'পু-থাও' বুলি। বহুত সময় পুথাওক চাই ৰৈ আছিল কনচেঙে। তাৰ বুকুত কিবা এটাই খুন্দা মাৰি ধৰিছিল। তেওঁৰো চকুৰে চকুপানী বৈ আহিছিল। নিজ জীয়াৰীৰ সন্তান কনচেং। অভিমানো হৈছিল কনচেঙৰ। এবাৰো যে নগা-চাঙত তেওঁৰ

বিচাৰ-খোঁচাৰ কৰা নাছিল ককাকে। মাত্ৰ এতিয়া বৰপাত্ৰ হোৱাৰ সময়ত দৌৰি আহিছে। তাৰ মনৰ ভাব বুজিছিল ফুকনে। কঁপা কঁপা মাতেৰে কৈছিল তাক— ৰজাৰ ৰোষত পৰাৰ ভয়ত নাতিয়েকৰ খবৰ লোৱা নাছিল। কিন্তু তেওঁৰ জীয়াৰীক কৰা অন্যায়ৰ বাবে ঠিক প্ৰতিশোধ লৈছিল তেওঁ। আচৰিত হৈছিল কনচেং। ঘুনুক-ঘানাককৈ শুনা কথা তেন্তে সত্য। পিতৃক হত্যা কৰাৰ মূলতে তেন্তে তেওঁৰ পুথাও খাৰঘৰীয়া ফুকন ? হঠাৎ কনচেঙৰ মনটো কিবা লাগি গ'ল। যিমান হ'লেও তেওঁৰ পিতৃ আছিল গ'লজনা স্বৰ্গদেউ। তেওঁৰ বীৰ্যত জন্ম লোৱা বাবেই আজি তেওঁ বৰপাত্ৰ গোহাঁই। সকলো মনৰ পৰা জাৰি-জোকাৰি সাবটি ধৰিছিল খাৰঘৰীয়া ফুকনক। খাৰঘৰীয়া ফুকনৰ বহালৈও গৈছিল তেওঁ। লগ পাইছিল এনাইক। তাক বুকুত সুমুৱাই কান্দিছিল এনায়ে। এনাইৰ মুখলৈ চাই সি বাৰে বাৰে মাকৰ মুখখন মনত পেলাবলৈ চেষ্টা কৰিছিল। নিচাদেৱেককো লগ পাইছিল সি। তেৰোঁ ৰজাৰ বিষয় খায়।

পুথাৱে তাক লাহে লাহে ৰজা-প্ৰজা সকলোৰে সম্বন্ধে কৈছিল। আহোমৰ ৰীতি-নীতি সম্পৰ্কে বুজাইছিল। ৰজাঘৰৰ কথা, ফুকন-ৰাজখোৱাৰ কথা, বৰবৰুৱাৰ কথা সকলো কৈছিল। ৰূপহীয়ে তাক যিখিনি ক'ব পৰা নাছিল, ৰাজ বিষয়া হিচাপে পৰিপক্ক আৰু ভিতৰ-বাহিৰ জনা খাৰঘৰীয়া ফুকনে তাক সকলো কৈ পৰিপক্ক এক ৰাজমন্ত্ৰীত পৰিণত কৰি তুলিলে। সি লাহে লাহে বুজিছিল যে আহোম ৰাজ্যত মন্ত্ৰী হৈ থাকিবলৈ হ'লে সাহস-বুদ্ধি-বলেই নহয়, জানিব লাগিব ৰাজনীতিও কুটিল ৰাজনীতি।

এযাৰ কথা কিন্তু তাৰ মনত ফুকনে সুমুৱাই দিবলৈ বিচাৰিছিল যদিও তাৰ অকণো গ্ৰহণযোগ্য হোৱা নাছিল, সেয়া হৈছে— সি ৰজাৰ চমুৱা কুঁৱৰীৰ সন্তান হ'লেও ৰজা হোৱাৰ যোগ্য পুৰুষ।

একত্ৰিশ

ৰজাৰ জীয়েক যদিও মূলা গাভৰুৱে ফ্ৰাচেংমুং বৰগোহাঁইৰ ঘৰখনৰ লগত ভালদৰে মিলি চলি বিবাহিত জীৱন আৰম্ভ কৰিলে। মাটিয়ে-বাৰীয়ে, খাটে-পামে, লগুৱা-লিগিৰী আৰু দাস-দাসীৰে ফ্ৰাচেংমুঙৰ সংসাৰ বেছ ডাঙৰেই। আগতে শাহুৱেক পদ্মাৱতীয়ে এই সকলো চোৱা-চিতা কৰিছিল। কিন্তু মূলা বোৱাৰী হৈ সোমোৱাৰ পাছত সকলো ভাৰ মূলাৰ ওপৰতে দিলে। গিৰীয়েক ফ্ৰাচেংমুং বৰগোহাঁয়ে নিজৰ খাট-পাম চোৱাৰ উপৰি নিতৌ যুদ্ধৰ আখৰালৈ যায়। এইবোৰতেই মানুহজনৰ আগ্ৰহ বেছি। ভাল লাগে মূলাৰ। এই যুদ্ধৰ আখৰা, পাইক কাঁড়ীক যুদ্ধৰ শিক্ষা দিয়া— এইবোৰ দেশৰ বাবে প্ৰয়োজনীয়। মোগলৰ আক্ৰমণৰ ভাবুকি সদায় আছেই। নগাৰ লগত স্বৰ্গদেউৰ যুঁজ মাজে মাজে চলিয়েই থাকে। তাৰ বাহিৰেও এফালে চুতীয়া ৰাজ্য। ইফালে কছাৰী। ভূঞাবোৰতো আছেই। ইমানবোৰ শত্ৰুৰ মাজত স্বৰ্গদেউৰ ৰাজ্য অক্ষত অৱস্থাত ৰাখিবলৈ সকলোৱে যুদ্ধত পাকৈত হ'বই লাগিব। তাৰ বাহিৰেও নিজক সবল কৰি ৰখাৰ প্ৰয়োজনত এইবোৰ লাগে। স্বৰ্গদেউৰ ৰাজ্যত কোন কোন শক্তিশালী ডেকা ল'ৰা আছে, কোন কোন যুঁজৰ বাবে উপযুক্ত বীৰ— এই কথা ওলাই থকা। এই বীৰ যুঁজাৰুবোৰেই প্ৰয়োজনত স্বৰ্গদেউৰ ৰাজ্য ৰক্ষা কৰিবলৈ ওলাই যাব লাগিব। গতিকে যুদ্ধৰ বাবে নিজক সাজু কৰি ৰখা বৰ প্ৰয়োজনীয়।

সেইদিনা ফ্ৰাচেংমুং বৰগোহাঁয়ে চ'ৰাঘৰতে কাৰোবাৰ লগত কিবা এক মন্ত্ৰণা কৰি থাকোঁতেই স্বৰ্গদেউৰ কটকীয়ে আহি বাৰ্তা দিলে— স্বৰ্গদেৱে তৎকালে মাতি পঠিয়াইছে বৰগোহাঁইক। আচৰিত হ'ল ফ্ৰাচেংমু, আজি এমাহেই পাৰ হোৱা নাই স্বৰ্গদেউৰ জোঁৱাই হোৱাৰ। গাৰ পৰা মাহ-হালধিৰ গোন্ধেই যোৱা নাই। অৱশ্যে তেওঁৰ মনে মনে ভালো লাগিল। স্বৰ্গদেউৰ জোঁৱাই যেতিয়া দণ্ড দিবলৈ নিশ্চয় মতা নাই। কিবা ৰাজকাৰ্য পালনৰ অৰ্থেহে তেওঁক মাতিছে বুলি গম পালে। লিগিৰাক ঘোঁৰা সাজু কৰিবলৈ আদেশ দি তৎকালে তেওঁ মূলাৰ কাষলৈ

গৈ বাৰ্তা দিলে। মূলায়ো চিন্তা কৰি চালে। ভাবিলে যে প'ৰে নিশ্চয় কিবা বিষয়বাব দিবলৈকে বৰচ'ৰালৈ মাতি নিছে। এনেয়েও বৰচ'ৰাত জোঁৱায়েকৰ এখন আসন থাকে। কিন্তু বিশেষ কাৰ্যভাৰ নিদিলে জোঁৱায়েক বুলিয়েই তালৈ গৈ ৰাজকাৰ্যত সহায় কৰা ফ্ৰাচেংমুং বৰগোহাঁইৰ স্বভাৱ নহয়। আত্মাভিমানী বৰগোহাঁয়ে জানে যে তেওঁৰ শক্তি আছে যেতিয়া দেশৰ প্ৰয়োজনত নিশ্চয় বিচাৰিব স্বৰ্গদেৱে।

বৰচ'ৰাত গভীৰ আলোচনাৰ মাজতে ওলালগৈ ফ্ৰাচেংমুং। তাত আগৰে পৰাই খুন্‌লুং খাপেং বুঢ়াগোহাঁই স্বৰ্গদেউৰ আদেশৰ বাবে ৰৈ আছিল। স্বৰ্গদেউৰ আদেশ মজিন্দাৰ বৰুৱাই সকলোকে শুনালে। চুতীয়াৰ ৰজাই লগত সেনাপতি কাচিতৰা সহিতে দিখৌমুখত পচলাৰে গড় বান্ধি আহোম ৰাজ্য আক্ৰমণৰ বাবে ৰণ ধৰিছেহি। গতিকে ফ্ৰাচেংমুং বৰগোহাঁইক সেনাপতি পাতি, খুন্‌লুং খাপেং বুঢ়াগোহাঁই সহিত সৈন্য লৈ শতৰুক আক্ৰমণ কৰিব লাগে। দুয়ো আহি স্বৰ্গদেউক সেৱা কৰি স্বৰ্গদেউৰ আজ্ঞা পালন কৰাৰ শপত খালে। স্বৰ্গদেৱে অন্য আনুষংগিক আদেশ দি বৰচ'ৰা ভংগ কৰিলে। চাৰিওফালে সকলোৱে কামত লাগিবলৈ ধৰিলে।

বৰগোহাঁয়ে তৎকালে আহি ঘৰৰ সকলোকে জনালে স্বৰ্গদেউৰ আদেশৰ কথা। গোহাঁইদেউ যুদ্ধলৈ যাব, কৰণীয় বহুত থাকে। সকলো ব্যস্ত হৈ পৰিল। মূলা গাভৰুৰ মাত্ৰ এটা মাহহে হৈছে বিয়া হোৱা। যুদ্ধ যুদ্ধই। জয়-পৰাজয় দুয়োপক্ষৰ হ'ব পাৰে। যুদ্ধত মৃত্যু হ'ব পাৰে; বন্দীও হ'ব পাৰে। কিন্তু দেশৰ বাবে যুদ্ধ কৰাৰ প্ৰয়োজন হ'লে যাবই লাগিব যুদ্ধ কৰিবলৈ। কিন্তু যুদ্ধলৈ যাবলৈ অন্য যতন কৰাৰ লগতে কৱচ কাপোৰ বৈ দিব লাগিব। সাধাৰণতে যুদ্ধলৈ গ'লে ক'লা ৰঙৰ কাপোৰ ব্যৱহাৰ কৰে সেনাপতিসকলে। সাধাৰণ সৈনিকেও ক'লা ৰঙৰেই কাপোৰ পিন্ধে। অৱশ্যে সেইটো নিজৰ ইচ্ছাৰ কথা। কিন্তু কৱচ কাপোৰ সদায় নিশাৰ ভিতৰতে বোৱা হয়। মাজ নিশাৰ ভিতৰতে কপাহ নেওঠি, পাঁজি কাটি, সূতা কাটিব। কাপোৰো ব'ব। ৰাতি নৌপুৱাওঁতেই কাপোৰ ওলাব। তাৰে কৱচ তৈয়াৰ কৰিব। আহোম শাস্ত্ৰ মতে এই সকলোবোৰ পৱিত্ৰ চিত্তে কৰিব লাগিব। এই কৱচ কাপোৰ পিন্ধিলে বোলে যুদ্ধত জয়ী হ'ব পাৰে। কৱচ কাপোৰ বোৱাৰ ব্যৱস্থা কৰিলে মূলাই।

ফ্ৰাচেংমুং বৰগোহাঁয়ে সেনাপতিৰ বাব পাই লগে লগে বিষয়াসকলৰ সহায়ত সৈন্যদল গঠন কৰি ল'লে। ইফালে খাৰঘৰীয়া ফুকনে সমূহ অস্ত্ৰ-শস্ত্ৰ যোগান

ধৰিছে। প্ৰয়োজনীয় সকলো পাইছে বৰগোহাঁয়ে। তেওঁৰ এয়া দেশৰ হৈ প্ৰথম যুঁজ।

লাহে লাহে গম পালে মূলা গাভৰুৱে যে স্বৰ্গদেৱে দেওধাইক মাতি মঙল চোৱাইছিল। দেওধায়ে মঙল চাই ক'লে যে চুতীয়াৰ লগত যুদ্ধত ফ্ৰাচেংমুংহে সেনাপতি হ'লে যুদ্ধ জিকিব। কাৰণ গণনাত কৈছে যে ফ্ৰাচেংমুং বৰগোহাঁই বাঘ আৰু চুতীয়া ৰজা ছাগ। কিন্তু কনচেং বৰপাত্ৰ হৈছে ঘোঁৰা। গতিকে বাঘেহে ছাগক খাব পাৰিব, ঘোঁৰাই নহয়।

স্বৰ্গদেৱে দিন-বাৰ চাই যুদ্ধ যাত্ৰাৰ আদেশ দিলে। দুটা হাতী, এশ ঘোঁৰা আৰু পাঁচ হাজাৰ সৈন্য লৈ সেনাপতি ফ্ৰাচেংমুং চুতীয়াৰ লগত যুদ্ধ দিবলৈ লগত পালিসেনাপতিসকলক লৈ আগবাঢ়ি গ'ল। যোৱাৰ আগনিশা মূলাই কৱচ কাপোৰ বৈ ফ্ৰাচেংমুঙক পিন্ধাই পঠিয়ালে।

বত্ৰিশ

যুঁজলৈ গ'ল ফ্ৰাচেংমুং বৰগোহাঁই। লগত অসংখ্য বৰাবুৰুক। খাৰঘৰীয়া ফুকনৰ মূৰৰ ওপৰেৰে ধুমুহা পাৰ হৈ গৈছে। কাঁড়ী-পাইকৰ পৰা সেনাপতিলৈকে সকলোকে যোগাৰ দিব লগা হৈছে কাঁড়-ধনু, হেংদাঙৰ পৰা খাৰলৈকে। অকণমান ক'ৰবাত কম হ'লে দায় তেওঁৰ। গতিকে তেওঁৰ তলৰ পাইকে ইমান দিনে কৰি ৰখা অস্ত্ৰ-শস্ত্ৰ, খাৰ-বাৰুদ তেওঁ যোগান ধৰিছে। অকণমান ছিদ্ৰ পালেই কটা যাব লাগিব। ক'ৰবাত স্বৰ্গদেউৰ মন গ'লে বঁটা-বাহনো দিব পাৰে। কিন্তু সেই আশা নকৰাই ভাল। কাৰণ পিতৃৰ মৃত্যুত যে খাৰঘৰীয়া ফুকনৰ হাত আছে, সেই কথা এতিয়াও স্বৰ্গদেউৰ মনৰ পৰা মাৰ যোৱা নাই। সকলো ফালৰ পৰাই পৰিপক্ক এইজনা স্বৰ্গদেউ। যেতিয়াই দেখিলে কনচেং সকলো ফালৰ পৰাই উপযুক্ত, আগলৈ হয়তো বিদ্ৰোহীও হ'ব পাৰে, নগাৰ লগত তাৰ মিতিৰালি, পৰ্বতীয়া জাতি গোটায়ো বিপদ ঘটাব পাৰে, তাতে আয়েকৰ ওপৰত হোৱা অত্যাচাৰৰ জ্বালা আছেই— গতিকে তাক আনি বৰপাত্ৰ কৰিলে। তেওঁৰ পৰা বিপদ হ'ব পাৰে বুলি তেওঁক বিষয়তে ৰাখিছে। মাত্ৰ তেওঁৰ শান্তি নাই। গ'লজনা ৰজাক হত্যা কৰাৰ পাপে তেওঁক অশান্তি দিয়ে। ৰজাফৈদৰ নিমখ খাইছে যদিও তেওঁৰ ৰজাঘৰৰ প্ৰতি কোনো মমতা নাই। জীয়েকৰ মৃত্যুক তেওঁ এতিয়াও সহজভাৱে ল'ব পৰা নাই।

প্ৰকৃততে এইজনা স্বৰ্গদেৱেও অন্যায় কৰিছে বুলি তেওঁৰ ভাব হয়। এই যুদ্ধত প্ৰকৃততে কনচেঙক প্ৰধান সেনাপতি কৰি পঠিয়াব লাগিছিল। সি সকলো ফালৰ পৰাই উপযুক্ত। কিন্তু নিজৰ জোঁৱায়েককহে সেনাপতি পাতিলে। তাৰমানে কনচেঙৰ ওপৰত এতিয়াও বিশ্বাস ৰাখিব পৰা নাই স্বৰ্গদেৱে। যেনে-তেনে এই ফ্ৰাচেংমুঙক ৰজাৰ লগত অৰি কৰিবই লাগিব। জোঁৱায়েক হ'ল কি হ'লঙ্গ কাৰণ যদি ফ্ৰাচেংমুং বেছি ক্ষমতাশালী হৈ উঠে, তেন্তে কনচেং হয়তো ৰজাৰ ওচৰ চাপিব নোৱাৰিব। সি চমুৱা কুঁৱৰীৰ সন্তান। সাধাৰণতে চমুৱা কুঁৱৰীৰ সন্তান

কোনোদিনেই ৰজা নহয়। ৰাজমন্ত্ৰীৰ বাব পাইছে, সেয়াই যথেষ্ট। তথাপি নিয়মতো মানুহেই পাতে, মানুহেই ভাঙে। ক্ষমতা হাতলৈ আহিলে নিয়ম পাতিব পৰা যায়। কনচেঙৰ সমকক্ষ এতিয়া মাত্র ফ্ৰাচেংমুংহে। গতিকে যেনে-তেনে তাৰ ক্ষমতা হ্ৰাস কৰিবই লাগিব।

নাতিয়েক কনচেঙে কিন্তু এইবোৰ কথা একেবাৰেই ভবা নাছিল। পু-থাৱে তাক বিভিন্ন কথা শিকাইছে। ৰজাঘৰ-প্ৰজাঘৰৰ আদব-কায়দা শিকাইছে, শিকাইছে ৰাজনীতি; কিন্তু সি সকলো কথাতে স্বৰ্গদেউৰ অনুগত হৈ থাকিবলৈ বিচাৰে। বিষয়াৰ বাব ল'লেও খাৰঘৰীয়া ফুকন স্বৰ্গদেউৰ অনুগত নহয়। সকলো ঘটনাকে ওলোটাপাকে চোৱাটো তেওঁৰ স্বভাৱ। ঘটনাচক্ৰত তাৰ আয়েকক নগালৈ দিলে, সেয়াই ভাগ্যৰ ফল। কিন্তু তাৰবাবে প্ৰাণ দি প্ৰায়শ্চিত্ত কৰি গ'ল তাৰ পিতৃদেৱে। এতিয়া আৰু সেইবোৰ টানি কি লাভঙ্গ স্বৰ্গদেৱে তাক বাটৰ পৰা তুলি আনি স্বৰ্গত থ'লে, সি স্বৰ্গদেউৰ সৎ চিন্তা কৰা উচিত। তাক প্ৰধান সেনাপতিৰ বাব নিদি ফ্ৰাচেংমুঙক দিলে। তাৰ আপত্তি কৰিব লগা কি আছে সি বুজা নাই। ফ্ৰাচেংমুং উপযুক্ত। আগতে আইতনীয়া নগাৰ যুদ্ধতো গৈছিল সি। কোনোবা এখন যুদ্ধত সেনাপতি হ'লেই যে সাংঘাতিক কিবা ঘটিব, এনে কথা নাই। অৱশ্যে সিও যুদ্ধলৈ যাব পৰা হ'লে তাৰো কিছু অভিজ্ঞতা হ'লহেঁতেন। স্বৰ্গদেৱে অৱশ্যে তাকো সাজু থাকিবলৈ আদেশ দি থৈছে। ৰাজ্যত সাজু থকা পাইকৰ আখৰালৈ সি গৈ আছে। যি কোনো মুহূৰ্ততে সি যাব লগা হ'ব পাৰে যুদ্ধলৈ। য়াই-চাওৰ কিন্তু এইবোৰত কোনো আগ্ৰহ নাই; মাত্ৰ তাক লাগে চকলং কৰি এজনী চপাই ল'বলৈ। সিও চাইছে। হয়, এজনী মাইকী মানুহ লাগে। ঘৰখন নহ'লে ঘৰ যেনেই নালাগে। বৰপাত্ৰ গোহাঁইলৈ ছোৱালীৰ অভাৱ নাই। নগা-চাঙৰ গাভৰু আনিও সি ৰাখিব পাৰে। কিন্তু এই যুদ্ধখন শেষ হোৱালৈ সি ৰৈ আছে।

পুথাওৰ কথাবোৰ আজিকালি তাৰ ভাল নালাগে। সি যিমান পাইছে, সেয়াই তাৰ বাবে যথেষ্ট; আৰু বেছিকৈ আশা কৰিব নাপায়। কিন্তু পুথাওৰ মতে সি স্বৰ্গদেউৰ আৰু ওচৰ চাপিব লাগে। স্বৰ্গদেউৰ কাণত কথা পেলাব পৰা এজন ভাল মানুহক হাতত ৰাখিব লাগে। এয়াই ৰাজনীতি। কাকো উঠিবলৈ নিদি নিজে উঠিব লাগে। ক্ষমতা সদায় বঢ়াব লাগে। ক্ষমতা আঁজুৰি আনিব লাগে। সি খাৰঘৰীয়া ফুকনক একো কোৱা নাই, মাত্ৰ তেওঁৰ কথা শুনিছেহে। অৱশ্যে এইটো কথা ঠিক যে এই বিশাল ৰাজ্যত তাৰ সৎ চিন্তা কৰা মানুহ এজনেই।

কিন্তু সি কাৰো অস্ত্ৰ হৈ থাকিব নোৱাৰে। লাহে লাহে তেওঁৰ নির্দেশতে স্বৰ্গদেউৰ অতি কাষৰ টুচু সন্দিকৈৰ ওচৰ চাপিছে। টুচু সন্দিকৈৰ বয়স হৈছে। অভিজ্ঞতাও বহুত। স্বৰ্গদেৱে সকলো কথাতে তেওঁৰ মন্ত্ৰণা লয়। লাহে লাহে টুচু সন্দিকৈৰ ওচৰ চাপিছে তেওঁ। টুচু সন্দিকৈয়েও তেওঁক দুই-এটা মন্ত্ৰণা দিবলৈ আৰম্ভ কৰিছে। কনচেঙে শুনিছে যে টুচু সন্দিকৈৰ পৰিয়ালটো বেছ ক্ষমতাশালী। যদি সেই পৰিয়ালৰ লগতেই এক বৈবাহিক সম্পর্ক কৰিব পাৰে, তেতিয়া তেওঁ আৰু ক্ষমতাশালী হ'ব। কিন্তু সকলোতকৈ আগতে চুতীয়াৰ লগত যুদ্ধ। চুতীয়াৰ লগত এবাৰ যুদ্ধত আহোমে হাৰি সন্ধি কৰি থৈছে। আহোমৰ স্বৰ্গদেউ এজনকো চুতীয়াই নাওখেলৰ ছলেৰে বধ কৰি থৈছে। গতিকে চুতীয়াও ইমান এলাপেচা নহয়। কি হয় সময়েহে ক'ব। কিন্তু ৰাজনীতিৰ খেলত যেতিয়া সোমাইছে, যেনে-তেনে এই খেল খেলিবই লাগিব।

তেত্ৰিশ

যুদ্ধ কৰিবলৈ যোৱাৰ আগতে শত্ৰুৰ বিষয়ে জানিব লাগে। শত্ৰুৰ দোষ-গুণ, দুৰ্বলতা— এই সকলোবোৰ নাজানিলে যুদ্ধ কৰিবলৈ গ'লে ঘাটি অহাৰ সম্ভাৱনাই বেছি।

মূলাই বাৰে বাৰে এইষাৰ কথাকেই কৈছিল ফ্ৰাচেংমুঙক। পিতাক দিহিঙ্গীয়া ৰজাই কোনো শত্ৰুক বশ কৰাৰ আগতে তেওঁৰ দুৰ্বলতা বিচাৰি উলিয়াইছিল। নগাবোৰৰ লগত হোৱা যুদ্ধ, নৰাহঁতৰ সৈতে লগা যুঁজ— সকলোতে সেনাপতিহঁতক কৈছিল শত্ৰুৰ দুৰ্বলতা বিচাৰিবলৈ। শত্ৰুৰ শক্তিৰ উমান ল'বলৈ। শত্ৰুক সদায় সবল বুলি ভাবিহে যুদ্ধ কৰা উচিত, দুৰ্বল বুলি ভাবি নহয়।

ফ্ৰাচেংমুঙে মূলাৰ সৈতে যুদ্ধখনৰ বিষয়ে ভালকৈয়ে আলোচনা কৰিছিল। তেওঁ জানে যে মূলা ৰজাদেৱৰ জীয়াৰী হ'লেও সকলোফালে পাকৈত। যেনেকৈ ঘোঁৰাত উঠি যুদ্ধ কৰিব পাৰে, তেনেদৰে যুদ্ধৰ কৌশলো তেওঁ বেছ ভালদৰে জানে। ৰজাৰ জীয়াৰী হৈ তেওঁ মাত্ৰ বোৱা-কটাকে শিকা নাই, বোৱাৰী হৈ আহিয়েই ঘৰখনৰ গুৰি ধৰিছে। কোনখন পথাৰত কোনটো সঁচৰ খেতি হ'ব, কোন ক'লৈ যাব— সকলো তাইৰ নিৰ্দেশতে হয়। এতিয়াও গিৰীয়েক যুঁজলৈ যোৱাৰ আদেশ পোৱাৰ লগে লগে তেওঁৰ লগত মন্ত্ৰণা কৰি চুতীয়াৰ শক্তিৰ খবৰ ল'লে। চুতীয়াৰ ধনুৰ বৰ জোৰ। তাতে ৰজা নীতিপালো বোলে কাঁড় মৰাত বৰ পাকৈত। চোৰাংচোৱাৰ হতুৱাই যুঁজলৈ যোৱাৰ আগতেই চুতীয়াৰ ৰজা নীতিপাল সম্পৰ্কে সকলো তথ্য সংগ্ৰহ কৰিছে মূলাই।

নীতিপালে ৰাজ্য শাসন কৰিবলৈ লোৱা বেছিদিন হোৱা নাই। আগৰজনা ৰজা নীতিপালৰ শহুৰেক। তেওঁৰ বৰ ধুনীয়া এজনী জীয়েক আছিল। সাধনী তাইৰ নাম। সাধনীৰ বাবে উপযুক্ত দৰা পোৱা নাছিল ৰজাই। ইফালে সাধনীৰ বিয়াৰ বয়স পাৰ হৈ যাব এতিয়া। ৰজাই এদিন পূৰ্বপুৰুষৰ সমাধিত ঘূৰি ফুৰোঁতে

দেখিলে যে এটা কেৰ্কেটুৰা সমাধিৰ ওপৰত ঘূৰি ফুৰিছে। ৰজাই লগে লগেই ঘোষণা কৰিলে যে যিয়ে এই কেৰ্কেটুৰাটো একেপাট কাঁড়েৰে বধ কৰিব পাৰিব, তালৈ সাধনীক বিয়া দিব। সেই কথা শুনি অকল চুতীয়া যুৱকেই নহয়, অন্য বহুত যুৱক আগবাঢ়ি আহিল। কিন্তু কোনেও সেই কেৰ্কেটুৰাটো মাৰিব নোৱাৰিলে। মাত্র নিতাই বোলা এটা বৰ দুখীয়া ল'ৰা আছিল— যিয়ে একেপাট কাঁড়েৰে কেৰ্কেটুৰাটো মাৰি পেলালে। ৰজাই নিতাইলৈকে সাধনীক বিয়া দিলে। কিছুদিনৰ পাছত ৰজাৰ মৃত্যুৰ আগতে নিতাইক নীতিপাল নাম দি ৰজা পাতিলে। সাধাৰণ গৰখীয়া ল'ৰা নিতাই ৰজা হ'ল। কিন্তু নিতাইৰ কোনো শিক্ষা বা ৰাজনৈতিক ভেটি নাছিল। গতিকে নিতায়ে লগৰ সমনীয়া আৰু বংশ-পৰিয়ালৰ মানুহক আনি ৰাজ্যৰ বিভিন্ন বিষয়বাব দিলে। ভাগ্যৰ বলত ৰজা হৈ পাছত আকৌ অনভিজ্ঞ এসোপাৰ হাতত ৰাজ্য দিয়া বাবে ৰাজ্যত অৰাজক হ'ল। অৰাজক ৰাজ্যৰ ওপৰত চুবুৰীয়া ৰজাৰ চকু পৰাটো স্বাভাৱিক। আহোম ৰজাৰো চকু আছিল চুতীয়া ৰাজ্যৰ ওপৰত। কিন্তু ঘপ্‌কৈ আক্রমণ কৰিব নোৱাৰে। কাৰণ আহোমৰ এইটো নীতি নহয়। কোনোবাই আক্রমণ কৰিলেহে প্রতি আক্রমণ কৰে, কিন্তু ৰাজ্য দখল কৰাৰ উদ্দেশ্যে আক্রমণ নকৰে।

মূলাই এদিন পিতাকক সুধিছিল—

ঃ প', সীমাতে দেখোঁ চুতীয়া, কছাৰী সকলো আছে, ৰাজ্য নামাৰে কিয়?

হাঁহিছিল দিহিঙ্গীয়া ৰজাই। সাঁজপানীৰ বাটিত এঢোক মাৰি উত্তৰ দিছিল—

ঃ আমাৰ পূৰ্বপুৰুষ চু-কা-ফা স্বৰ্গদেৱে নিজৰ দেশ এৰি আহি এই দেশ ল'লে। এই দেশে ৰজা আছিল সৰু সৰু ৰজা। সৰু ৰাজ মাৰি এক ৰাজ কৰিছে। কিন্তু যি ৰজা বলত সমান, তাক মাৰি ৰাজ্য লোৱা নাই। সৰু ৰাজ হ'লে আমাৰ ছায়াত থাকে। থাকি ভাল পায়। ডাঙৰ ৰাজ মাৰিলে যুদ্ধ সদায় হ'ব। যুদ্ধ বেছি হ'লে প্রজাৰ দুখ হ'ব।

তেতিয়া মূলাই বুজিছিল যে সৰু সৰু দল হৈ থকা ৰজাবোৰক তলতীয়া কৰি ৰাজ্য পাতি এটা জাতি কৰিব খুজিছে স্বৰ্গদেউসকলে। ৰাজ্য বঢ়োৱাৰ উদ্দেশ্যে অন্যৰ ৰাজ্য মৰা নাই। এতিয়াও চুতীয়া ৰজাই নিজে যুদ্ধ কৰিবলৈ আগবাঢ়ি আহিছে। চুতীয়া জাতি বেছ যুঁজাৰু জাতি। গতিকে গিৰীয়েক যোৱাৰ বাবে বেছ চিন্তাত আছে মূলা। গিৰীয়েকৰ শক্তিৰ ওপৰত তাইৰ বিশ্বাস আছে। তাতে লগত

আছে অসংখ্য যুঁজাৰু। সেনাপতিক ঘপ্‌কৈ সাধাৰণ পাইকে ধৰিবলৈ সাহস নকৰে। কিন্তু যুদ্ধক্ষেত্ৰত মনে মনে আঘাত কৰাৰ বাবে কিছুমান পাইকক বুজাই ৰখা হয়। গুপুতে গুপুতে সিহঁতে সেনাপতিক ঘাইল কৰে। আহোম ৰমণীয়ে অৱশ্যে স্বামীক যুদ্ধলৈ পঠিয়াই কেতিয়াও দুশ্চিন্তা নকৰে। বীৰ স্বামীয়ে বীৰৰ দৰেই যুদ্ধ কৰে। কিন্তু পৰাজয়ৰ গ্লানি সহ্য কৰা বৰ কঠিন।

নিশাটোৰ ভিতৰতে কৱচ কাপোৰ বৈ দিছে মূলাই। আহোমৰ এই কৱচ কাপোৰ বেছ জয়াৰ। কৱচ কাপোৰ পিন্ধি যোৱা যোদ্ধাৰ অতি কমেইহে যুদ্ধত মৃত্যুবৰণ কৰে। কৱচ কাপোৰ বওঁতে ক'ৰবাত বিজুতি হ'লে বা নিয়মত নহ'লে স্বামীৰ মৃত্যু হয় বুলি বিশ্বাস কৰে আহোম ৰমণীয়ে।

চাংমাইশালৰ পৰা গৃহডামক পূজা কৰালৈকে স্বামীৰ অনুপস্থিতিত সকলোকে দিহা দিয়াৰপৰা শাহুৱেক-শহুৰেকক শুশ্ৰূষা কৰালৈকে সকলো কৰিছে মূলাই; তথাপি মন প্ৰতি মুহূৰ্ততে স্বামীৰ কাষত। পৰা হ'লে স্বামীৰ সৈতে যুঁজলৈকে গ'লহেঁতেন; কিন্তু সেয়া অসম্ভৱ। মাত্ৰ তাই চোমদেউক প্ৰাৰ্থনাহে কৰিব পাৰে। হঠাৎ পদূলিমূৰত ঘোঁৰাৰ খুৰাৰ শব্দ আৰু ঘোঁৰাৰ চিঞৰ কাণত পৰিল। মূলাই দেখিলে— কোনোবা পাইকে কিবা বাৰ্তা লৈ আহিছে। তাই লগে লগে দৌৰি ওলাই যাবলৈ গৈ ৰৈ গ'ল। তাই সেনাপতিৰ ভাৰ্যা। ইমান চঞ্চল হ'লে নহয়। এঘৰৰ বোৱাৰী। তাই জানে যে এয়া যুদ্ধৰ বতৰা লৈ অহা পাইক। ৰজাঘৰত বাৰ্তা দি তাইক বাৰ্তা দিবলৈ আহিছে। তাইৰ মনটো উদ্‌গ্ৰীৱ হৈ পৰিল। কি বা বাৰ্তা আনিছেঙ্গ

তাই লাগে লাহে চ'ৰাঘৰৰ ফালে আগবাঢ়ি গ'ল।

চৌত্ৰিশ

ফ্ৰাচেংমুং বৰগোহাঁয়ে সৈন্যবোৰক দুদলত ভাগ কৰি, এদলক নাৱেৰে নিজে লৈ উজাই গ'ল আৰু অন্য দলটোক খুন্‌লুং খাপেং বুঢ়াগোহাঁইৰ অধীনত বামেৰে পঠিয়ালে। বামৰ সৈন্য গৈ পোৱাৰ আগতেই ফ্ৰাচেংমুং গৈ পাই সৈন্য লৈ চুতীয়াৰ গড়ৰ নাতিদূৰত বাহৰ পাতি আলেখলেখ চাবলৈ ধৰিলে। লগে লগে আহোমৰ চোৰাংচোৱাই সকলো খবৰ জনালেহি। চুতীয়াবোৰৰ চুতীয়া ধনু বৰ কামত অহা। সেই ধনুৰ কাঁড় বহুত দূৰলৈকে যায়। গড়ত সোমাই আক্ৰমণ কৰা টান। কিন্তু বৰতোপেৰে আক্ৰমণ কৰিব পাৰিলে চুতীয়া হটি যাব বুলি ভাব হয়; কাৰণ সিহঁতৰ গড় ক্ষণিকতে বন্ধা। পচলাৰ গড় ভাঙিবলৈ সহজ; কিন্তু সিহঁতৰ কাঁড়ীবোৰ বৰ পাকৈত। গতিকে দূৰৰ পৰা আক্ৰমণ কৰিলে আহোমৰ ক্ষতি অধিক হ'ব।

ইফালে চুতীয়ায়ো আহোম সৈন্য দেখি ৰণত ধৰোঁ ধৰোঁকৈ আছিল। সেনাপতিয়ে দুদিনমান দেৰি কৰি থকাৰ অৰ্থ হ'ল বামেদি যোৱা সৈন্যখিনি তেওঁৰ কাষ পোৱাৰ বাবে ৰৈ থকা। ইফালে নাৱেৰে যোৱা সৈন্য কম যেন দেখি চুতীয়া সেনাপতিয়ে আহোম সেনাক ধৰোঁ ধৰোঁকৈ আছিল। দুদিনৰ দিনা সন্ধিয়া আহোমৰ সেনাই আহি সেনাপতিৰ পৰা অলপ আঁতৰত বাহৰ পাতিলে। ফ্ৰাচেংমুং বৰগোহাঁই আৰু খুনলুং খাপেং বুঢ়াগোহাঁয়ে আলচ কৰি নিশাৰ ভাগতে চুতীয়াৰ দুৰ্গ আক্ৰমণ কৰাৰ ঠিক কৰিলে। ৰাতি আক্ৰমণ কৰিবলৈ হ'লে হাতী বা ঘোঁৰাৰে নহয়, পদাতিক সৈন্যৰেই আক্ৰমণ চলাব লাগে। সিহঁতৰ দুৰ্গ অৱৰোধ কৰিও ৰাখিব নোৱাৰি, কাৰণ তেতিয়া যুদ্ধ দীঘলীয়া হোৱাৰ সম্ভাৱনা।

মাজনিশা প্ৰায় এহেজাৰমান বছা বছা পাইক লৈ আক্ৰমণৰ বাবে সাজু হ'ল। দিনত আক্ৰমণ কৰিলে কাঁড়েৰে চুতীয়াই বাধা দিবলৈ সহজ পালেহেঁতেন। কিন্তু ৰাতি হোৱা বাবে সিহঁতে তত ধৰিব পৰাৰ আগতেই গড়ৰ

ওপৰেৰে উঠি চুতীয়া সৈন্যক আক্ৰমণ কৰি সিহঁতৰ তামীঘৰাবোৰৰ কিছুমানত জুই লগাই দিলে। কামান দাগিবলৈ সময়েই নাপালে চুতীয়া সৈন্যই। গড়টো অস্থায়ীভাৱে সাজি, তাত অলপ সৈন্যহে ৰাখিছিল সেনাপতি কাচিতৰাই। প্ৰথম আক্ৰমণটো বাধা দিব পৰাকৈ কামান আৰু বৰধনু লৈ থকা সৈন্যহে তাত আছিল। ৰজা নীতিপাল সহিতে সেনাপতিয়ে ডাঙৰ খাৰৈ খান্দি, তাৰ পাছতহে বাহৰ পাতি আছিল। ফ্ৰাচেংমুং বৰগোহাঁয়ে লগৰ সৈন্যৰ সৈতে গড় ভাঙি চুতীয়া সৈন্যক কচু কটা দিলে আৰু তিনিটা কামানসহ চুতীয়াৰ বহুত ধনু লৈ আকৌ নিজৰ বাহৰলৈ ঘূৰি আহিল। গড়ৰ ভিতৰৰ ঘৰ পুৰি শেষ কৰিলে। অৱশ্যে নিজৰো কিছু সৈন্য হানি হ'ল যদিও সেয়া সামান্য বুলি ধৰিলে। জুই দেখি খাৰৈৰ ইপাৰে চুতীয়া সৈন্যই কামান দাগিলে; কিন্তু তাৰ বাৰুদে একো অপকাৰ কৰিব নোৱাৰিলে; কাৰণ গোলাবোৰে আহোমৰ বাহৰো ঢুকি নাপালে আৰু চুতীয়াৰ গড়ো পাৰ হৈ আহিল। চুতীয়াৰ গড় মাৰি সেনাপতিয়ে ৰাতিয়েই আকৌ বাহৰলৈ উভতি আহিল। চুতীয়াই আকৌ গড় অধিকাৰ কৰিবলৈ সাহস নকৰিলে।

সেনাপতিয়ে খাৰৈ পাৰ হৈ চুতীয়াক ধৰিবলৈ সকলো কথা পাং পাতোঁতেই আকৌ দুদিন গ'ল। খাৰৈ পাৰ হৈ হাতীৰে ধৰা বিপদ। ঘোঁৰা পাৰ কৰোৱাও বিপদ। গতিকে পদাতিক সৈন্য লৈয়েই আক্ৰমণ কৰাৰ বাবে নিবন্ধ কৰিলে। তাকে চুতীয়াৰ কামানৰ পৰা হাত সাৰি, কাঁড়ৰ পৰা সৈন্যক ৰক্ষা কৰিহে আক্ৰমণ কৰিব লাগিব। এনেবোৰ প্ৰবন্ধ কৰি থাকোঁতেই চোৰাংচোৱাই খবৰ দিলে বোলে চুতীয়াই আহোমৰ ভয়ত নৈৰে ভাগিল। সকলো কথা স্বৰ্গদেউক জনালত স্বৰ্গদেৱে চুতীয়াক খেদি ধৰিবলৈ আদেশ কৰিলে আৰু স্বৰ্গদেৱে নিজেও বাকী সৈন্য লৈ আগবাঢ়িবলৈ প্ৰবন্ধ কৰিলে। স্বৰ্গদেউৰ কথাত বল পাই সেনাপতি ফ্ৰাচেংমুঙে দিহিংমুখলৈ চুতীয়াক খেদি গ'ল। দিহিংমুখত চুতীয়াৰ সৈন্যৰ লগত যুঁজ লাগিল। চুতীয়াৰ বিস্তৰ সৈন্য মৰিল। আহোমৰো পালি সেনাপতি এওমুং ৰণত পৰিল। চুতীয়াৰ ৰজাই সেনাপতিসহ বাকী সৈন্যৰ সৈতে নৈৰে পলাল। আহোমৰ সৈন্যই চুতীয়াৰ গোধা মানুহ এটা আৰু নাও এখন পালে।

ইতিমধ্যে স্বৰ্গদেৱে কেইহাজাৰমান সৈন্য লৈ আগবাঢ়ি আহি চেৰুৱাকটাত বাহৰ পাতি আছিল। গোধা মানুহটোক সেনাপতিৰ আদেশত স্বৰ্গদেউক

যোগালেহি। স্বৰ্গদেৱে গোধা মানুহটোক বাৰ্তা সুধিলে—

ঃ বোলো যদি কটা যাব নালাগে, সজে সজে ক তহঁতৰ চুতীয়া ক'ত আছে?

সি বোলে কান্দি-কাটি কয়— "ডিবুৰুত আছে।" স্বৰ্গদেউৰ আদেশত ফ্ৰাচেংমুং বৰগোহাঁয়ে সৈন্য সহিতে ডিবুৰুলৈ আগবাঢ়িল। স্বৰ্গদেৱে বাকী সৈন্য লৈ চেঁচামুখত ৰ'লগৈ। স্বৰ্গদেউৰ আদেশত সেনাপতিয়ে ডিবুৰুত গড় মাৰি গজগজীয়া হৈ বহিল। গড় মৰা দেখি চুতীয়াই লাউপাৰালৈ উজাই গ'ল। তাৰ পৰা আহি খাবানজাউ নামৰ পালি সেনাপতিৰে চুতীয়াই আহি গড় আক্ৰমণ কৰিলে। তুমুল যুদ্ধ চলিল। ছেগা-চোৰোকাকৈ যুদ্ধ চলি থাকোঁতেই ৰজাদেৱে বাকী সৈন্য লৈ ডিবুৰু পালেহি। এইবাৰ চুতীয়া শদিয়ালৈ ভাগিল। ফ্ৰাচেংমুং আৰু কিংলুঙে চুতীয়াক শদিয়ালৈ খেদি গ'ল। তেতিয়া চুতীয়া সেনাপতি আৰু ৰজাই প্ৰবন্ধ কৰি কটকী পঠিয়ালে।

কটকীয়ে ফ্ৰাচেংমুঙলৈ সোণৰ হাৰ দুগছ, পাটী দুখন আৰু কিংলুঙলৈ কঁৰিয়া এযোৰ, পাটী দুখন দি ক'লে বোলে "আমি বৰিলোঁ। সিবোৰ তাতে থাকক, আমাক আৰু খেদা-কোৰা নকৰক। আমি বছৰি স্বৰ্গদেউলৈ কৰভাৰ দি থাকিম।" সেই কথা সিবোৰে আমাৰ স্বৰ্গদেউলৈ জনাই পঠিয়ালো। স্বৰ্গদেৱে লখৌ পাঁচনিক দি কোৱালে বোলে "তাৰ যি সোণৰ ৰূপৰ দণ্ড, খাট, মেকুৰী, হাতী, মাইহাং, ভোগজৰা আছে, ৰূপৰখিনি ৰাখি সোণৰখিনি দিলে আমি ক্ষমা খাম আৰু তাৰ বৰকুঁৱৰী সহিতে মাখুন্দী হাতী আৰু দহটা হাতী দিয়কহি।"

লখৌ পাঁচনিক দি কোৱালে—

ঃ ভাল স্বৰ্গদেউ, বৰকুঁৱৰীকো, মাখুন্দী হাতীকো আৰু যি দহটা হাতী খুজিছে তাকো দিম। সোণৰ দ্ৰব্য, খাট আদি যে দ্ৰব্য খুজিছে, সিবোৰ মোৰ বোপা-ককাৰ কালৰ সৰ্বস্ব, তাক মই দিব নোৱাৰোঁ। ন-কৈ গঢ়াই দিব পাৰোঁ, মোক যদি এমাহমানলৈ সময় দিয়ে।

নিজৰ কটকীৰ হাতত স্বৰ্গদেউলৈ সোণৰ চিকণ জাপি এটা, সোণৰ খাৰু এযোৰ, সোণোৱালী পয়জাৰ এযোৰ, হাতী দুটা, পাটী দুখন আৰু কিংলুঙলৈ সোণৰ খাৰু এযোৰ, ঘোঁৰা দুটা দি পঠিয়ালে। খাৰু, নৰা কাপোৰ— এনে বস্তু

ডাঙৰীয়াসকললৈকো দিলে। কিন্তু বুঢ়াগোহাঁইলৈ যি নৰা কাপোৰ দিলে, তাৰে ভিতৰত ৰণক মানে, ছুৰী কটাৰী এখন ওলাল। পাছে বুঢ়াগোহাঁয়ে ৰজাক সেই কথা জনালত ৰজাদেৱে সকলোৰে লগত আলচ কৰিলে।

ঃ চুতীয়াই আমাক ধৰিবহে খোজে, এনেহেন মন কৰিয়ে নৰা কাপোৰৰ মাজত কটাৰী দিলে।

ৰজাদেৱে খাওমুনাংচুক, চাওচিন, কিংলুং, থাওমুংচুং, থাওমুন্‌কেখন্ আৰু চাওচিকৰ, এই ছয়েৰে আলচ— কৰি নিজে ক'লা ঘোঁৰাত উঠি এইসকলক লৈ চুতীয়াৰ ৰাজ্যলৈ বাম বাটেৰে আগবাঢ়িল।

ইফালৰ পৰা ফ্ৰাচেংমুঙে সৈন্য লৈ আগবাঢ়ি গ'ল। পাছে চুতীয়া ৰজা ভাগিল। চাওচিকৰে পিছে পিছে খেদি গ'ল। চুতীয়া ৰজা ৰঙ্গাখঙ্গাচল পৰ্বতত উঠিলগৈ। আমাৰ ৰজাদেউ তাৰ নগৰৰ সন্নিকটত থাকিল। ফ্ৰাচেংমুঙে বৰবৰুৱাক লৈ চুতীয়াক পৰ্বততে ধৰিলেগৈ। চুতীয়াৰ মানুহ বিস্তৰ ৰণত পৰিল। চুতীয়াৰ ৰজা চন্দ্ৰগিৰি পৰ্বতত উঠিলগৈ। আহোমৰ সৈন্য তাত উঠিব খোজাত চুতীয়াই বহুতক কাটিলে। আহোম পিছুৱাই আহিল। চুতীয়াই প্ৰচেংৰেখ বৰুৱাক ধৰি নিলে।

স্বৰ্গদেৱে বিষম পালে। লগে লগে ফ্ৰাচেংমুঙৰ লগত আলচ কৰি সৈন্যবোৰক তিনিভাগ কৰি, দুভাগক দীঘল বাটেৰে আৰু এভাগক চুটি বাটেৰে পঠিয়ালে। সিবিলাক যোৱাৰ পাছত চুচেং শইকীয়াই গছৰ ওপৰত উঠি দেখে যে চুতীয়াৰ মানুহ তাকৰ। লগে লগে এটা দলক বিহু মাৰিবলৈ লগাই দিলে। আহোম সৈন্যই বিহু মৰা শুনি চুতীয়া ৰজাই পৰ্বতৰ ওপৰৰ পৰা চাই আচৰিত হ'ল আৰু আহোমে যুঁজত জিকিহে এনে কৰিছে বুলি ভাবিলে। চুতীয়াই চিন্তা-চৰ্চা কৰি থাকোঁতেই ডেৰ কুৰি মানুহ লৈ ফ্ৰাচেংমুং পৰ্বতত উঠিলগৈ। তাৰে বৰদুৱাৰত যুদ্ধ হ'ল। আহোমৰ মানুহ গোটাচেৰেকক চুতীয়াই বধিলে। এনেতে জংমুখং হাতীবৰুৱাই বহুত চুতীয়াক খুঁচি বগৰাই দিলে। চুতীয়া ৰজাৰ পুতেককো কাটিলে। কুঁৱৰী কেতবোৰক কাটিলে, কেতবোৰক আনিলে। চুৰেং কোঁৱৰে চুতীয়া ৰজাক কাঁড় মাৰি মাৰিলে। সেনাপতি কাচিতৰাক খেদি গ'ল ফ্ৰাচেংমুঙে। তাৰপাছত ৰজাৰে-সেনাপতিৰে মূৰ দুটা লৈ স্বৰ্গদেউক ভেটিলেহি।

ৰাণী সাধনীয়ে আহোমৰ হাতত পৰাতকৈ মৰাই ভাল বুলি পৰ্বতৰ টিঙৰ পৰা তললৈ জাঁপ দি মৰিল। ৰজাদেৱে বাৰ্তা পাই চুতীয়াৰ নগৰ চাবলৈ গ'ল। তাত পোৱা বস্তু দিহিঙেদি ভটিয়াই নগৰলৈ পঠিয়ালে। হাতী ৩০টা, সোণৰ মেকুৰী, সোণৰ খাট, আৰোৱান, পিকদান, সোণৰ ভোগজৰা আদি কুবেৰ দত্ত সম্পত্তি লৈ আনিবলৈ আদেশ কৰিলে। বাকী গৰু, ম'হ, কেঁকোৰা দোলা, মাইহাং, আৰোৱান আদি ডাঙৰীয়াসকলক ভাগ কৰি দিলে। কুঁৱৰীকেইজনীকো ভাগে ভাগে দিলে।

চুতীয়া ৰজাক মাৰি বীৰদৰ্পে ঘূৰি অহা ফ্ৰাচেংমুঙক পাই মুলাৰ মন আনন্দেৰে নধৰা হ'ল।

পঁইত্ৰিশ

খাৰঘৰীয়া ফুকনৰ পৰা মন্ত্ৰণা লৈছে যদিও কনচেঙে নিজেই কিছুমান সিদ্ধান্ত লয়। প্ৰথমতে, তেওঁ ৰজাৰ ফৈদৰ বা ৰাজসভাৰ সকলোকে আপোন বুলি ভাবিছিল। কিন্তু তেওঁ মন কৰিছে যে শিহু ওলোৱাদি ওলাই বৰপাত্ৰ গোহাঁই হোৱা বাবে তেওঁ বহুতৰে ঈৰ্ষাৰ পাত্ৰ হৈছে। আনকি অন্য দুই মন্ত্ৰী বৰগোহাঁই আৰু বুঢ়াগোহাঁয়েও তেওঁক সহজভাৱে ল'ব পৰা নাই। তেওঁলোকেও বিচৰা নাছিল যে আৰু এজন মন্ত্ৰী হওক। কিন্তু তেওঁ ইয়াৰ মাজতে নিজৰ অস্তিত্ব প্ৰমাণ কৰি থাকিব লাগিব। যেনে-তেনে নিজৰ ক্ষমতাৰ বলত মন্ত্ৰিত্ব বৰ্তাই ৰাখিব লাগিব। এতিয়া তেওঁৰ দললৈ মানুহ আনিব লাগিব। ইয়াত তেওঁ দেখিছে যে ৰজাদেৱক আঁৰ কৰি সকলোৰে একো একোটা দল আছে। নিজৰ নিজৰ ফুকন-ৰাজখোৱা আছে। সকলোৱে মিলি আলচ-মন্ত্ৰণা কৰে। ইয়াত অকলশৰে থকা বিপদ। যিকোনো এটা ৰাজ সিদ্ধান্ত লওঁতে মানুহবোৰে নিজৰ ফৈদ বা দললৈহে টানে। গতিকে ইয়াত থাকিলে দল গঢ়িবই লাগিব। ৰাজনীতি এনেকুৱাই। স্বৰ্গদেউক পৰামৰ্শ দিওঁতেও এনেদৰেই সকলো দিশ চাই পৰামৰ্শ দিব লাগে। কিন্তু সি নগাৰ চাঙত থাকোঁতে এই কুটিল ৰাজনীতি শিকা নাছিল। তাত সকলোবোৰ সহজ-সৰল। তাত পাক নাই। কিন্তু ইয়াত আছে। কেনেকৈ নিজৰ দলৰ মানুহক ৰজাদেৱৰ বিষয়বাব দিব পাৰি, ক'ত-কেনেকৈ খাট-পাম ল'ব পাৰি, কেনেকৈ ইজনতকৈ ক্ষমতাশালী আৰু ধনী হ'ব পাৰি— ইয়াৰেই প্ৰতিযোগিতা। কেনেকৈ স্বৰ্গদেউৰ অতি বিশ্বাসী হ'ব পাৰি, কাৰ স্বৰ্গদেউৰ লগত সম্পৰ্ক বেয়া কৰিব পাৰি— মাত্ৰ এই ৰাজনীতি।

পুথায়েক খাৰঘৰীয়া ফুকনে তাক কৈ আছে— কোনোবা ক্ষমতাশালী এঘৰৰ ছোৱালী এজনী বিয়া কৰাই আনিব লাগে। তেতিয়া সেই মানুহঘৰ তাৰ ফলীয়া হৈ থাকিব। সি ৰজাদেৱৰ ফৈদৰ মানুহ, গতিকে ৰজাঘৰৰ মানুহৰ ছোৱালী বিয়া কৰাব নোৱাৰে। বহুত চিন্তা-চৰ্চাৰ পাছত সি টুচু সন্দিকৈৰ নাতিনীয়েকক বিয়া

কৰোৱাৰ বাবে ঠিক কৰিলে। স্বৰ্গদেউৰ সাতঘৰীয়া আহোমৰ এঘৰ সন্দিকৈৰ ঘৰ। তাতে তেওঁলোকৰ ফৈদৰ মানুহে ৰজাঘৰৰ বিষয় খাইছে। এনেয়েও ফৈদটোৰ সন্মান আছে। ৰজাঘৰত কিবা এটা কথা ক'লে ৰজে। গতিকে এনে এক ফৈদৰ ছোৱালী আনিলে তাৰ স্থান বেছ গজগজীয়া হ'ব। ছোৱালী অনা-নিয়াৰ কথা চলি থকাৰ মাজতে চুতীয়া ৰাজ্য জয় কৰি স্বৰ্গদেউ সেনাপতি-সৈন্য সহিতে ৰাজধানীলৈ ঘূৰি আহিল। তাৰ যোগেদিয়েই টুচু সন্দিকৈও লাহে লাহে খাৰঘৰীয়া ফুকনৰ ওচৰ চাপি আহিছে। দুয়োৰে লক্ষ্য একেটাই— কনচেঙক যেন-তেনে আহোম ৰাজ্যৰ ক্ষমতাশালী মন্ত্ৰী হিচাপে প্ৰতিষ্ঠা কৰা। অকল মন্ত্ৰী হ'লেই নহয়, ৰজাদেৱৰ সোঁহাত স্বৰূপ হ'ব লাগিব। একেখন হাবিতে কেইবাটাও বাঘ নাথাকে। কোনো প্ৰতিদ্বন্দ্বীকে তেওঁ শক্তিশালী মন্ত্ৰী হ'বলৈ দিব নোৱাৰে। পুথায়েক আৰু সন্দিকৈৰ মতে তেওঁৰ প্ৰধান প্ৰতিদ্বন্দ্বী হ'ব পাৰে ৰজাৰ জোঁৱায়েক ফ্ৰাচেংমুং। তেওঁ চমুৱা কুঁৱৰীৰহে পুতেক। কিন্তু ফ্ৰাচেংমুং হ'ল ৰজাৰ নিজা কুঁৱৰীৰ জোঁৱায়েক। গতিকে জোঁৱায়েক ৰজাৰ ওচৰ চপাটো স্বাভাৱিক। তাতে চুতীয়া ৰাজ্য মাৰি ফ্ৰাচেংমুঙে ৰজাদেৱৰ মনত সন্তোষ লগাইছে। কিবা এটা বিষয় দি যে স্বৰ্গদেৱে তাক গজগজীয়া কৰিব, সেই কথা ঠিক।

কিন্তু তাক যাতে ৰাজধানীত নথৈ অন্য ক'ৰবাতহে থিতাপি দিয়ে, তাৰ বাবে মন্ত্ৰণা দিবলৈ কনচেঙক শিকাই দিছে পুথায়েকে। প্ৰশংসা কৰি তাক যেনে-তেনে উপযুক্ত বুলি ৰাজধানীৰ পৰা আঁতৰাব লাগে। ৰাজধানীৰ পৰা আঁতৰি থাকিলে ৰজাদেৱৰ মনৰ পৰাও সি আঁতৰি থাকিব। কি উপায়েৰে তাক আঁতৰ কৰা হ'ব, সেই মন্ত্ৰণা কৰিয়েই আলোচনা কৰি আছে তিনিও। টুচু সন্দিকৈয়ে স্বৰ্গদেউক ভিতৰুৱাকৈ ক'ব লগাখিনি ক'ব। বাকী ৰাজসভাত বৰপাত্ৰই মাত মাতিব। সকলো ব্যৱস্থা হ'ল।

স্বৰ্গদেউৰ মনত আনন্দ। চুতীয়া ৰাজ্য স্বৰ্গদেউৰ ৰাজ্যত চামিল হ'ল। বহুত দিনৰ আশা আছিল স্বৰ্গদেউৰ চুতীয়া ৰাজ্য চামিল কৰাৰ। স্বৰ্গদেৱে একেলগে থাকিলে আকৌ চুতীয়াবোৰে মূৰ দাঙি উঠিব পাৰে বুলি চুতীয়া ৰাজ্যৰ পৰা মানুহ তুলি আনি আহোম ৰাজ্যৰ মাজে মাজে পাতিলে আৰু আহোমৰ মানুহ নি চুতীয়া ৰাজ্যত থাপিলে। চুতীয়া ৰজাৰ সৰু পুত্ৰক শিশু বুলি বধ নকৰি, বাৰঘৰ মানুহ দি, পৰ্বতৰ বাহিৰ কৰি, ৰৌতাৰ পশ্চিম পাৰে, ধনশিৰিৰ পূব পাৰে, কবীৰ আলিৰ দক্ষিণ আৰু ব্ৰহ্মপুত্ৰৰ উত্তৰ পাৰে চৌহদ কৰি, খুঁটা মাৰি, তাম্ৰপত্ৰ কৰি

দি কৰতলীয়া কৰি থ'লে। ৰজা আৰু মন্ত্ৰীৰ মূৰ দুটা চৰাইদেউৰ সমীপত দেওঘৰৰ দুৱাৰমুখত পোতা হ'ল। তাৰ ওপৰেৰে খোজকাঢ়ি যাতে ৰজাসকলে দেওঘৰলৈ যাব পাৰে।

স্বৰ্গদেৱে বৰচ'ৰাত ঘোষণা কৰিলে—

ঃ এই ৰাজ্যখন যে মৰা হ'ল, নাখালে কি হ'ব? ইয়াক খাবহে লাগে।

স্বৰ্গদেৱে শদিয়াখোৱা গোহাঁইৰ বাব এটা সৃষ্টি কৰি, তিনি হাজাৰ মানুহসহ হাতী-ঘোঁৰা দি, ফ্ৰাচেংমুঙ বৰগোহাঁইক শদিয়াখোৱা গোহাঁই পাতিলে আৰু শদিয়াকে ধৰি চুতীয়াৰ পৰা পোৱা ডিবুৰুলৈকে সেই খণ্ড শাসন কৰিবলৈ দিলে। ফ্ৰাচেংমুঙে আনন্দ পালে। যুদ্ধৰ বাবে স্বৰ্গদেৱে বঁটা দিলে বুলিও বুজিলে। ইফালে ফ্ৰাচেংমুঙক ৰাজধানীৰ পৰা আঁতৰ কৰিবলৈ পাই মনে মনে আনন্দিত হ'ল কনচেং বৰপাত্ৰ গোহাঁই। লাহে লাহে ৰজাৰ আপোন হোৱাৰ চেষ্টা কৰিলে বৰপাত্ৰই।

ছয়ত্ৰিশ

ঃ ৰজা হোৱা সহজ, ৰাজ্য চলোৱাহে টান বঙহৰদেউ।

মূলা গাভৰুৰ কথাত শদিয়াখোৱা গোহাঁয়ে ঘৈণীয়েক মূলাৰ মুখলৈ চালে। হয়, চুতীয়াক যুঁজত মাৰি স্বৰ্গদেউৰ পৰা এই বাবটো পালে। এইটো বৰ ডাঙৰ পদবী। কাৰণ তিনিজন গোহাঁইৰ পাছতে শদিয়াখোৱা গোহাঁই। চুতীয়াক মাৰি এই ৰাজ্য জয় কৰিছে স্বৰ্গদেৱে। আহোম ৰাজ্য বহলাই শদিয়ালৈকে পাতিছে। এতিয়া ডিবুৰুলৈকে সেই খণ্ডৰ শাসনভাৰ ফ্ৰাচেংমুঙৰ ওপৰত। কিন্তু ৰাজধানীৰ পৰা দূৰত কাৰো পৰামৰ্শ নোলোৱাকৈ ৰাজ্য শাসন কৰা ইমান সহজ নহয়। তেওঁ আলোচনা কৰিব পাৰে একমাত্ৰ মূলাৰ লগত। তেওঁৰ ভাগ্য ভাল যে মূলা অকল ঘৰৰ ঘৈণীয়ে নহয়, ৰাজ্যৰ ৰাজনীতি বুজি পায় তাই। পিতাক ৰজাদেৱৰ লগত বিভিন্ন আলোচনাত ভাগ লৈ তাই পাকৈত হৈ পৰিছিল। এই খণ্ডৰ একপ্ৰকাৰ ৰজাই ফ্ৰাচেংমং। কাৰণ স্বৰ্গদেউক বছৰি শোধাব লগা কৰ-কাটল শোধোৱাৰ বাহিৰে অন্য একো কৰিব লগা হোৱা নাই। তাকো স্বৰ্গদেৱে জোঁৱায়েকৰ পৰা বিশেষ আশা নকৰে। নিয়ম মানিহে ৰাজভঁৰাললৈ কৰ-কাটল দিব লাগে। মাত্ৰ শতৰুৰ মাজত ৰাজ্য ৰক্ষা কৰি থাকিলে হ'ল। এফালে চুতীয়া ৰাজ্য যেতিয়া, তাত চুতীয়াৰ প্ৰজা আছেই। কিন্তু স্বৰ্গদেউৰ লগত দিয়া তিনি হাজাৰ মানুহেৰে তেওঁ ইয়াত ৰাজ্য পাতিছেহি। বৰুৱা-শইকীয়াকে আদি কৰি বিষয় খোৱা মানুহো দিছে স্বৰ্গদেৱে। কমখন কষ্টেৰে আজি অতদিনে ৰাজ্য পতা নাই তেওঁঙ্গ প্ৰথমে নতুন মাটি ভাঙি খেতি-খোলা কৰিবলৈ পাইকক মাটি দিয়াৰ লগতে যুদ্ধ কৰিবৰ বাবে পাইকক যুঁজ শিকোৱাৰ বাহিৰেও ধনু-কাঁড় সজাৰ পৰা হেংদাং, হিলৈলৈকে সজাব লগা হৈছে। কাৰণ কোন মুহূৰ্তত চুতীয়াবোৰে আকৌ মূৰ দাঙি উঠে, তাৰ কি ঠিক আছেঙ্গ তাতোকৈ ডাঙৰ কথা হৈছে চাৰিওফালে পৰ্বতত থকা মানুহবোৰ। আবৰ, ডফলা, চিংফৌ, মিচিমি আদি মানুহেৰে চাৰিওফালে ভৰা। এই মানুহবোৰৰ ভিতৰত আবৰবোৰ বৰ উদণ্ড। চিংফৌ আৰু ডফলাবোৰেও মাজে মাজে নামি

আহি গাঁওবোৰত লুটপাত কৰে। গতিকে শাসনভাৰ লৈয়ে ফ্ৰাচেংমুঙে প্ৰথমে লগত নিয়া অসমৰ মানুহবোৰক মাজে মাজে বহুৱালে। শদিয়াৰ সীমাত গড় বান্ধিলে আৰু চুতীয়াৰো কিছু মানুহক নিজৰ তলতে বিভিন্ন কামত লগালে। চুতীয়া ৰাজ্যৰ মানুহক বিষয় নিদিলে আগলৈ সিহঁতে একগোট হৈ বিদ্ৰোহ কৰাৰ আশংকাতহে এনেদৰে মিলি থাকিবলৈ ল'লে। তাৰ বাহিৰেও পাইকৰ হতুৱাই অস্ত্ৰ-শস্ত্ৰ তৈয়াৰ কৰাই কিছু টনকিয়ালকৈ অস্ত্ৰ ভাণ্ডাৰ কৰিলে। মুঠ কথা, শদিয়া নগৰখন থান-থিত লগাই একেবাৰে শাসনৰ বাবে উপযুক্ত কৰি পেলালে। মাজে মাজে স্বৰ্গদেৱকো এই বিষয়ে অৱগত কৰাই থাকিল। তথাপি বিভিন্ন সমস্যাৰ অন্ত নাই। স্বৰ্গদেউৰ ৰাজ্যত বিচাৰৰ ব্যৱস্থা নিয়ম মতে কৰিব লগা হৈছিল। যদিও শদিয়াখোৱা গোহাঁই হিচাপে তেওঁ প্ৰাণদণ্ডৰ বাহিৰে অন্য সকলো দণ্ড দিব পাৰিছিল, তথাপি তেওঁৰ লগত অহাবোৰৰ ক্ষেত্ৰত বৰ কঠোৰ হ'ব পৰা নাছিল। কাৰণ তেওঁৰ শক্তি আছিল একমাত্ৰ লগত অহাবোৰ। কিন্তু তেওঁৰ লগত অহা আহোম মানুহখিনিৰ সততে আগৰ চুতীয়া ৰাজ্যৰ মানুহৰ লগত বিবাদ হৈছিল। জয় কৰি পোৱা ৰাজ্যৰ প্ৰজা বুলি লগত অহাসকলে সিহঁতক বিভিন্ন কামত তলতীয়া কৰি ৰাখিব বিচাৰিছিল যদিও তাৰ মানুহে সেইটো মানিবলৈ টান পাইছিল। এনেবোৰ গোচৰৰ মীমাংসা কৰিবৰ বাবে তেওঁ ব্যস্ত হ'ব লগা হৈছিল। ইফালে প্ৰায়ে পৰ্বতীয়া মানুহ আহি ভৈয়ামত লুটপাত কৰাৰ উপৰি মানুহ ধৰি নিছিল। এই কথাতে প্ৰায়ে পাইক পঠিয়াই যুদ্ধ দিব লগা হৈছিল। দুই-এক পৰ্বতীয়া জাতিৰ মানুহক তেওঁ ধৰিও আনিছিল; বিচাৰো কৰিছিল; কিন্তু উপযুক্ত শাস্তি দিব পৰা নাছিল। কেৱল স্বৰ্গদেৱেহে দোষীক বিচাৰ কৰি প্ৰাণদণ্ড দিব পাৰিছিল। পাত্ৰমন্ত্ৰী তিনিজনেহে দোষীক ধুমেৰে খুন্দি বা পানীত ডুবাই মাৰিব পাৰিছিল। কিন্তু শদিয়াখোৱা গোহাঁই হিচাপে তেওঁ ঢকা-কোব, গঁতা-গৰাল, নাক-কাণ কটা বা আঁঠুৰ ঘিলা কঢ়া দণ্ডহে দিব পাৰিছিল। অৱশ্যে অসমৰ সীমালৈ আহি লুটপাত কৰা জাতিক স্বৰ্গদেউৰ আদেশ নোহোৱাকৈয়ে তেওঁ মাজে মাজে মৃত্যুদণ্ড দিছিল। কাৰণ কঠোৰ হাতেৰে পৰ্বতীয়া জাতিবোৰক দমন কৰাৰ প্ৰয়োজন আছিল। এই এশ-এবুৰি সমস্যাৰ মাজত কক্‌বকাই থাকিলেই তেওঁক মূলাই এনেদৰে সান্ত্বনা দিয়ে, বুধি-দিহা দিয়ে।

হঠাৎ এইবোৰৰ মাজতে এদিন স্বৰ্গদেৱে কটকী পঠিয়াই তেওঁক মাতি পঠিয়ালে। কটকীক শদিয়াখোৱা গোহাঁয়ে সকলো বুজাই ক'লে আৰু এনে এটা অৱস্থাত শদিয়া এৰি যাবলৈ মান্তি নহ'ল। কাৰণ পৰ্বতীয়া জাতিবোৰে

যিকোনো সময়তে তেওঁ নাথাকিলে আক্ৰমণ কৰিব পাৰে। কটকীয়ে তেওঁৰ বাৰ্তা লৈ গ'লগৈ।

এনেদৰে ছমাহমান যোৱাৰ পাছত হঠাৎ ৰূপ সন্দিকৈ শদিয়া ওলালহি। ৰূপ সন্দিকৈ স্বৰ্গদেউৰ ওচৰৰ লোক। সাধাৰণতে গুৰুতৰ কিবা নাথাকিলে এনেদৰে সন্দিকৈক নপঠিয়ায়। ৰূপ সন্দিকৈয়ে ফ্ৰাচেংমুঙক ক'লে যে স্বৰ্গদেৱে তেওঁক তৎকালে মাতি পঠিয়াইছে।

ঃ স্বৰ্গদেৱে তোমাক মাতিছে। তুমি এখেৰ আন মানুহ-দুনুহ নিনিবা। তোমাৰ ঘৰৰ লৰা-লুৰি, বন্দী-বেটী মাত্ৰ নিবা।

এইবাৰ কিন্তু ফ্ৰাচেংমুঙে স্বৰ্গদেউৰ কথা পেলাব নোৱাৰিলে। তলৰ বিষয়াক দায়িত্ব গতাই দি, তেওঁ পৰিয়ালসহ চাৰিগুৱালৈ ৰাওনা হ'ল। ৰূপ সন্দিকৈও তেওঁৰ লগতে আহিল।

সাতত্ৰিশ

কনচেঙৰ চকলং হৈ গ'ল। লাহে লাহে স্বৰ্গদেউৰ ওচৰ চাপি আহিছে তেওঁ। বুঢ়াগোহাঁই আৰু বৰগোহাঁইৰ ওপৰতো স্বৰ্গদেৱে ইমান নিৰ্ভৰ নকৰা হৈছে। আচলতে বিভিন্ন সময়ত স্বৰ্গদেউৰ মত মন্ত্ৰীসকলৰ সৈতে নিমিলাত স্বৰ্গদেউ তেওঁলোকৰ ওপৰত সন্তুষ্ট নহয়। কনচেং অৱশ্যে বৰপাত্ৰ হৈয়েই সন্তুষ্ট, বৰগোহাঁই বা বুঢ়াগোহাঁই হোৱাৰ তেওঁৰ ইচ্ছা নাই। কাৰণ তিনিওৱে ক্ষমতা সমান। তথাপি ৰজাদেৱৰ আপোন হোৱাটো ডাঙৰ কথা। তেওঁৰ মান-সন্মানো বাঢ়ে আৰু মানুহেও আগলৈ ভয় কৰে। যি ৰাজনীতিৰ সোৱাদ পোৱা নাছিল, এতিয়া সেই সোৱাদ পাই তেওঁৰ ক্ষমতাৰ লিপ্সা বাঢ়ি গৈছে। ৰাজ্যখনৰ ভিতৰত একমাত্ৰ ক্ষমতাশালী মানুহ হ'বলৈ বিচাৰে তেওঁ।

আচলতে মানুহটো সহজ-সৰল হ'লেও কিছু কথাত কূটনীতি ৰচনা কৰাত পাকৈত হৈ উঠিছে। স্বৰ্গদেউৰ জোঁৱায়েক ফ্ৰাচেংমুঙৰ ক্ষমতা হ্ৰাস কৰিবলৈ যিখন খেল খেলা হ'ল, তাত তেওঁ চিধাকৈ নাই যদিও সকলো তেওঁ জানে। স্বৰ্গদেউৰ পৰীয়াই ৰাইজৰ খবৰ ডাঁৰে ডাঁৰে জনাই থাকে। এইবোৰৰ ভিত্তিত স্বৰ্গদেৱে দুই-একৰ লগত আলোচনা কৰে। আলোচনা কৰাৰ ভিতৰত কৰে টুচু সন্দিকৈৰ লগতো। বৰচ'ৰাত সিদ্ধান্ত ঘোষণা কৰাৰ আগতে ভিতৰুৱা মেলত বৰগোহাঁই, বুঢ়াগোহাঁই আৰু বৰপাত্ৰ গোহাঁইৰো পৰামৰ্শ লয়। কিছুমান কথা মাত্ৰ বৰপাত্ৰকে সোধে স্বৰ্গদেৱে। কনচেঙে বুজিছে যে তেওঁৰ ভাগ্যৰ চকৰি লাহে লাহে ঘূৰিছে। কেইদিনমানৰ আগৰ এটা ঘটনাৰ পৰা স্বৰ্গদেৱেও তেওঁক বেলেগ ধৰণেৰে জ্ঞান কৰিবলৈ লৈছে।

কেইদিনমান আগতে স্বৰ্গদেউৰ মাছপহু চিকাৰ কৰিবৰ মন হ'ল। সেই গতিকে হাতীত উঠি, লগুৱা-লিকচৌ, পাইক আৰু বিষয়াৰ সৈতে নগৰৰ বাহিৰ হ'ল। লগত ল'লে কনচেং বৰপাত্ৰক। লুইতৰ বুকুত নাও লৈ, লগত বৰপাত্ৰ আৰু টেমুনীয়া নদীয়ালক লৈ ৰজাদেৱ জাল মাৰিবলৈ গ'ল। লগে লগে বৰুৱা দুজনক

লৈ এমখা পাইক অন্য নাও লৈ গ'ল। ৰজাদেৱে জাল মাৰি আছে; ডাঙৰ মাছ উঠা নাই জালত। ডাঙৰ কুড়ি এটাহে পাইছে। একোবত ৰজাদেৱে মৰা জাল পানীৰ তলত লাগি ধৰিল। টানেহে টানে, এৰুৱাব নোৱাৰে। উপায় নাপাই টেমুনীয়া নদীয়ালে বুৰ দিলে। নদীয়াল নোলোৱা দেখি এইবাৰ লুইতক কাবৌ কৰি বুৰ দিলে বৰপাত্ৰই। জাল এৰাল, কিন্তু বৰপাত্ৰ নোলায়হে নোলায়। বৰপাত্ৰ মৰা যেন হৈ ওলোৱাত ৰজাদেৱে সেও দিয়ালে। বৰপাত্ৰৰ জ্ঞান আহিলত ৰজাদেৱে সুধিলে কি হ'ল বুলি। বৰপাত্ৰই আচৰিত কথা ক'লে—

ঃ স্বৰ্গদেউ ঈশ্বৰ, কাটকেই বা মাৰকেই, কথা হ'ল লুইতৰ ৰজাৰ গাত জাল লাগিছিল। টেমুনীয়া নদীয়ালে চুবলৈ যোৱাত তাক মাৰিলে। মই কাবৌ কৰাত জাল এৰুৱাই দিলে আৰু ক'লে বোলে ৰজাৰ দুই কুঁৱৰীৰ সদায় ফণি সলনি হৈ বিবাদ লাগে। এজনী কুঁৱৰীয়ে ফণিখন দলিয়াই দিলে। মই ক'লোঁ বোলো এইখন নি কি কৰিম? মোক ক'লে ধন-ঐশ্বৰ্য হ'ব। মাত্ৰ ভালৰূপে থ'বি।

ৰজাদেৱক ফণিখন দেখুৱালে।

ঃ ফণি তোলৈ দিলে নে মোলৈ দিলে?

ঃ মোলৈহে দিলে; পাছে বাৰু তুমিয়ে লোৱা।

ঃ যাক দিলে সিহে পায়, এতেকে তয়ে ল।

বৰপাত্ৰই ফণি লৈ ঘৰলৈ আহিল। কুল দেৱতা বুলি আথে-বেথে ফণি থাপনাত থ'লে। তাৰ পাছৰেপৰাই বৰপাত্ৰৰ সঁচাকৈয়ে ভাগ্য ঘূৰিল। স্বৰ্গদেউ ঈশ্বৰে বৰপাত্ৰ আৰু লগৰবোৰে বিচৰা মতেই কৰিলে। ফ্ৰাচেংমুঙক লৈ ৰূপ সন্দিকৈয়ে সেৱা কৰিলত ৰজাদেৱে ক'লে—

ঃ তই ল'ৰা-ছোৱালীক শিকাব-বুজাব লাগে, গতিকে ইয়াতে থাক, শদিয়ালৈ যাব নালাগে।

প্ৰকৃততে ফ্ৰাচেংমুঙৰ লগত বা অন্য কাৰোবাৰ লগত শত্ৰুতা বুলিবলৈ একো নাই; কিন্তু পুথাও আৰু সন্দিকৈয়ে তাক একচেটিয়া কৰিবৰ বাবে এইবোৰ যে চক্ৰান্ত কৰিছে, সি বুজিছে। তাৰ বাহিৰেও বুঢ়াগোহাঁই ফৈদৰ এজনক শদিয়াখোৱা গোহাঁই পাতিব পাৰিলে, দুই মন্ত্ৰীৰ এজনক তাৰফালে আনিব পাৰিব—সেইটোও এটা উদ্দেশ্য। তাক মন্ত্ৰী পতা বাবে দুই মন্ত্ৰী বৰ আনন্দিত নহয়, কিন্তু তাৰে

এজনমানক তাৰ ফালে আনিব নোৱাৰিলে কথা নৰজে। গতিকে একেপাট কাঁড়েৰে দুই চৰাই বধাৰ দৰে বুঢ়াগোহাঁইৰ আত্মীয় তাওচেংমুঙক শদিয়াখোৱা গোহাঁই পাতি শদিয়ালৈ পঠিওৱাৰ ব্যৱস্থা কৰিলে। স্বৰ্গদেৱে কামবোৰ কৰিলে যদিও কোনে, কেনেকৈ স্বৰ্গদেউক মান্তি কৰালে, স্বৰ্গদেৱে গমকে নাপালে। এই প্ৰথম কনচেঙে ৰাজনীতিৰ পাশা খেলৰ গুটি চলালে। প্ৰথমতে কূটনীতিৰ আশ্ৰয় লৈ স্বৰ্গদেউৰ চোৰাংচোৱা এটাক হাত কৰিলে। সি বাৰ্তা ঠিকেই সংগ্ৰহ কৰিছিল। শদিয়াখোৱা গোহাঁয়ে যে স্বৰ্গদেউক শক্তিশালী কৰাৰ উদ্দেশ্যে কঠোৰ হাতেৰে শদিয়া শাসন কৰিছিল, সেয়া তেওঁ বুজি পাইছিল। শতৰুক বাধা দিবলৈ যে সৈন্যবাহিনী গোটাইছিল, তাকো উপলব্ধি কৰিছিল। কিন্তু এই সকলোবোৰ স্বৰ্গদেউৰ ওচৰত দাখিল কৰোঁতে বেলেগকৈ দাখিল কৰা হৈছিল। স্বৰ্গদেউক বেঁকাকৈ দেখুৱাই বুজোৱা হৈছিল যে শদিয়াখোৱা গোহাঁয়ে চুতীয়া মাৰি দেশ লৈ এতিয়া নিজে ৰজা হোৱাৰ পাং পাতিছে। এফালে স্বৰ্গদেউৰ জোঁৱাই তেওঁ, গতিকে ৰাজ্য ল'লেও স্বৰ্গদেৱে ঘপ্‌কৈ যুদ্ধ কৰিব নোৱাৰে। মনে মনে কষ্ট হয় কনচেঙৰ। দেশপ্ৰেমিককো ৰাজনীতিয়ে দেশদ্ৰোহী কৰে, দেশদ্ৰোহীকো কৰে দেশপ্ৰেমিক।

কিন্তু তেওঁ অসমৰ ৰাজমন্ত্ৰী। ৰাজনীতিৰ পাশা গুটি তেওঁ যেনেকৈ হওক নিজে বিচৰা ধৰণে মাৰিবই লাগিব, তাৰবাবে যদি কোনোবাই কিবা হেৰুৱাব লাগে, তেওঁ একো কৰিব নোৱাৰে।

আঠত্ৰিশ

বাহিৰৰ মানুহক দেখুৱাই সহজ হৈ হাঁহি-মাতি, খেতি-খোলা কৰি, সুখেৰে খাই, ল'ৰা-ছোৱালী চাই থাকিলেও ফ্ৰাচেংমুং বৰগোহাঁইৰ মনত শান্তি নাই। তেওঁৰ মনৰ উমান নোপোৱা নহয় মূলা গাভৰুৱে, কিন্তু তেওঁৰ কৰিবলৈ একো নাই। ইমান এটা ডাঙৰ পদবীত থকাৰ পাছত নিশাটোৰ ভিতৰতে আঁতৰাই অনাটো কিমান ডাঙৰ কথা, সেয়া বৰগোহাঁয়েহে উপলব্ধি কৰিব পাৰিছে। প্ৰকৃততে তেওঁ গম পালে যে এয়া কোনোবা ৰাজ বিষয়াৰে চক্ৰান্ত। ক্ষমতাৰ যুঁজেও আহোম সাম্ৰাজ্যত ঘুণ পোকৰ দৰে লাহে লাহে যে আক্ৰমণ কৰিছে, তেওঁ বুজিলে। তেওঁ সকলো গম পাইছে এতিয়া। তেওঁ কাঁড়ী-পাইকক যুদ্ধৰ আখৰা কৰাই শত্ৰুৰ বাবে প্ৰস্তুত কৰাইছিল। চাৰিওফালে থকা শতৰুক বাধা দিবলৈ শক্তি সঞ্চয় কৰিছিল। তাকে দেখি স্বৰ্গদেৱে ভাবিলে যে তেওঁ শদিয়াৰ ৰজা হ'ব খুজিছে। চুতীয়া ৰাজ্য মাৰি, তাৰ ৰজা হ'ম বুলি ভাবি তেওঁ সেই কাম কৰা নাছিল। স্বৰ্গদেউক শক্তিশালী কৰিম বুলিহে এনে কাৰ্য কৰিছিল। কিন্তু তাতো স্বৰ্গদেৱে সন্দেহ কৰিলে। দেশৰ কাৰণে কৰোঁতে তেওঁক দেশদ্ৰোহী সজালে। বাহিৰত দেখুৱাই স্বৰ্গদেৱে একো কোৱা নাই, কিন্তু তেওঁ শদিয়া জিনি তাৰ ৰজা হ'ব খোজা বুলি সকলোৱে ভাবিছে। খণ্ডত-ক্ষোভত তেওঁৰ মন জ্বলি আছে, কিন্তু কৰিব পৰা একো নাই। যদি স্বৰ্গদেউক উপযাচি কিবা কয়, তেন্তে স্বৰ্গদেৱে ভাবিব— 'গোসাঁই-ঘৰত কোন, মই কল খোৱা নাই।' তেওঁ একো ক'ব নোৱাৰে। মাজে মাজে ভাবে— মূলাক পঠিয়াই প'ক কোৱাব নেকি এযাৰঙ্গ কিন্তু তেওঁ এই কাম কৰিব নোৱাৰে। এনেয়েও মূলা ৰাজনীতিত অভিজ্ঞ। ৰাজনীতি মানেই উচ্চাকাংক্ষা। গতিকে মূলাই তেওঁক উচটনি দিয়া বুলিও ভাবিব পাৰে স্বৰ্গদেৱে। আচলতে আহোমৰ নিয়মত ৰজাৰ বংশৰ বাহিৰে কোনেও ৰজা হ'ব নোৱাৰে। সেই কাৰণে ৰাজবংশৰ বাহিৰৰ কোনেও যে ৰজা হ'বলৈ আশা নকৰে, এই কথা ঠিক। কিন্তু বৰগোহাঁই বা বুঢ়াগোহাঁই ফৈদৰ পৰা মন্ত্ৰী হ'ব পাৰে। তেওঁ ৰজাৰ

জোঁৱায়েক, তাতে বৰগোহাঁই ফৈদৰ, গতিকে তেওঁ ৰজাৰ মন্ত্ৰীৰ আসনত বহাটো একো ডাঙৰ কথা নহয়। গতিকে তেওঁ ৰাজধানীত নথকাৰ সুযোগতে ৰজাদেৱক কোনোবাই তেওঁৰ বিপক্ষে লগাই মন বিষাক্ত কৰি পেলাইছে। তেওঁৰ যে কষ্ট হৈছে, তাৰ কাৰণ নথকা নহয়, আছে। চুতীয়াৰ ৰাজ্য তেওঁ জয় কৰিছে। কছাৰীৰ বিৰুদ্ধে যুঁজতো তেওঁ বেছ পৰাক্ৰমেৰে যুঁজ কৰি কছাৰীক বশ কৰি স্বৰ্গদেউক সহায় কৰিছে। দেশৰ বাবে তেওঁ ইমান কৰাৰ পাছতো তেওঁক এইদৰে উপেক্ষা কৰিছে। কিন্তু ৰজাদেৱৰ বিৰুদ্ধে তেওঁ কোনো কথা কোৱাও নাই, পদক্ষেপো লোৱা নাই। কিন্তু তেওঁ অকলশৰীয়া নহয়। তেওঁৰো ওচৰ সম্পৰ্কৰ মানুহে পদে পদে স্বৰ্গদেউৰ বতৰা দি আছেহি। ফ্ৰাচেংমুঙৰ কাৰো ওপৰতে ক্ষোভ নাই। মুলায়ো তেওঁক এই বিষয়ে একো নকয়। কিন্তু তেওঁৰ মনত শান্তি নাই। ৰজাদেৱৰ চাৰিওফালে বেৰি থকা মানুহবোৰৰ চক্ৰান্ত ভেদ কৰি তেওঁ ৰজাদেৱৰ ওচৰ চাপিব নোৱাৰে।

হঠাৎ কেউফালে হুলস্থূল লাগিল। ঘনে ঘনে ৰজাদেৱৰ গোপন মন্ত্ৰণা বহিল। খাৰঘৰীয়া ফুকনৰ তলৰ পাইকো ব্যস্ত হৈ পৰিল। বাকী পাইকবোৰৰ যুদ্ধৰ আখৰা আৰম্ভ হ'ল। চাৰিওফালে উত্তেজনাময় পৰিৱেশ। ইফালে কেউফালে ৰটনা হৈ গ'ল যে শত্ৰুৱে দেশ আক্ৰমণ কৰিছে। ফ্ৰাচেংমুং সাৱধান হ'ল। সঠিক বতৰা ল'লে। গম পালে যে শত্ৰুৱে অসমৰ সীমাত সোমোৱা নাই যদিও অসমৰ তলতীয়া ঠাই লোৱাটো সত্য। চুতীয়া আৰু কছাৰী ৰজাক ৰণত ঘটুওৱা দেখি কমতা ৰাজ্যৰ ৰজাই ৰাজনী আৰু ভাজনী নামৰ দুই কুঁৱৰীক আহোম ৰজালৈ দি মিত্ৰতা কৰিছিল। তেতিয়াই যৌতুকত শ্বেৰপুৰ, পাতিলজহাপুৰ, এঘাৰ সেন্দূৰ, কামপুৰ আৰু ঢেকেৰা নামৰ পাঁচখন ৰাজ্য আহোম ৰজাক দিছিল। তাৰ পাছৰপৰাই আহোমৰ অধীনত আছিল এই পাঁচখন ৰাজ্য। কিন্তু গৌড়ৰ নবাব খছল খাঁৰ সেনাপতি তুৰ্বকে বোলে ইতিমধ্যে এই ৰাজ্য আক্ৰমণ কৰি, এই ঠাইবোৰ অধিকাৰ কৰিছে। এই বতৰা দি কমতাপুৰৰ ৰজাই স্বৰ্গদেউক ৰাজ্য উদ্ধাৰ কৰিবলৈ সকীয়াই দিলে। স্বৰ্গদেউৰো এয়া সন্মানৰ কথা হৈ পৰিল। যৌতুকীয়া ৰাজ্যকেইখনৰ প্ৰতি তেওঁ সিমান মনোযোগ দিয়া নাছিল। কমতাপুৰৰ বিষয়াই তাত কৰ-কাটল তুলি ৰজাক দি আছিল। ৰজাদেৱেও তাত কোঠ মাৰি সৈন্য আদি ৰখাৰ কথা গভীৰভাৱে চিন্তা কৰা নাছিল। ইফালে কলিয়াবৰত কোঠ মাৰি আহোমৰ সৈন্য ৰখা হৈছিল। এতিয়া তুৰ্বকে যদি আগুৱাই আহি কলিয়াবৰ পায়, তাত আহোম

সেনা হাৰিলে গড়গাঁও পাবলৈ কেতপৰ? গতিকে স্বৰ্গদেৱে যেনে-তেনে তুৰ্বকক বাধা দিয়াৰ কথা চিন্তা কৰি সৈন্য পঠিয়াবলৈ ইচ্ছা কৰিলে। স্বৰ্গদেৱে মন্ত্ৰণা কৰি ফ্ৰাচেংমুঙকে সেনাপতি পতাৰ ব্যৱস্থা কৰিলে। সেই কথা ভাবি তেওঁক স্বৰ্গদেৱে মাতি পঠিয়ালে। কিন্তু অভিমানী ফ্ৰাচেংমুং স্বৰ্গদেউৰে কাষলৈ নগ'ল। মূলা গাভৰুৱে কথাবাৰ গম পালে যদিও একো নক'লে। কাৰণ দেশৰ আৰু স্বৰ্গদেউৰ কাৰণে বহুত কৰিছে বৰগোহাঁয়ে। তথাপি পদে পদে তেওঁক উপেক্ষা কৰা হৈছে। সেয়ে হ'লেও দেশৰ এই বিপদত মূলাই তেওঁৰ গিৰীয়েক স্বৰ্গদেউৰ ওচৰলৈ যোৱাটোৱেই বিচাৰিছিল। কিন্তু মুকলিকৈ একো ক'বও পৰা নাছিল। সেইদৰেই কেইটামান দিন বাগৰি গ'ল। ঠিকেই বতৰা পাই আছিল ফ্ৰাচেংমুঙে, তেওঁ স্বৰ্গদেউৰ ওচৰলৈ নোযোৱাত, স্বৰ্গদেৱে অন্য বিষয়াৰ সৈতে মন্ত্ৰণা কৰি বুঢ়াগোহাঁইৰ ফৈদৰ থাওমুংচুং আৰু কিংলুঙক সেনাপতি পাতি বঙালক ভেটিবলৈ পঠিয়ালে। পাইক, কাঁড়ী, হাতী, ঘোঁৰা আৰু বৰতোপেৰে সৈতে তেওঁলোক আগবাঢ়ি গ'ল।

অশান্তি পাইছিল ফ্ৰাচেংমুঙে। কাৰণ দেশৰ এই অৱস্থাত ৰজাদেৱৰ আজ্ঞা অৱজ্ঞা কৰি তেওঁ দেশৰ যে সৰ্বনাশ মাতি আনিছে, এই কথা উপলব্ধি কৰিছিল। কিন্তু এবাৰ মৰা শৰ আকৌ ওভতাই অনা সম্ভৱ নহয়। স্বৰ্গদেউৰ কাষলৈ উপযাচি যোৱা মানে তেওঁৰ ওচৰত নত হোৱা। এনে কৰিবৰ ইচ্ছাও নাছিল তেওঁৰ। কিন্তু তেওঁ এই চিন্তা কৰি থাকোঁতেই স্বৰ্গদেৱে চুচেন ৰাজখোৱাক জোঁৱায়েকৰ কাষলৈ পঠিয়ালে। চুচেন ৰাজখোৱাই স্বৰ্গদেৱে তেওঁক যুঁজৰ বাবে মতাৰ বতৰা দিলে। তাৰ বাহিৰেও ৰজাদেৱৰ মাক ৰাজমাৱে নাতিজোঁৱায়েকক টানি মাতি পঠিওৱাৰ কথা চুচেন ৰাজখোৱাই ক'লে। এইবাৰ গা লৰিল ফ্ৰাচেংমুঙৰ। মূলা গাভৰুৱে গিৰীয়েকক টানি ধৰিলে আৰু ক'লে—

ঃ বঙহৰদেউ, ৰজাৰ কথাত নালাগিব। আপোনাক ৰজাই মতা নাই, দেশে মাতিছে। প'ৰ কথাত খং কৰি ৰণৰ সময়ত ৰণ নকৰি থাকিলে দেশ শতৰুৱে ল'ব। দেশৰো মান হানি, নিজৰো হানি।

অৱশেষত ফ্ৰাচেংমঙে স্বৰ্গদেউৰ ওচৰলৈ গৈ আঁঠু ল'লে। স্বৰ্গদেৱে তেওঁক বৰ সেনাপতি পাতি, নতুনকৈ কাঁড়ী-পাইক আৰু বৰতোপ দি যুঁজলৈ পঁাচিলে। ইফালে যুঁজৰ বতৰা বৰ ভাল নাছিল। তুৰ্বক আছিল ডাঙৰ বীৰ। তদুপৰি সি হাতী-ঘোঁৰাৰে পাঠান সৈন্য লৈ যুঁজলৈ আহিছিল। আহোমৰ সেনাই কলিয়াবৰৰ কোঠ আৰু খাৱৈ পাৰ হৈ তুৰ্বকৰ সেনাৰ লগত যুঁজ দিলেগৈ। কিন্তু ভাগ্যলক্ষ্মী

আছিল তুৰ্বকৰ ফালে। প্ৰথম দুখনমান যুঁজত আহোম সেনাক কচু কটা দিলে তুৰ্বকৰ সৈন্যই। সেনাপতি দুজনে বাকী সেনা লৈ খাৱৈ পাৰ হৈ কোঠৰ ভিতৰত ৰ'লহি। ইফালে তুৰ্বকেও আগুৱাই নাহি, তাতে অপেক্ষা কৰি ৰ'ল। তুৰ্বক আছিল বৰ চতুৰ, গতিকে যুঁজত জিকিও সি বৰকৈ আগবাঢ়ি নাহি, সাৱধানে তাৰ সুবিধাজনক ঠাইত ৰ'ল।

স্বৰ্গদেউ, মন্ত্ৰীসকল আৰু সকলো চিন্তিত। কাৰণ যদি তুৰ্বকক ইয়াতে বাধা দিব নোৱাৰে, তেন্তে মোগলৰ অধীনতে অসম থাকিব লাগিব। নিশাটোৰ ভিতৰতে সাতজন পালি সেনাপতি দি স্বৰ্গদেৱে এটা বৃহৎ বাহিনী ফ্ৰাচেংমুঙৰ অধীনত যাবলৈ আদেশ কৰিলে। কেউফালে হুৱাদুৱা লাগিল। সোনকালে সৈন্য বাহিনী গৈ নাপালে ইফালে তুৰ্বক আগবাঢ়ি আহিব পাৰে। গতিকে নিশাৰ ভিতৰতে সকলো ব্যৱস্থা কৰা হ'ল।

ফ্ৰাচেংমুং উভতি আহি মূলাক বতৰা দিলে আৰু নিশাটোৰ ভিতৰতে যুঁজৰ যা-যোগাৰ সম্পূৰ্ণ কৰাৰ কথা ক'লে। স্বামীক বৰসেনাপতি পাতি যুঁজলৈ পঠিওৱাত আনন্দিত হ'ল মূলা; কিন্তু মূলাই ফ্ৰাচেংমুঙক ক'লে—

ঃ বঙহৰদেউ, সেনাপতি হৈ যুঁজলৈ যাওক। আমি আনন্দ পাইছোঁ; কিন্তু দুটা দিন দেৰিকৈ যাওক।

ঃ দুটা দিন দেৰিকৈ কিয়?

আচৰিত হৈ সুধিলে ফ্ৰাচেংমুঙে।

ঃ কৱচ কাপোৰ বৈ দিবলৈ মই দুটা দিন ৰ'ব লাগিব। নিশাটোৰ ভিতৰতে বৈ দিব লগা কৱচ কাপোৰ ব'বলৈ মই অশুচি হৈ আছোঁ।

কিছু সময় মনে মনে ৰ'ল বৰগোহাঁই। ৰজাদেৱে বাৰে বাৰে মতাৰ পাছতহে তেওঁ গৈছে। দেওধায়ে মঙল চাই দিন কৈছে। তেওঁ আগতে নোযোৱা বাবেই বঙালৰ হাতত হাৰিছে আহোম সৈন্য। এতিয়া যদি কৱচ কাপোৰৰ অজুহাতত তেওঁ আকৌ দুদিন পিছুৱায়, তেন্তে কি হ'ব? ইফালে তাত থকা বাহিনী বৈ আছে তেওঁ যোৱালৈ। মোগলক ভেটি ৰাখিব পৰাকৈ তাত বৰবৰুৱা নাই। নাই নাই, ই অসম্ভৱ। ঘৰৰ ঘৈণীৰ কথাত তেওঁ ৰাজকাৰ্য অৱহেলা কৰিলে তেওঁক মানুহে হাঁহিব। হয়, আগৰ যুদ্ধত মূলাই কৱচ কাপোৰ তৈয়াৰ কৰি দিছে। তেওঁ

যুদ্ধত জিকিছে। কিন্তু কৱচ কাপোৰেতো যুদ্ধ নকৰে, যুদ্ধ কৰিব তেওঁ। তাতে দেওধায়ে চাই কৈছে যে দুর্গৰ ভিতৰৰ পৰা যি যুদ্ধ কৰিব, সিয়েই যুঁজত জিকিব। আহোমে কলিয়াবৰৰ দুর্গ নেৰিলেই হ'ল। তাতে স্বৰ্গদেৱে নিজৰ তিনি পুতেকক তেওঁৰ লগতে যুঁজলৈ পঁাচিছে। সকলো সাজু। ৰাজধানীৰ পৰা কলিয়াবৰলৈ তিনি দিনৰ বাট। সমস্ত সৈন্যবাহিনী লৈ যোৱা সহজ কথা নহয়। বাটত বৈ বৈ যাব লাগিব। নহ'লে যাওঁতেই পাইকবোৰ ভাগৰি পৰিলে যুদ্ধ কৰিব কেনেকৈ? এই ভৰা নদীৰে ইমানবোৰ সৈন্য লৈ নাৱেৰে যোৱাটোও সম্ভৱ নহয়। ঘোঁৰা আৰু হাতী লৈ যাব লাগিব।

ঃ গাভৰু, এয়া অসম্ভৱ। তয়েই কৈছিলি দেশৰ মান ৰাখিবলৈ। দেশৰ মান ৰাখিবলৈ মই তোৰ কথা ৰাখিব নোৱাৰোঁ।

পাছদিনা পুৱাতেই প্ৰধান সেনাপতি হৈ ফ্ৰাচেংমুঙে যাত্ৰা কৰিলে বঙালক ৰুধিবলৈ।

ঊনচল্লিশ

যোৱাৰ সময়ত গৃহডামত সেৱা জনায়ে ওলাই গৈছিল ফ্ৰাচেংমুং। একাষৰীয়াকৈ বৈ আছিল মূলা। বৰ কষ্টেৰে চকুৰ পানী ধৰি ৰাখিছিল তাই। যিমানবাৰ যুদ্ধলৈ গৈছে গিৰীয়েক, প্ৰত্যেকবাৰেই হাঁহিমুখে বিদায় দিছে তাই। কৱচ কাপোৰ বৈ দিছে নিজ হাতেৰে। হেংদাং যতনাই দিছে। যোৱাৰ আগমুহূৰ্তত জয়ী হোৱাৰ বাবে কপালত ৰেঘা আঁকি দিছে। কিন্তু আজি তাই সেয়া একোৱেই কৰিব পৰা নাই। মূলাৰ ডাঙৰ জীয়েক বগী আইদেউ গাত কাপোৰ ল'ব পৰা হোৱাই নাই, তায়ে দেউতাকক ৰেঘা দিবলৈ বৈ আছে। সৰুটো কোলাত উঠি থকা। গতিকে পিতাক যুদ্ধলৈ গৈছে নে কি, সি বুজিব পৰা হোৱাই নাই।

তেওঁ ওলাই যোৱাৰ পাছৰে পৰা শান্তিত থাকিব পৰা নাই মূলা। কেঁচুৱাটোক বুকুত সাবটি ধৰি মাজে মাজে উচুপি উঠিছে। ছোৱালীজনীও একো বুজিব পৰা হোৱা নাই। পিতাক যুঁজলৈ গৈছে। যুঁজ কি তাইৰ বুজাৰ বয়সেই হোৱা নাই। ফ্ৰাচেংমুঙৰ মাক-দেউতাকেও বৰ এটা চিন্তা কৰা নাই। কাৰণ ফ্ৰাচেংমুং ডাঙৰ যোদ্ধা। ইতিমধ্যে কেইবাখনো যুঁজ জিকিছে। এলাপেচা পাঁচ-ছটা মানুহে বলে পৰা টান। তেওঁৰ হেংদাঙৰ আগত তিষ্ঠি থকাও টান। গতিকে চিন্তা কৰা নাই। অৱশ্যে মোগলৰ লগত যুঁজ আৰু চুতীয়া, নগা বা ভূঞাৰ লগত যুঁজ কৰাও বেলেগ কথা। মোগলৰ শক্তি বেছি, তাতে হিলৈ মাৰিব পাৰে। অৱশ্যে অসমীয়া মানুহ বৰতোপৰ ফালৰপৰা ধনী। অসমীয়াৰ দৰে বৰতোপ আৰু খাৰ খাঁজিব পৰা মানুহ দিল্লীৰ পাটচাহলৈকে নাই। কাৰণ স্বৰ্গদেউৰ কাষত থাকোঁতে তাই বৈৰাগী আৰু চোৰাংচোৱাৰ কথাবোৰ শুনিবলৈ পাইছিল। মাত্ৰ মোগলৰ সৰু হাতহিলৈ আছে, যিবোৰ অসমীয়া মানুহে সাজিব জনা নাই। খাৰবোৰ বৰ উন্নত নহ'লেও মানুহ এটা বধ কৰিবৰ বাবে যথেষ্ট।

প্ৰকৃততে আহোম ৰমণীয়ে স্বামী যুদ্ধলৈ গ'লে দুশ্চিন্তা কৰিব নাপায়। যুঁজাৰু জাতিৰ তিৰোতাই তেনে নকৰে। তথাপি স্বামী সদায় নিজৰ। মূলাই সেই বাঘৰ লগত যুঁজ কৰা দিনৰে পৰাই তেওঁক মনৰ মাজত বহুৱাই লৈছে। নিজৰ প্ৰাণতকৈও আপোন ফাচেংমুঙৰ লগতে মূলাৰ চাৰিওজন ককায়েকো যুঁজলৈ গৈছে। ৰজাদেৱে নিজেও যিকোনো মুহূৰ্ততে যুঁজলৈ যাবলৈ সাজু হৈ আছে। তুৰ্বকে কেনেবাকৈ দেশ অধিকাৰ কৰিব লাগিলে সকলো মোগলৰ তলতীয়া হৈ থাকিব লাগিব। তাৰ বাহিৰেও দেওধায়ে কুকুৰাৰ ঠেঙেৰে মণ্ডল চাই কৈছে যে কোঠৰ ভিতৰৰ পৰা যুঁজিলে জিকিব আহোম সৈন্য। গতিকে বীৰৰ স্ত্ৰীৰ দৰে স্বামীক আগবঢ়াই দিয়াই কৰ্তব্য। তাতে তাই মূলা। সকলোৱে জানে যে তাইৰ দৰে সাহসী তিৰোতা দ্বিতীয় এজনী নাই। ইয়াৰ বাহিৰেও মূলাৰ এক বিশেষ সাহস হ'ল গড়গঞা সন্দিকৈ। গড়গঞা সন্দিকৈ ৰজাদেৱে পতা। পূৰ্বতে চুকাফা ৰজাৰ লগত নামি অহা 'চিঙ্গিডাঙ্গ' নামৰ মানুহঘৰৰ পো-পৰিয়ালক পাছলৈ দেহিয়াচিং বুলিবলৈ ল'লে। সেই দেহিয়াচিঙৰ ঘৰৰ চাওমুঙৰ ঘৈণীয়েকে ৰজাদেৱৰ চাঙলৈ অহা যোৱা কৰিছিল। চাওমুঙে ৰজাদেৱৰ মইনা চৰাইক ফৰিং ধৰি খুৱাইছিল। কালত চাওমুঙৰ ঘৈণীয়েকৰ ল'ৰা এটা হ'ল। ৰজাদেৱৰ ফালৰ ল'ৰা বুলি ৰজাদেৱে তাক তুলি ল'লে। লগতে এইবুলিও শুনালে যে কোনেও তাৰ বংশ নুখুঁচৰিবি। খুঁচৰিলে কটা যাবি আৰু আগলৈ খুঁচৰিলে মোৰ পো-পোৱালিয়েও কাটিব। আগলৈ ৰজাদেৱৰ বংশৰে তাৰ ছোৱালী অনা-নিয়াত বাধা হ'ল। সেই ল'ৰাকে পাছলৈ ৰজাদেৱে গড়গঞা সন্দিকৈ বুলিব দিলে। মূলাৰ লগত সমনীয়া নহ'লেও ৰাজহাউলীত ডাঙৰ হোৱা গতিকে মূলাৰে সৈতে তাৰ বৰ ভাল। স্বৰ্গদেৱে তাকো যুঁজলৈ পঁাচিছে। মূলাই তাক বিশেষভাৱে বতৰা দিছে— সি যেন যুদ্ধৰ বতৰা মূলাক পৰীয়াযোগে জনাই থাকে। সি যোৱাৰ আগতে মূলাক কথা দি গৈছে, সি সদায় সেনাপতিৰ ছাঁৰ দৰে থাকিব। কোনো অঘটন হ'বলৈ নিদিয়ে। তাৰ ফ্ৰাচেংমুঙৰ লগতো বেছ ভাল ভাব। ৰণৰ আখৰাত প্ৰায়ে দুয়ো একেলগেই থাকে। ৰজাৰ ফালৰ বাবে সি সম্পৰ্কত মূলাৰ ভায়েকেই হ'ব। সি নিশ্চয় ফ্ৰাচেংমুঙক বিপদত পৰিবলৈ নিদিয়ে।

দুশ্চিন্তাবোৰ জোকাৰি মূলাই কামত মন দিবলৈ বাৰে বাৰে চেষ্টা কৰিলে। কিন্তু কিবা এটা আশংকাই যেন মনে মানে তেওঁক বিব্ৰত কৰি থাকিল। কিহৰ

বাবে এই যুদ্ধবোৰৰ প্ৰয়োজন? দিল্লীৰ পাটচাহৰ কিহৰ ইমান লোভ যে অসমৰ দৰে দেশ এখনক আক্ৰমণ কৰে? কিমান সুখ আৰু শান্তিত থকা এটা জাতি। নিজৰ দেশ ৰক্ষাৰ বাবে কিমান উৎসাহ আৰু আগ্ৰহ লৈ ওলাই গৈছে ফ্ৰাচেংমুং। দূৰৰ পৰাই স্বৰ্গৰ দেৱতাসকললৈ সেৱা জনালে মূলাই। মনৰ মাজত কিন্তু লৈ থাকিল এক আশংকা।

চল্লিশ

কলিয়াবৰত নাৱেৰে আৰু বাটেৰে আহি সৈন্যদলে থিতাপি লওঁতেই প্ৰায় পাঁচটা দিন গ'ল। ঘোঁৰা বেছি নাছিল। তোপো আছিল কম। আগতে কোঠৰ ভিতৰত তোপ কেইটামান অৱশ্যে আছিল। ফ্ৰাচেংমুঙে সকলো জৰীপ কৰিলে। হাতী মাত্ৰ চাৰিটা। তাৰে আগতে অনা দুটা। ঘোঁৰা কম। ঘোঁৰাত উঠি যুদ্ধ কৰা যুঁজাৰুও কম। মাত্ৰ যাঠিটা ঘোঁৰাহে আছে আহোমৰ ফালে। বাকী সৈন্যৰ সংখ্যা বৰ কম নহয়। তেওঁ অস্ত্ৰ-শস্ত্ৰবোৰো চালে, কাৰ্ফাই, ধনু, চুটিয়া ধনু, বৰ ধনু যথেষ্ট আছে। মূৰত লো লগোৱা শিঙীমূৰী আৰু নাল লগোৱা কাঁড়, হেংদাং, তৰোৱাল, কিৰিচ্, যাঠি, শেল, শূল, কোল, বৰ্শা, দা আদি কম নহয়। ঢাল, বাৰুদ, বৰতোপ যুদ্ধৰ বাবে যথেষ্ট। এতিয়া মাত্ৰ যুদ্ধ কৰাৰহে কথা।

চোৰাংচোৱাই পদে পদে বতৰা দি আছে। পদাতিক সৈন্যৰ জোৰতে তুৰ্বকে আগৰ যুদ্ধ জিকি ঠাইবোৰ অধিকাৰ কৰিছে। হাতীও আছে তিনিটা। এটাত তুৰ্বকে নিজে উঠি যুদ্ধ কৰে। সাধাৰণ ৰণুৱাই তাক ঢুকিকে নাপায়। নাও লৈ ব্ৰহ্মপুত্ৰইদি উজাই আহিবৰো পাং পাতিছিল তুৰ্বকে, কিন্তু ব্ৰহ্মপুত্ৰত পানীগড় মৰা দেখিহে সাহস কৰিব পৰা নাই। পানীগড়ো চালেগৈ ফ্ৰাচেংমুঙে অন্য সেনাপতিসকলক লৈ। এই পানীগড় আহোমৰ বাহিৰে অন্যই মাৰিব নাজানে। বালিৰ ওপৰৰ পৰা কাঠেৰে নদীৰ ইমূৰৰ পৰা সিমূৰলৈ পানীগড় বন্ধা হয়। কাঠৰ চ'তি ইটোৰে সিটোক পাৰ হৈ যোৱাকৈ লগোৱা হয়। লগ লগা ঠাইত ভালকৈ গাঁঠি দিয়া হয়। তাৰ ওপৰত দলং দি সৈন্যবোৰে অহা-যোৱা কৰে। এইবোৰ এনে মজবুত যে বাৰিষাৰ নৈৰ সোঁতেও একো কৰিব নোৱাৰে। নিজৰ নাও যাব পৰাকৈ মাজটো খোলা। শতৰুৰে এই গড় চেৰাই নৈৰে অহা অসম্ভৱ। কাৰণ এই গড়ৰ পৰা নাওবোৰ আক্ৰমণ কৰিবলৈ বামত থাকি যুদ্ধ কৰাৰ দৰে। এই পানীগড়ৰ বাবেই তুৰ্বকে নৌযুদ্ধ কৰিবলৈ বিচৰা নাই।

নাতিদূৰত তুৰ্বকে তাৰ সৈন্য লৈ অপেক্ষা কৰি আছে। ইফালে আগৰ যুঁজত

জিকি তাৰ সাহস বাঢ়ি গৈছে। কিন্তু চতুৰ তুৰ্বকে আগবাঢ়ি আহি কোঠ আক্ৰমণ কৰা নাই। আহোমৰ শক্তি সি গম পাইছে। কোঠৰ ভিতৰত আহোম শক্তিশালী। তাৰ বাহিৰেও কোঠৰ চাৰিওফালে আছে দ খাৰৈ। খাৰৈৰ তলত জেং আৰু কাঁইট। সেই খাৰৈ পাৰ হৈ অহা সম্ভৱ নহয়। খাৰৈৰ মাজে মাজে সৈন্য যাব পৰাকৈ চাং আছে, কিন্তু সেই চাংবোৰৰ ওপৰত উঠা বিপদৰ কথা। কাৰণ টেঙৰ আহোমবোৰে পাতল বাঁহেৰে চাং সাজি, তাৰ ওপৰত ঘাঁহ-বন দি এনেদৰে থৈ দিছে যে তুৰ্বকৰ সৈন্য উঠিলেই ভাগি পৰিব আৰু তলত পৰিলে নিৰ্ঘাত মৃত্যু। কিন্তু তাৰ মাজতো শত্ৰুক আক্ৰমণ কৰিবলৈ অহাৰ বাবে কিছুমান চাং আছে। আহোমৰ সৈন্য সেইফালেৰে আহে। কিন্তু শত্ৰু উঠিলে সেই চাংবোৰ কাটি দিব পৰা কৰি থয়। নহ'লে বৰতোপ টোঁৱাই থয়। গতিকে তুৰ্বকে আক্ৰমণ নকৰি ৰৈ আছে। আহোম সৈন্যই কোঠৰ পৰা ওলাই আহি আক্ৰমণ কৰক— এই আশা তাৰ। ইতিমধ্যে আহোমৰ কেইবাখনো ঠাই অধিকাৰ কৰি সি আগবাঢ়ি আছেই। গতিকে তাক খেদিবলৈ আহোম সৈন্যহে আগবাঢ়ি যাব লাগিব। পালি সেনাপতিৰ লগত আলোচনা কৰি সুযোগৰ অপেক্ষাত বহি ৰ'ল ফ্ৰাচেংমুং। ইফালে দেওধাইৰ কথা মানিব লাগিব। দেওধায়ে মঙল চাই তেওঁকেই সেনাপতি পাতিবলৈ দিছে। এয়া আহোমৰ নিয়ম। দেওধায়ে মঙল ক'লেহে সেনাপতি বাছে। গতিকে স্বৰ্গদেউৰ ওচৰলৈ নোযোৱা সত্ত্বেও তেওঁক বাৰে বাৰে মাতি আছিল স্বৰ্গদেৱে। এতিয়া দেওধায়ে মঙলত কৈছে যে গড়ৰ বাহিৰ হৈ যি যুঁজিব, সি হাৰিব। কেনেকৈনো যায় তেওঁ তুৰ্বকক ধৰিবলৈঙ্গ

তুৰ্বকো আগবাঢ়ি নাহে, তেৰোঁ আগবাঢ়ি নাযায় আৰু এনেকৈয়ে সাদিন পাৰ হ'ল। সাদিনৰ মূৰত স্বৰ্গদেৱে লাকু গোহাঁইক পঠিয়াই বতৰা দিলে। লাকু গোহাঁয়ে স্বৰ্গদেউৰ কথা সকলোকে ক'লে—

ঃ বঙালক যে নামাৰে, সিহঁতক মই ভোজ খাবলৈ সেনাপতি পাতিলোঁ। আজি পাঁচ দিন হ'ল, সিহঁতে শুই আছে। এনেকৈ বঙাল কি মাৰিব, কি ৰাজ্য উদ্ধাৰিবঙ্গ

স্বৰ্গদেউৰ ইচ্ছা— বঙালক মাৰি-কাটি যেনেকৈ নহওক খেদিব লাগে। স্বৰ্গদেউৰ অসন্তোষৰ কথা গম পাই আকৌ সেনাপতিয়ে বাকীসকলৰ সৈতে আলোচনা কৰিলে। এনেকৈ থাকিলে বঙালে আক্ৰমণ নকৰে। যি ৰাজ্য মাৰিলে, তাকে লৈ বঙাল থাকিব। এতিয়া বাট-পথো শুকান। গতিকে বঙালে খুঁটি পুতিলে

গোঁজেই গজালি হ'ব। ঘনে ঘনে মন্ত্ৰণাত বহিল সেনাপতিসকল। চোৰাংচোৱাই বাতৰি আনি আছে। তুৰ্বকে আগুৱাই অহাৰ চেষ্টা কৰা নাই; বৰঞ্চ তাত কোঠ মাৰি জয় কৰা ৰাজ্যত গজগজীয়া হোৱাৰহে চেষ্টা কৰিছে। তুৰ্বকৰ সৈন্যই ইতিমধ্যে প্ৰজাৰ মাজত লুটপাত-অত্যাচাৰ আৰম্ভ কৰিছে। প্ৰজায়ো সিহঁতক সহায় কৰিবলৈ আৰম্ভ কৰিছে। এনে অৱস্থাত তুৰ্বকক চল দিলে আগলৈ তাৰ পৰা ৰাজ্য উদ্ধাৰ কৰাই বিপদ হ'ব। গতিকে মন্ত্ৰণা কৰি, গড়ৰ পৰা ওলাই গৈ তুৰ্বকৰ সৈন্যৰ ওপৰত জঁপিয়াই পৰাৰ বাবে থিৰাং কৰা হ'ল। সেইমতে সেনাপতিকে আদি কৰি বৰুৱা-ফুকন সকলো সাজু হ'ল। পানীসীয়া পানীগড়ৰ দায়িত্বত থাকিল। এটা দিন বাদ দি, মঙলবাৰে পুৰতি নিশা আক্ৰমণ কৰিবলৈ ঠিক কৰা হ'ল; কাৰণ আহোমে মঙলবাৰে নিশা আক্ৰমণ কৰাটো ভাল বুলি ভাবে। দুটা হাতী পাৰ কৰি, বাকী সৈন্য নাৱেৰে খাৰৈ পাৰ হৈ আৰু চাঙেৰে ঘোঁৰা পাৰ কৰাই যুঁজৰ ব্যৱস্থা কৰা হ'ল। সাধাৰণতে অসমীয়া সৈন্যই যুদ্ধ কৰোঁতে শিয়ালৰ দৰে হোৱা দি যুদ্ধ আৰম্ভ কৰে। এনেদৰে কৰিলে হাবিৰ সিংহ আৰু যুদ্ধক্ষেত্ৰত বাঘবোৰে ভয় কৰে বুলি ভাবে। তেতিয়া বোলে শত্ৰু সৈন্যয়ো ভয় খায়।

সকলো ব্যৱস্থা সম্পূৰ্ণ কৰি, মঙলবাৰৰ নিশা আহোম সৈন্যই তুৰ্বকৰ বাহৰত আক্ৰমণ কৰিলে। প্ৰথম পদাতিক সৈন্যই এশাৰী এশাৰীকৈ তিনি শাৰী হৈ ঢাল আৰু তৰোৱাল লৈ আগবাঢ়ি গ'ল। তাৰপাছত গ'ল কাঁড়ীবোৰ। পাঁচ শাৰী কাঁড়ীৰ পিছতে ঘোঁৰাত উঠি তিনিজন পালি সেনাপতি। তাৰপাছত শাৰী শাৰীকৈ পাইক আৰু কাঁড়ী। তাৰ পাছত হাতীত উঠি স্বয়ং সেনাপতি। সেনাপতিৰ লগত দুজন পালি সেনাপতি।

চতুৰ তুৰ্বকে কিন্তু অসমীয়া সৈন্যৰ বতৰা ঠিকেই সংগ্ৰহ কৰিছিল। অসমীয়া সৈন্যই নিশা আক্ৰমণ কৰিব পাৰে বুলি সাজু হৈ আছিল তুৰ্বকৰ সৈন্য। নিশাৰ অন্ধকাৰত গোপনে আগবাঢ়িল অসমীয়া সৈন্য। কিন্তু তুৰ্বকৰ সৈন্যৰ বাহৰ পোৱাৰ আগতেই সম্পূৰ্ণ প্ৰস্তুত হৈ থকা বঙালৰ সেনাই মাজবাটতেই অসমীয়া সৈন্যৰ ওপৰত গোলা বৰষিবলৈ ধৰিলে। কামানৰ গোলা বৰ্ষণত অসমীয়া সৈন্য ছেদেলি-ভেদেলি হৈ পৰিল। সম্পূৰ্ণ আশা নকৰাৰ দৰে হোৱা আক্ৰমণত ছেদেলি-ভেদেলি হৈ পৰা অসমীয়া সৈন্যক একেলগ কৰি আগবাঢ়ি যাবলৈ নৌপাওঁতেই মোগলৰ অশ্বাৰোহী সৈন্য আৰু হিলৈদাৰী সৈন্য অসমীয়া সৈন্যৰ ওপৰত জঁপিয়াই পৰিল। এনেয়ে নিশাৰ সময়, তাতে বঙালৰ সৈন্যই আগৰে পৰা সিহঁতৰ দখলত থকা

ঠাই টুকুৰা জৰীপ কৰি সেইমতে হাবিৰ মাজে মাজে ঘাটী পাতি আছিল আৰু অহা-যোৱা কৰা বাটত ডাঙৰ ডাঙৰ গাঁত কৰি, সেইবোৰ ঢাকি থৈছিল। এইবোৰ কথা চোৰাংচোৱাই আহোমৰ সেনাপতিক জনাব পৰা নাছিল। নিশাৰ ভাগত একো মনিব নোৱাৰি অসমীয়া সেনা গাঁতত সোমাল আৰু তাতেই মোগলে বিস্তৰ অসমীয়া সেনাক বধ কৰিলে।

যেতিয়া পুৱা পোহৰ হ'ল, তেতিয়া অসমীয়া সেনাৰ প্ৰথম দলটোৰ প্ৰায়বোৰৰে মৃত্যু হৈছিল। বাকী আগবাঢ়ি অহা দলটোক এইবাৰ বঙালৰ বাকী সৈন্যই বেৰি ধৰিলে। তুমুল যুদ্ধ আৰম্ভ হ'ল। সকলোৰে শেষত থকা সেনাপতি ফ্ৰাচেংমুঙে হাতীত উঠি সন্মুখলৈ আহিল তুৰ্বকক বিচাৰি। তুৰ্বকৰ সেনাপতি ৰছিদ খাঁইহে অন্য হাতীৰে তেওঁক আগভেটি ধৰিলে। মোগলে অশ্বাৰোহী সৈন্যৰেহে বেছিকৈ যুদ্ধ কৰা বাবে অসমীয়া পদাতিক সৈন্যই বৰকৈ গা কৰিব পৰা নাছিল। তাতে সিহঁতৰ হিলৈদাৰী সৈন্যৰ ওচৰত হিলৈ নোহোৱাকৈ যুঁজ কৰা অসমীয়া সৈন্য তিষ্ঠিব পৰা নাছিল। ঠিক সেই সময়তে তুৰ্বকে এটা জঙ্গী হাতীত উঠি আহি ৰছিদ খাঁৰে সৈতে ফ্ৰাচেংমুঙক বেৰি ধৰিলে। এনেতে গুলী আহি সেনাপতিৰ মাজবুকুত লাগিলহি। সেনাপতি হাতীৰ ওপৰতেই বুকুত হাত দি বাগৰি পৰিল। মাউতে গতি বেয়া দেখি হাতী ঘূৰাই লৈ যুদ্ধক্ষেত্ৰ এৰিলে।

একচল্লিশ

ৰজা বাবেই স্বৰ্গদেউ চুহুংমুঙে ধৈৰ্য ধৰি সকলো সহ্য কৰি আছিল। কিন্তু তেওঁৰ মন ভাগি গৈছিল। এফালে তুৰ্বকে তেওঁৰ ৰাজ্যৰ এডোখৰ অধিকাৰ কৰিলে, কিন্তু তেওঁ এই প্ৰকাণ্ড ৰাজশক্তি থাকিও শতৰু বঙালক একো কৰিব নোৱাৰিলে। ভাগ্যৰ বাহিৰে ই একো নহয়। কমতাপুৰৰ ৰজাই তেওঁক যৌতুকত দিয়া ঠাইবোৰ বঙালে অধিকাৰ কৰিলে, অথচ তেওঁ মনে মনে থাকিব লগা হ'ল। আঠজনকৈ সেনাপতি ৰণত পৰিল। তেওঁ জোঁৱায়েকক জোৰকৈ ৰণলৈ পঠিয়ালে সেনাপতি কৰি। লগত অৱশ্যে তেওঁৰ পুতেকো গৈছিল। দেশৰ কাৰণে প্ৰাণ দিলে জোঁৱায়েকে। উপায় নাই। বঙালৰ হাতত আছিল হিলৈৰ শক্তি। সৰু সৰু হিলৈৰে বঙালে দূৰৰ পৰা শত্ৰুক মাৰিব পাৰিছিল। এনেকুৱা হিলৈ আহোমৰ হাতত নাই। এটা কি দুটা হিলৈ নমুনা হিচাপে সংগ্ৰহ কৰি আনি তেওঁৰ হাতত দিছিল। তেওঁ খাৰঘৰীয়া ফুকনক আদেশো দিছে তেনে হিলৈ তৈয়াৰ কৰিবলৈ। কিন্তু যি লোকচান হ'ল, হৈয়েই গ'ল। বিধৱা মূলাৰ উকা কপালখন তেওঁ চাব নোৱাৰে। তেওঁৰ এনে লাগে যেন তেওঁৰ বাবেই মূলা বিধৱা হ'ল। তেওঁ মোগলৰ এই আক্ৰমণক গুৰুত্বসহকাৰেই লৈছিল, তথাপি তেওঁ হাৰিল। হয়তো ফ্ৰাচেংমুং জীয়াই থকা হ'লে যুঁজত জিকিলহেঁতেন। কিন্তু সি যুদ্ধ কৰিবলৈকে নাপালে। হিলৈৰ আগত প্ৰাণ গ'ল তাৰ। তাৰ মৃত্যুৰ পাছত ত্যাওচাং বুঢ়াগোহাঁই আৰু কিলিংখাম বৰগোহাঁইক সেনাপতি পাতি যুদ্ধলৈ পঠিয়ালে। কিন্তু দেশপ্ৰেমিকৰ যেনেকৈ অভাৱ নাই, দেশদ্ৰোহীৰো অভাৱ নাই দেশত। দুয়ো সেনাপতিয়ে দেখিলে যে যুদ্ধ কৰি ইতিমধ্যে বহুত সেনাপতিৰ মৃত্যু হৈছে। মোগলৰ হিলৈৰ আগত তিষ্ঠি থকা টান। গতিকে সাহস দেখুৱাবলৈ গৈ মৃত্যু মাতি অনাতকৈ শত্ৰুৰ লগত মিত্ৰতা কৰাই মঙ্গল। দুয়ো আলচ কৰি ৰজাদেৱক নজনোৱাকৈয়ে মনে মনে বিশ্বাসী মানুহৰ হতুৱাই তুৰ্বকক কোৱালে বোলে আহোমৰ সেনাপতিৰ আৰু ৰক্তপাত কৰিবলৈ মন নাই। যুঁজ কৰিলে দুয়োপক্ষৰে বিপদ; গতিকে তেওঁ

যদি অধিকাৰ কৰা ঠাই ৰাখি যায়গৈ, তেন্তে আহোমে যুদ্ধ নকৰে। তুৰ্বক ইতিমধ্যে যুদ্ধ কৰি কৰি ভাগৰি পৰিছিল। আহোমৰ শক্তি যে কম নহয়, সেই কথা সি জানে। গতিকে যিখিনি অধিকাৰ কৰিলে, সেয়াই যথেষ্ট বুলি কলিয়াবৰৰ সীমাতে এজন শাসনকৰ্তা নিয়োগ কৰি, চকী বহুৱাই সি ঘূৰি যোৱাৰ সিদ্ধান্ত কৰিলে। ইফালে দুই সেনাপতিয়ে ৰজাদেৱক জনালে যে তুৰ্বক আঁতৰি গ'ল, গতিকে অযথা যুদ্ধ নকৰি সেনা লৈ উভতি আহিবলৈ আদেশ দিব লাগে।

চোৰাংচোৱাই কিন্তু ৰজাদেৱক জনালে যে শত্ৰুৰ লগত দুই সেনাপতিয়ে গোপনে বুজাবুজি কৰিছে। স্বৰ্গদেৱে মনত বৰ আঘাত পালে। বুজিলে যে এনে সময়ত যাকেই দিয়া যায়, সিয়েই কৰ্তব্যত অৱহেলা কৰিব। ইফালে মোগলো আঁতৰি গ'ল। গতিকে ছেগ চাই তেওঁৰ হেৰোৱা ৰাজ্য উদ্ধাৰ কৰিব লাগিব। তেওঁ আহোম সেনাক যুদ্ধক্ষেত্ৰ এৰি আঁতৰি আহিবলৈ আদেশ কৰিলে। কিন্তু তেওঁ শত্ৰুৰ লগত বুজাবুজি কৰা বাবে সেনাপতি দুজনৰ বাব কাঢ়ি ল'লে। মনৰ মাজত ৰাজ্য হেৰুওৱাৰ দুখ লৈয়ে কিছুদিন ৰ'ল স্বৰ্গদেউ। মোগলক হৰুৱাই আকৌ ৰাজ্য উদ্ধাৰৰ আশাত তেওঁ নতুনকৈ শক্তি সঞ্চয় কৰাৰ কথা চিন্তা কৰিলে।

স্বৰ্গদেৱে নতুনকৈ মোগলৰ লগত যুদ্ধ কৰাৰ উদ্দেশ্যে গড় আৰু কোঠবোৰ ভালকৈ মৰাই নিজকে সাজু কৰাৰ কথা ভাবিলে। সেই গতিকে কলিয়াবৰৰ কোঠ নতুনকৈ মৰাই, তাত সৈন্য ৰাখি এজন ফুকন বহুৱালে। তাৰ বাহিৰেও মৰঙ্গিতো এটা কোঠ মৰাবলৈ আদেশ কৰিলে।

সলাল গোহাঁইক দায়িত্ব দিয়া বাবে কাঁড়ী-পাইক আদিৰে তেওঁ গৈ মৰঙ্গিত কোঠ মাৰিবলৈ আৰম্ভ কৰিলে। কিন্তু কছাৰীৰ ৰজাই সেই কথা জানিব পাৰি ভায়েক নেওচাক সৈন্যৰে সৈতে আহোমৰ কোঠ ভাঙিবলৈ আদেশ দিলে। নেওচাই সৈন্যৰে সৈতে আহি আহোমৰ কোঠ ভাঙি কিছু সৈন্যক মাৰি আধ্যা কৰিলে। সলাল গোহাঁয়ে স্বৰ্গদেউক কছাৰীৰ বিষয়ে বতৰা দিয়াত স্বৰ্গদেৱে তিপাম ৰজা, চাৰিং ৰজা, নামৰূপীয়া ৰজা আৰু কনচেং বৰপাত্ৰক সৈন্য লৈ কছাৰীৰে যুঁজ কৰিবলৈ আদেশ কৰিলে। কছাৰী যুঁজৰ বাবে সাজু হৈয়েই আছিল। তয়াময়া ৰণ হ'ল। কেইবাদিনৰ ৰণৰ পাছত কছাৰী হাৰি পলাই গ'ল। কছাৰীৰ আঠজন সেনাপতি যুদ্ধ এৰি পলাল। আহোম সেনাই পিছে পিছে খেদি গ'ল। আহোম সেনা গৈ ডিমাপুৰ পালে। ডিমাপুৰত আকৌ কছাৰী ৰজা খুনখৰাৰ

সৈতে তুমুল ৰণ হ'ল। কছাৰী ৰজা ৰণত হাৰি পলাল।

আহোম সেনাপতিয়ে লেতচুং নামৰ কোঁৱৰক ডিমাপুৰৰ ৰজা পাতি কৰতলীয়া কৰি ডিমাপুৰ এৰিলে। কোঁৱৰে আহোম ৰজালৈ নিজৰ ভনীয়েকক লগত লৈ হাতী চাৰিটা, নাকৈ দা কেইখনমান, কাপোৰ ইত্যাদি লৈ স্বৰ্গদেউক সেৰা জনালেহি। স্বৰ্গদেউৰ দুয়োখন ভৰিত ধৰি ক্ষমা বিচাৰিলে। স্বৰ্গদেৱে নিজৰ হাতৰ আঙুঠিটো খুলি দি ক'লে—

ঃ এইটো ৰাং নহয় মানে আমাৰ মিত্ৰ হৈ থাকিবি।

কোঁৱৰৰ ভনীয়েকক নিজৰ কুঁৱৰী কৰি ল'লে স্বৰ্গদেৱে। লাহে লাহে স্বৰ্গদেৱে মোগলক আক্ৰমণৰ বাবে সাজু হ'বলৈ সকীয়নি দিলে সকলোকে। ঠায়ে ঠায়ে কোঠ আৰু ঠায়ে ঠায়ে গড় মাৰি, একোদল পাকৈত সৈন্য ৰাখি, মোগলৰ আক্ৰমণৰ বাবে অপেক্ষা কৰি ৰ'ল।

বিয়াল্লিশ

এটা দুখেই মূলাক দহি আছে, সেইটো হৈছে গিৰীয়েকক কৰচ কাপোৰ বৈ দিব নোৱাৰাটো। আগৰ সকলো যুদ্ধতেই কৰচ কাপোৰ বৈ দিছে আৰু যুদ্ধত জয়ী হৈ উভতি আহিছে। কিন্তু বিধিৰ বিপাক, এইবাৰ কৰচ কাপোৰ দিব নোৱাৰিলে। যোৱাৰ সময়ত ঘোঁৰাত উঠি দপ্‌দপাই যোৱা মানুহটো ৰুংগ-ডাংগত উঠি উভতি আহিল। ৰাজ্যত হাহাকাৰ লাগিল। আঠজনকৈ সেনাপতিক একেলগে মৈদাম দিলে। ভাগ্যক্রমে ডেকাৰজা প্রাণে বাচিল। ডাঙৰ পায়ে তেওঁক যুদ্ধৰ পৰা কান্ধতকৈ দাঙি আনিলে। দেশৰ কাৰণে প্রাণ দিলে ফ্রাচেংমুঙে। আহোমৰ বাবে এইদৰে প্রাণ দিয়া গর্বৰ কথা; কিন্তু মূলাই এই দুখ সহজ কৰি ল'ব পৰা নাই। নোৱাৰাটো স্বাভাৱিক। নীতিৰ কথা ক'লেও, দেশৰ বাবে প্রাণ দিলেও, তাই স্বামীহাৰা হৈছে। এক প্রতিশোধৰ তাড়নাই যেন খেদি ফুৰিছে মূলা গাভৰুক। আহোমৰ ৰমণী হিচাপে তাই আকৌ কাৰোবাৰ সৈতে চকলং কৰাত বাধা নাই। তাতে তাই স্বৰ্গদেউৰ জীয়াৰী যেতিয়া তাইক বিয়া কৰালে লাভ হোৱাৰেই সম্ভাৱনা বেছি। কিন্তু মূলাই তেনে চিন্তা অকণো মনলৈ অনা নাই। আহোমৰ বহু ডেকা ল'ৰা তেতিয়াও তাইক বিয়া কৰাবলৈ ইচ্ছুক। কিন্তু তাই এনে কথাত গুৰুত্ব দিয়া নাছিল। তাইৰ মাত্র এটাই চিন্তা— কেনেকৈ স্বামীয়ে সম্পূর্ণ কৰিব নোৱাৰা কর্তব্য সমাপন কৰিব পাৰেঙ্গ

অনেক ধৰণেৰে চিন্তা কৰিছে তাই, কিন্তু কেনেদৰে বিদেশী বঙালক এসেকা দিব পাৰি, তাৰে উপায় বিচাৰি পোৱা নাই। বহুত সেনাপতিয়ে শত্রুৰ ভিতৰুৱা খবৰ জানিবৰ বাবে ধুনীয়া গাভৰু শত্রুৰ শিবিৰলৈ মেলি দিয়ে। তেনেধৰণৰ গাভৰুৱে নিজেই অপহৃতা হৈ শত্রুৰ শিবিৰৰ গোপন খবৰ সেনাপতিক যোগান ধৰে। সুবিধা পালে সেনাপতিক বধো কৰে। কিন্তু তাই তেনে কৰিব নোৱাৰে। তাই ৰজাৰ সন্তান। তাই ফ্রাচেংমুঙৰ স্ত্রী। তাই যি কৰিব, সন্মান সহকাৰেই কৰিব। তাইৰ অন্তৰত যি প্রতিশোধৰ জুই জ্বলি আছে, সেই জুই নুমুৱাবলৈ লাগিব বঙালৰ

তেজ।

ফ্ৰাচেংমুঙক মৈদাম দিয়াৰ পাছত মনৰ দুখত মূলা নীৰৱে আছিল কিছুদিন। কিন্তু তাৰপাছত নিজৰ ঘৰ-বাৰী, খাত -পাম চোৱা-চিতা কৰাৰ লগতে এদিন গৈ স্বৰ্গদেউক লগ কৰিলে।

ঃ ক মূলা, তই কি বিচাৰ? মোৰ এই সিংহাসনৰ বাহিৰে তোক কি লাগে ক?

একো বিচৰা নাছিল মূলাই। মাত্ৰ বিচাৰিছিল অনুমতি। ইচ্ছুক আহোম গাভৰুক লৈ তাই এটা সৈন্যদল গঢ়িব খোজে। তাইক লাগে প্ৰয়োজনীয় সহায়, অস্ত্ৰ-শস্ত্ৰ, ঘোঁৰা আৰু আশীৰ্বাদ।

চকু চলচলীয়া হৈ গৈছিল স্বৰ্গদেউৰ। লগে লগে খাৰঘৰীয়া ফুকনক বাৰ্তা দিছিল। বৰশইকীয়াক আদেশ দিছিল মূলাই যি বিচাৰে তাকে দিবলৈ। তাৰপাছৰে পৰাই আজি তিনি বছৰে মূলা ব্যস্ত আছে নিজৰ সৈন্যদল গঠন কৰাত। চেং হ'ল তাইৰ প্ৰধান সেনাপতি। চেঙৰ দেউতাকক তাই মতাই আনিছে। বৃদ্ধ হ'লেও এতিয়াও তেওঁৰ মগজু যুদ্ধৰ কৌশল শিকাব পৰা হৈ আছে। দেশৰ বাবে প্ৰাণ দিবলৈ সাজু হৈ ওলাই অহা এমুঠি গাভৰুক লৈ তাই অপেক্ষা কৰি আছে শতৰুৰ আগমনলৈ। মাজতে কছাৰীৰ লগত হোৱা ৰণত ডেকাৰজাই তাইক যুদ্ধলৈ যোৱাৰ প্ৰস্তাৱ দিছিল। কিন্তু তাই ইয়াত শক্তি ক্ষয় নকৰিলে। তাইৰ একমাত্ৰ লক্ষ্য মোগল সৈন্য, মোগলৰ সেনাপতি।

মূলাই গৃহডামৰ খুঁটাত প্ৰায়েই প্ৰাৰ্থনা জনায়। এটাই মাত্ৰ প্ৰাৰ্থনা— "স্বামীবৈৰী তুৰ্বকক আকৌ এবাৰ আনি দিয়া। হে দেৱতাসকল, পূৰ্বপুৰুষসকল, এবাৰ মাত্ৰ তাৰ মুখামুখি কৰাই দিয়া।" তাৰ বাহিৰেও তাই কেঁচাইখাঁতীৰ মন্দিৰলৈ গৈও দেৱীক আৰাধনা কৰি আহিছে। শদিয়াত থাকোঁতেই প্ৰথম তাই কেঁচাইখাঁতী গোসাঁনীৰ মন্দিৰলৈ গৈছিল। আগতে কেঁচাইখাঁতী মন্দিৰ চুতীয়াৰ অধীনত আছিল। স্বৰ্গদেৱে চুতীয়াক মৰাৰ পাছত আহোমৰ অধীনলৈ আনে। স্বৰ্গদেউৰ আদেশত কেঁচাইখাঁতী মন্দিৰৰ বাবে বেলেগেই লোকজন দিয়া আছে, তেওঁলোকেই মন্দিৰৰ সকলো বস্তুৰ যোগাৰ দিয়ে। দেউৰীয়ে পূজাৰ শেষত তাইক আশীৰ্বাদো দিছিল। সকলোৱে কয় বোলে কেঁচাইখাঁতীত বিচৰা বস্তু পায়। তাই মাত্ৰ গোসাঁনীক বিচাৰিছিল তুৰ্বকৰ লগত এবাৰ মুখামুখি হ'বলৈ।

তাৰপাছত মাত্ৰ অপেক্ষা আৰু অপেক্ষা। তাইৰ দৰে স্বামীবৈৰীৰ বাবে

বোধকৰো কোনো নাৰীয়েই এনেকৈ অপেক্ষা কৰা নাই। তাই ইতিমধ্যে গম পাইছে যে স্বৰ্গদেৱেও মোগলৰ অসম আক্ৰমণৰ বাবে তলে তলে সাজু হৈ আছে। আক্ৰমণ হোৱাটো স্বাভাৱিক। স্বৰ্গদেউৰ হাতৰ পৰা যোৱা ঠাই স্বৰ্গদেৱে উদ্ধাৰ কৰিবই লাগিব। তায়ো অসমীয়া জীয়ৰী। তায়ো আশা কৰি আছে শত্ৰুক এসেকা দিবলৈ। হঠাৎ মূলা গাভৰুৰ মন আনন্দত নাচি উঠিল। তাই গম পালে যে তুৰ্বকে সৈন্য লৈ অসম আক্ৰমণ কৰিবৰ বাবে বঙ্গৰ পৰা যাত্ৰা আৰম্ভ কৰিছে। চঞ্চল হৈ উঠিছে ৰাজধানীৰ বতাহ। চোৰাংচোৱাই ডাঁৰৰ বাতৰি ডাঁৰে দি আছে। দাঁতিয়াল ফুকন সাজু হৈ আছে অসমৰ সীমাত। মূলাও সাজু হ'ল চেঙক লৈ। তাইৰ দলৰ প্ৰতিজনী গাভৰুকে সুধিলে প্ৰস্তুত হয় নে নহয় দেশৰ বাবে যুঁজিবলৈ? আচৰিত কথা যে প্ৰতিজনী গাভৰুৱেই বঙালৰ বিৰুদ্ধে যুঁজিবলৈ সাজু। তাহাঁতৰ উৎসাহ মূলাতকৈও বেছি। দেশৰ বাবে প্ৰাণ দিবলৈ বা কিবা এটা কৰিবলৈ সুযোগ নোপোৱা এই গাভৰুবোৰ মূলাৰ নেতৃত্বত সাজু হ'ল মোগলক ৰুধিবলৈ।

তিয়াল্লিশ

কেনেকৈ দিনবোৰ পাৰ হৈ গৈছে ধৰিবই পৰা নাই কনচেঙে। তুৰ্বক যুদ্ধত জিকি আঁতৰি যোৱাৰ পৰাই ৰাজ্যৰ ৰাজনীতিত যি ধুমুহা চলি আছে, সেই ধুমুহাই সকলোকে চুই গৈছে। ইজনৰ পাছত সিজন মন্ত্ৰী ভঙা-পতা কৰিও স্বৰ্গদেৱে সুস্থিৰ কৰিব পৰা নাই দেশ। তথাপি এতিয়া অলপ উন্নত অৱস্থালৈ আহিছে বুলিব পাৰি। নগা আৰু কছাৰীৰ ৰণে ৰজাৰ মনলৈ বহুত বল আনিছে। ৰাজ্য বহলাইছে। তথাপি মোগলে আক্ৰমণ কৰাৰ ভয় আছেই। কোঠবোৰ নতুনকৈ মৰা হৈছে। গড় বন্ধা হৈছে। অস্ত্ৰ-শস্ত্ৰ তৈয়াৰ হৈছে অসংখ্য। যোৱা যুদ্ধত মোগলৰ হাতত অসমীয়া সৈন্যৰ পৰাজয়ৰ প্ৰধান কাৰণ হৈছে সিহঁতৰ হিলৈ। সৰু সৰু হিলৈত খাৰ খাঁজি মাৰিব পৰাকৈ তৈয়াৰ কৰি লৈছে সিহঁতে। ডাঙৰ বৰতোপ আৰু হিলৈ আহোম সৈন্যৰো আছে। ডাঙৰ বৰতোপবোৰ গড় আৰু কোঠতেই ৰখা হয়। বাহিৰলৈ যুদ্ধ কৰিবলৈ গ'লে সেয়া নিয়াতো অসুবিধা, চলোৱাতো অসুবিধা। তাতে শত্ৰুৰ হাতত পৰাৰ সম্ভাৱনাও বেছি। পাহাৰৰ ওপৰত সুচল ঠাইত পাতি থোৱা হয় সেইবোৰ। সৰু হিলৈবোৰো কেইবাজনো সৈন্য নহ'লে ব্যৱহাৰ কৰাত অসুবিধা। কিন্তু বঙালে এইবাৰ যিবোৰ হিলৈ আনিছে, সেইবোৰ হাতহিলৈ। আলাসতে এজনে লৈ খাৰ খাঁজি ঘোঁৰা টিপিলেই চলে। সেইবোৰেৰে দূৰৰ পৰাও মানুহ মাৰিব পাৰি। বিহলগা কাঁড়তকৈও এই হিলৈ বহুত গুণে ভাল। বিহলগা কাঁড় মাৰিলেও গাত লগাৰ পাছত কিছু সময় লাগে শত্ৰু মৰিবলৈ। কিন্তু এই হাতহিলৈৰ গুলী লাগিলে লগে লগে মৃত্যু। যুঁজৰ পৰা কোনোবা এজন ৰাজখোৱাই তেনে হাতহিলৈ এটা কিবাকৈ সৰকাই আনি স্বৰ্গদেউক দিছিলহি। স্বৰ্গদেৱে বতিয়া কমাৰক দিছে। কমাৰে দুটা কি এটা সাজিছেও। কিন্তু তাত খঁজা খাৰহে ঠিককৈ বনাব পৰা নাই। ৰজাদেৱে নিতৌ সকীয়াই আছে, কিন্তু হৈ উঠা নাই।

হঠাৎ চোৰাংচোৱাই খবৰ আনিলে যে বঙ্গৰ নবাবে আকৌ তুৰ্বকক সেনাপতি

পাতি অসম আক্ৰমণ কৰিবলৈ পঠিয়াইছে। স্বৰ্গদেউৰ গাত যেন দেওহে লম্ভিল। আগৰবাৰ তুৰ্বকে কৰা আক্ৰমণৰ বাবে যি ক্ষয় হৈছিল, তাৰ কষ্ট মাৰ যোৱা নাছিল। তুৰ্বকে অনায়াসে যুদ্ধ জয় কৰি সোৱাদ পাই আকৌ অসম জয়ৰ বাবে আহিছে। ইতিমধ্যে শতৰু অহাৰ বতৰা পাই স্বৰ্গদেৱে ৰণশিঙা বজালেই। বৰচ'ৰা মাতি সকলোকে এই বিষয়ে জাননী দিলে। কলিয়াবৰৰ কোঠলৈ বাৰ্তা দিলে। খাৰঘৰীয়া ফুকনক সাৱধান কৰিলে। ভাগে ভাগে ফুকন, মেলডগুীয়া ৰজা, পাইক-বৰাবুৰুক সকলোকে সাজু কৰাৰ আদেশ দিলে। ভাগে ভাগে সৈন্যৰ আখৰা আৰম্ভ হ'ল। কনচেঙক লগত লৈ ৰজাদেৱে আখৰা চাই ফুৰিছে। মাজে মাজে কোনোবা পাইকক বঁটা-বাহনো দিছে। মুঠ কথা, ৰাজ্যত যেন শতৰুক বাধা দিবলৈ সকলো সাজু।

বতৰা আহিয়েই আছে চোৰাংচোৱাৰ। মন্ত্ৰণা কৰিয়েই আছে স্বৰ্গদেৱে। তুৰ্বকৰ লগত দহ হাজাৰৰো অধিক পাঠান সৈন্য আহিছে। লগত অসংখ্য বৰতোপ আৰু দুহেজাৰৰ অধিক ঘোঁৰা সহিতে হাতী চাৰিটা। সেই হিচাপে ৰজাদেৱে আমাৰো সৈন্য গোটোৱাৰ আদেশ কৰিলে। কলিয়াবৰৰ কোঠ বেছ মজবুত। কাঠৰ কোঠ যদিও তাক তিনি-চাৰিটা হাতীয়েও ভাঙিব পৰাত নাই। তাৰ বাহিৰেও খাৰৈ পাৰ হৈ আহিব নোৱাৰে সহজে। কলিয়াবৰৰ কোঠ পাৰ হৈ মোগল অহা মানে ৰাজ্য যোৱা। কিন্তু এইবাৰ কোঠত বহি থাকিলে নহ'ব, মোগলক খেদি গৈ ধৰিব লাগিব। হেৰোৱা ৰাজ্য উদ্ধাৰ কৰিব লাগিব।

ভাল দিন-বাৰ চাই স্বৰ্গদেৱে দেওধাইক মাতি মঙল চোৱালে। দেওধায়ে এইবাৰ কনচেং বৰপাত্ৰ গোহাঁয়ে প্ৰধান সেনাপতিৰ বাবে উপযুক্ত হ'ব বুলি ঘোষণা কৰিলে। তাৰপাছৰ পৰাই দায়িত্ব বাঢ়িল বৰপাত্ৰৰ। অস্ত্ৰ-শস্ত্ৰ চোৱাৰ পৰা সৈন্যৰ আখৰা চোৱালৈকে সকলোতে ব্যস্ত হৈ পৰিল। তেওঁৰ তলত দিয়া পালি সেনাপতিবোৰক সাজু কৰি দেওধায়ে দিয়া দিনমতেই যাত্ৰাৰ বাবে যা-যোগাৰ কৰিলে।

স্বৰ্গদেৱে তেওঁক মাতি আনি উপহাৰ স্বৰূপে এজনী তামুলী কুঁৱৰী বন্দী-বেটীসহ দিলে। অন্য সেনাপতিবোৰকো দিলে ধন-সোণ আদি উপহাৰ। যাত্ৰাৰ কেইদিনমান আগতে মূলা গাভৰু আহি পিতাকক লগ কৰিলে আৰু তেৰোঁ যুদ্ধলৈ যোৱাৰ ইচ্ছা প্ৰকাশ কৰিলে। আচৰিত হ'ল ৰজাদেৱ। সাধাৰণতে তিৰোতা মানুহ যুদ্ধলৈ যোৱাৰ নিয়ম নাই। চুতীয়াৰ যুদ্ধতহে ৰাণীয়ে ৰজাক সহায় কৰিছিল।

হঠাৎ এনেদৰে যুঁজলৈ যাবলৈ দিবলৈ স্বৰ্গদেৱে শংকা কৰিলে। কিন্তু মূলা গাভৰুৰ ইচ্ছাৰ ওচৰত সেও মানি নাৰী বাহিনী লৈ তাইক যাবলৈ অনুমতি দিলে। এই কথাত একেবাৰে ভাল নাপালে প্ৰধান সেনাপতি কনচেং বৰপাত্ৰই। তেওঁ আহি ৰজাদেৰক আপত্তি কৰিলে যে এনেদৰে নাৰী বাহিনী যুঁজলৈ গ'লে সুবিধাতকৈ অসুবিধাহে হ'ব। কিন্তু ৰজাদেউৰ বুজনিত মান্তি হ'বলৈ বাধ্য হ'ব প্ৰধান সেনাপতি।

কেইবাহাজাৰো সৈন্যৰ লগতে মূলা গাভৰুৰ নাৰী বাহিনী লৈ ৰাওনা হ'ল কনচেং বৰপাত্ৰ।

চৌচল্লিশ

চল চাই আছে আহোম সৈন্যই। কেনেদৰে আক্ৰমণ কৰিলে মোগলক ঘটুৱাব পাৰি, তাৰে মন্ত্ৰণা চলিছে। কোঠৰ ভিতৰত সকলোৱে সাৱধানে মোগলক লক্ষ্য কৰি আছে।

কোঠৰ ভিতৰত এখন বেলেগ ৰাজ্য। কোঠটো কাঠৰ। গড়বোৰ মাটিৰ মথাউৰি সজা দি সাজি, তাত কোটো বাঁহ ৰুই দিয়ে। কোঠবোৰ মাত্ৰ কাঠেৰে শক্তিশালীকৈ সাজে। ডাঙৰ এখন দুৱাৰ। কোঠৰ ভিতৰত শাৰী শাৰী ঘৰ। খেৰৰ চালৰ ঘৰ। একোটাত যদি অস্ত্ৰ-শস্ত্ৰ, অন্য এটাত খাৰ-বাৰুদ। এফালে যদি হাতীশাল অন্যফালে ঘোঁৰাশাল। তাৰ মাজতে চাংমাইশাল আৰু খোৱাবস্তুৰ ভঁৰাল। পানীৰ কাৰণে ডাঙৰ পুখুৰী। মুঠতে সম্পূৰ্ণ এখন সংসাৰ। কোঠৰ ভিতৰত সেনাপতিসহ ভালেমান সৈন্য থাকিব পৰাৰ ব্যৱস্থা আছে; বাকী সৈন্য অলপ দূৰত বাহৰ পাতি আছে। আজি চাৰিদিন মাত্ৰ মন্ত্ৰণা কৰিছে আৰু শত্ৰুক নিৰীক্ষণ কৰি আছে। শত্ৰুৰ আক্ৰমণৰ বাবে ৰ'ব নে আগতে আক্ৰমণ কৰিব, সেই গুণা-গঁথাই চলি আছে। দেওধায়ে আগতেই মঙল চাই কথা কৈ পঠিয়াইছে। তাৰ বাহিৰেও কনচেং সেনাপতিয়ে লগত দলৈ এজনো আনিছে। এইবাৰ ৰণ জিকিম বুলিয়েই আহিছে যদিও তৃতীয়টো দল লৈ স্বৰ্গদেৱো সাজু হৈ আছে। মুঠতে এইবাৰ তুৰ্বকক এৰি দিয়াত নাই কোনেও।

স্বৰ্গদেৱে যুদ্ধলৈ সৈন্য পঠিওৱাৰ আগতেই কেঁচাইখাঁতী মন্দিৰৰ বৰদেউৰীক মতাই পঠিয়াইছিল। বৰদেউৰীক ক'লে—

ঃ পাটচাহৰ ফৌজে আমাৰ দেশ মাৰিবলৈ আহিছে। অতএব কেঁচাইখাঁতী আইক অতিশীঘ্ৰে সুধি আহি মোক বতৰা দিব লাগে। তুমি দেউৰী এতিক্ষণে যোৱা।

স্বৰ্গদেউৰ আজ্ঞা পাই দেউৰীয়ে পাতল গুটীয়া নাও লৈ একেদিনাই নৈৰে

শদিয়া পাই ৰাতি গোসাঁনীক সেৱা কৰি জনালে। আয়ে সপোনত দেউৰীক ক'লে— চিঙ্কাৰা ফুলেৰে মোক পুৱাই পূজা কৰিবি। মোক পূজা কৰা ফুল আৰু মোক ধোৱা পানী ঘট এটাত লৈ বাহিৰলৈ গৈ, ৰাজবাটত অহা-যোৱা কৰা হৃষ্ট-পুষ্ট নিঘুণী মানুহ দেখা পালে, সেই ফুলেৰে পানী তাৰ গাত ছটিয়াই দিবি।

দেউৰীয়ে সেইমতে পূজা কৰি ফুল আৰু পানী লৈ ৰাজবাটলৈ ওলাল। বাটতে নিঘুণী ডেকা এটা পাই আয়ে কোৱা মতে কৰাত তাৰ দেও উঠি 'মোক কাট, মোক কাট' কৈ, নাচি-বাগি দেওশালৰ আইৰ আগত তললৈ পেট পেলাই শুই দিলেহি। দেউৰীয়ে একে ঘাপে তাৰ মূৰটো কাটি পেলালে। তাৰপাছত চিঙ্কাৰা ফুলেৰে পূজা কৰি মন্দিৰৰ দুৱাৰ মাৰি বাহিৰলৈ আহিল। গোসাঁনীয়ে বাঘ হৈ বলিৰ তেজ পিলে আৰু দুৱাৰত শব্দ কৰিলে। দেউৰীয়ে দুৱাৰ খুলি দেৱীক সেৱা কৰি শটো পুতিবলৈ দেওশালৰ মানুহক দিলে। দেৱীৰ নিৰ্দেশ মতে বৰদেউৰীয়ে পাঁচ পাহ ফুল নি তিনি দিনৰ মূৰত দুপৰীয়া স্বৰ্গদেউক নিৰ্মালি দিলেগৈ। এপাহ ফুল স্বৰ্গদেৱে পিন্ধিলে। তিনি পাহ তিনিজনা ডাঙৰীয়াক পিন্ধালে। এপাহ পিন্ধালে ডেকাৰজাক। তাৰপাছত ডাঙৰীয়াৰ মাজৰে ধুপুৰা বুঢ়াগোহাঁই ডাঙৰীয়াক স্বৰ্গদেৱে লগত ৰাখি, কনচেঙক বৰসেনাপতি পাতি, তনখাম বৰগোহাঁই আৰু ডেকাৰজাক ৰণলৈ পঠিয়ালে।

ইফালে চোৰাংচোৱাৰ বতৰা মতে তুৰ্বকে আহি কচুৱাতিত গড় মাৰি আছে। তাৰ লগৰ অন্য এটা ফৌজ আগুৱাই আহি কপিলীৰ পাৰত বাহৰ কৰি আছে। কনচেং বৰপাত্ৰই ডাঙৰীয়া আৰু সেনাপতিৰে আলচ কৰি আগবাঢ়ি গৈ শত্ৰুক আক্ৰমণ কৰিবলৈ থিৰাং কৰিলে।

সকলো যোগাৰ কৰি, পাছদিনা সেনাপতি তিনিজন সহিতে কনচেং বৰসেনাপতিয়ে সেনা লৈ আগবাঢ়িল। মূলায়ো অন্য সেনাপতিৰ লগতে গৈ যুদ্ধত ধৰিলে। মূলাৰ লগতে গাভৰুসকলে পুৰুষৰ দৰে মূৰত টুপি, চোলা-কনবিন কুনখা পিন্ধি ৰণলৈ গৈছিল। মুলাই মাত্ৰ চুলি মেলি, কপালত সেন্দূৰৰ ৰেঘা লৈ, ক'লা কাপোৰ পিন্ধি গৈছিল। আহোম সেনাই মোগলৰ ফৌজক প্ৰথমে আক্ৰমণ কৰিলে। মোগলো সাজু হৈয়েই আছিল। তুমুল ৰণ হ'ল। ৰণ চলি থকাৰ মাজতে গড়ৰ পৰা ওলাই আহি তুৰ্বকেও আগৰ সেনাৰ লগ লাগিল। কনচেঙে এফালৰ পৰা মোগলৰ সেনাক মহটিয়াই নিলে। ইফালে মূলা আৰু চেঙে মোগলক কচু কটা দিবলৈ ধৰিলে। তিৰোতা মানুহে যুদ্ধ কৰা দেখি মোগলৰ মাজত গোসাঁনী

আহিছে বুলি ভয় হ'ল। কিন্তু সেনাৰ বেষ্টনী পাৰ হৈ তুৰ্বকৰ লগত মুখামুখি হ'ব নোৱাৰিলে মূলাই। নিশা হোৱাৰ আগতে বহুত সৈন্য হেৰুৱাই মোগলৰ বাকী সৈন্য গৈ গড়ত সোমাল। আহোম সেনায়ো যুদ্ধৰ পৰা কোঠলৈ উভতি আহিল। আহোমৰো কিছু সৈন্য হতাহত হ'ল। কিন্তু বিস্তৰ ক্ষতি হ'ল মোগলৰ। মূলায়ো তাইৰ দলৰ চাৰিজনীকৈ গাভৰুক হেৰুৱালে। তুৰ্বকক নাপালেও তাই মোগলৰ সেনাক যি হাৰত বধ কৰিলে, আত্মা বহু পৰিমাণে শান্ত হ'ল। এইবাৰ মুখামুখি হ'লে তুৰ্বকক বধ কৰাৰ প্ৰতিজ্ঞা কৰি তাই কোঠলৈ ঘূৰি আহিল।

পঞ্চত্রিশ

কোঠৰ ভিতৰতে আজি কেইবাদিনো সোমাই আছে মূলা গাভৰু আৰু লগত যোৰা গাভৰুবোৰ। চেঙে বাৰে বাৰে তাইক আমনি কৰি আছে। যুদ্ধলৈ যাব লাগে। তাইৰ তেজৰ পিৰপিৰণি উঠিছে। মুঠ কথা, মোগলক বধিব লাগে। তাই বেলেগ ধাতুৰে গঢ়া। তাইৰ দুখ-ভাগৰ নাই। তাতে এই তুৰ্বকৰ হাততেই তাইৰ মৰমৰ মূলাৰ স্বামীৰ মৃত্যু হৈছিল। গতিকে প্ৰতিশোধ ল'বই লাগিব।

কিন্তু যুদ্ধক্ষেত্ৰখন সম্পূৰ্ণ বেলেগ, এই কথা মূলাই এতিয়াহে উপলব্ধি কৰিব পাৰিলে। বিশেষকৈ এনেবোৰ যুদ্ধত অকল দৈহিক শক্তিৰে কাম নিদিয়ে, লগত লাগিব অস্ত্ৰৰ শক্তি। হাতী-ঘোঁৰা আদিৰ শক্তি। যুঁজৰ আখৰা কৰোঁতে যুঁজ যে কিমান ভয়াৱহ, সেই কথা মূলায়ো উপলব্ধি কৰা নাছিল আৰু অন্য গাভৰুবোৰেও। চেঙে কিন্তু এই কথা আগতেই জানিছিল। তাই যিমান মোগল সেনা বধ কৰিছে, অন্য কোনেও সিমান পৰা নাই। তাইৰ নিচা লাগিছে তেজৰ। তাই যেন কেঁচাইখাঁতী হৈ পৰিছে। মাত্ৰ তাইক তেজ লাগে। এই যুঁজলৈ আহিহে মূলাই গম পাইছে মানুহৰ প্ৰাণ কিমান সহজতে ল'ব পাৰি। দয়া বা মমতাৰ স্থান ইয়াত নাই। ইয়াত মাত্ৰ লাগে নৃশংসতা তথা নিষ্ঠুৰতা। ছলে-বলে-কৌশলে শত্ৰুক নিধন কৰাই সকলোৰে উদ্দেশ্য। চাৰিজনীকৈ গাভৰুক ইতিমধ্যে মূলাই হেৰুৱাইছে। সাধাৰণতে সৈন্যৰ যুদ্ধক্ষেত্ৰত মৃত্যু হ'লে শবোৰ সৎকাৰ কৰা নহয়। কেতিয়াবা পৰিস্থিতি বুজি একেলগে সৎকাৰ কৰা হয়। শত্ৰুৰ শ কোনেও নিনিয়ে। মাত্ৰ সুবিধা হ'লে নিজৰ পক্ষৰ শ আনি কোঠৰ বাহিৰত সৎকাৰ কৰা হয়। কেতিয়াবা যুদ্ধত হাৰিলে, তাকো কৰাৰ সময় বা সুবিধা নাথাকে। শিয়াল-শগুণে শবোৰ খাই শেষ কৰি পেলায়। হৰাবোৰ পলাই যায়, জিকাবোৰ আগবাঢ়ি যায়। মূলায়ো চাৰিজনী ছোৱালীৰ মৃতদেহকেইটা যুদ্ধক্ষেত্ৰতে এৰি থৈ আহিবলগীয়া হ'ল। উপায় নাই। কেতিয়াবা সেনাপতি বা পালি সেনাপতিৰ দেহো যুদ্ধক্ষেত্ৰতে পৰি ৰয়। কেতিয়াবা ওভতাই লৈ অনা হয়। বহুক্ষেত্ৰত শতৰুৱে সেনাপতি বা ৰজাৰ

মূৰটো কাটি লৈ যায়।

যুদ্ধলৈ যোৱা মানে হয় ঘূৰি আহিব, নহয় একেবাৰেই নাহে। মৃতদেহটো উভতি নাহে। যুদ্ধত মৃত্যু হোৱা বুলি ভবা মানুহো কেতিয়াবা বহুত দিনৰ মূৰত উভতি ওলায়হি।

কনচেং সেনাপতিয়ে মূলাক কেইবাবাৰো মতাই নিছে। বাকী পালি সেনাপতি আৰু কোঁৱৰসকলৰ লগত আলোচনাও কৰিছে। মূলাক মতাই নি মন্ত্ৰণা কৰাৰ উদ্দেশ্য এটাই— শত্ৰুৰ দুৰ্বলতা। শত্ৰু পক্ষই মূলাক কোনোবা গোসাঁনী বুলি ভাবিছে। মোগলৰ মাজত ওলাইছে যে কামাখ্যা গোসাঁনীয়ে নিজে আহি যুদ্ধ কৰিছে আৰু হাতহিলৈৰ গুলীবোৰ তেওঁ গিলি খায়। গতিকে মোগল সৈন্যই যুদ্ধ কৰিবলৈ সাহস কৰা নাই। এই দুৰ্বলতাৰ সুবিধা লোৱাৰ কথা চিন্তা কৰিছে কনচেঙে। গৰম পানী ঢলাৰ পাছত মোগলে কোঠ আক্ৰমণ কৰিবলৈ সাহস কৰা নাই। ইফালে আহোমেও আক্ৰমণ কৰা নাই। চল চাই আছে দুয়ো পক্ষই।

বহুত মন্ত্ৰণাৰ পাছত ঠিক হ'ল যে এইবাৰ আক্ৰমণ কৰিব লাগিব। নহ'লে স্বৰ্গদেউৰ পৰা বাৰ্তা আহেহে লাগে। দুদিনমান যুদ্ধ বন্ধ হ'লেও স্বৰ্গদেউ অধৈৰ্য হৈ পৰে। এইবাৰৰ যুদ্ধত মূলা গাভৰুৰ দলটোকে আগতে পঠিওৱাৰ ৰণনীতি লোৱা হ'ল। মূলাই খোলা তৰোৱাল লৈ ঘোঁৰাত উঠি আক্ৰমণ কৰিব। মূলাৰ দেহৰক্ষী হৈ থাকিব চেং। তাৰ লগে লগে মূলাৰ নাৰী বাহিনী। নাৰী বাহিনীৰ দুয়োকাষে যি অশ্বাৰোহী সৈন্য আছে, সেইবোৰ থাকিব। দুজন সেনাপতি লগত পদাতিক সৈন্য লৈ থাকিব। মূলাক এনেদৰে যুদ্ধক্ষেত্ৰলৈ আগবঢ়াই দিবলৈ ভাল লগা নাই কনচেঙৰ। কিন্তু উপায় নাই। শত্ৰুৰ দুৰ্বলতাৰ সুযোগ ল'বই লাগিব। এই কথাও কনচেঙে জানে যে শতৰুৱে প্ৰথমতে মূলাক আঘাত কৰিবলৈ চাব। মূলাক কেনেবাকৈ বধ কৰিব পাৰিলে, সিহঁতৰ সৈন্যৰ মনোবল বাঢ়িব, ইফালে অসমীয়া সৈন্যৰ মনোবল কমিব। সেইবাবে সিহঁতৰ প্ৰথম লক্ষ্য হ'ব মূলা। মূলাক তেনেদৰে যুদ্ধলৈ পঠিয়াবলৈ ইতস্ততঃ কৰা দেখি মূলাই কনচেঙক ক'লে—

ঃ বে-থাই, আপুনি মুঠেই বেয়া নাপাব। স্বামীবৈৰী তুৰ্বকক বধ নকৰালৈকে মোৰ একো নহয়। কোনো আহোম তিৰোতাই এনেদৰে যুদ্ধ কৰা নাই, মই কৰিছোঁ। আপুনি সেনাপতি, সেনাপতিৰ দৰেই আদেশ কৰক।

অৱশেষত মূলাৰ যুক্তি সকলোৱে মানি ল'লে। সকলোৱে যুদ্ধলৈ বুলি টঙালি

বান্ধিলে। গড়ৰ পৰা ওলাই অসমীয়া সৈন্যই আগতে আক্ৰমণ কৰিবলৈ ঠিক কৰিছে।

নিজৰ নাৰী বাহিনীক মাতি আনিলে মূলাই। পাছদিনা পুৱা যুদ্ধক্ষেত্ৰলৈ যাব লাগিব। সকলোৰে একমাত্ৰ লক্ষ্য তুৰ্বক। সকলোৱে একেলগে সাঁজ খালে। লক্ষ্য কৰিলে মূলাই প্ৰতিজনী গাভৰুলৈ। প্ৰায়বোৰেই বিয়া নোহোৱা গাভৰু। কোনোবাই কোনোবাই নিজ প্ৰেমাস্পদক এৰি থৈ আহিছে। আহিছে মূলাৰ বাবে, আহিছে দেশৰ বাবে। হয়তো ঘূৰি যাব নোৱাৰিব, হয়তো পাৰিব। এটা সময়ত হয়তো ক'ব নিজৰ নাতি-পুতিক যুদ্ধৰ কথা। দেশৰ বাবে যুঁজ দিয়াৰ কথা। চাৰিজনীকৈ ছোৱালী যোৱা যুদ্ধত হেৰুৱাইছে মূলাই। তাৰ বাবে দুখ কৰা নাই, বৰঞ্চ প্ৰতিশোধৰ জুইত জ্বলিছে সকলো।

সকলোৱেই শুই নিঃপালী দিয়াৰ পাছতো জাগি আছে মূলা। পদে পদে মনত পৰিছে ফ্ৰাচেংমুঙৰ কথা। বুকুখনৰ কোনোবাখিনিত যেন খুন্দা মাৰি ধৰে। বৰ মৰম কৰিছিল মানুহটোৱে। দেশৰ কাৰণেই জীৱনটো দিলে যদিও মূলাই সেই দুখ এতিয়ালৈকে হজম কৰিব পৰা নাই। দেশৰ কাৰণে প্ৰাণ দিবলৈ ওলাই আহিছে যদিও স্বামীবৈৰীক বধ কৰাৰ ইচ্ছাতেই যেন ওলাই আহিছে। এমা-ডিমা ল'ৰা-ছোৱালীহঁতক য়া-নাইৰ হাতত গতাই থৈ আহিছে। সিহঁতক প্ৰতিশ্ৰুতি দি থৈ আহিছে উভতি যাব বুলি। পিতৃৰ হত্যাকাৰীক শাস্তি দি উভতি যাব। যেনে-তেনে এই যুঁজত তাই জিকিবই লাগিব। পিতাকক তাই কথা দি আহিছে যে তাই তুৰ্বকৰ মূৰ নি পিতাক দিহিঙ্গীয়া ৰজাক দিব।

জীৱনটোৰ অতি কম অংশহে স্বামীৰ লগত কটাবলৈ পালে মূলাই। মাত্ৰ শদিয়াখোৱা গোহাঁই হৈ থকা কালছোৱাই আছিল জীৱনৰ সুখৰ সময়। দেশৰ বাবে, ৰাইজৰ বাবে কিবা এটা কৰিব পাৰিছিল। কিন্তু ৰাজ্য থাকিলে ৰাজনীতি থাকিবই। ৰাজনীতিৰ মেৰপাকতেই বিতাড়িত হ'ব লগা হ'ল ফ্ৰাচেংমুং। সেইবাবেই হয়তো যুঁজত এনেদৰে প্ৰাণ দিবলগীয়া হ'ল। হয়তো ৰাজধানীত নথকা হ'লে যুঁজলৈ যাবলগীয়া নহ'লহেঁতেন। হঠাৎ উচাপ খাই উঠিল মূলা। কি ভাবিছে তাইঙ্গ আহোম বংশৰ যুৱকে দেশৰ বাবে যুদ্ধ কৰিবলৈ, প্ৰাণ দিবলৈ কুণ্ঠাবোধ নকৰে। বীৰ আছিল ফ্ৰাচেংমুং। সেইবাবেই এইদৰে প্ৰাণ দিলে। তেওঁৰ ভাৰ্যা হৈ মূলাই কিয় পিছহুঁহকিব? তায়ো তুৰ্বকৰ লগত যুদ্ধ দিব।

পাছদিনাৰ যুঁজৰ বাবে নিজকে প্ৰস্তুত কৰিলে মূলাই।

ছয়চল্লিশ

যুঁজ এবাৰ আৰম্ভ হ'লেও তাৰ মাজে মাজে যুঁজ বন্ধ হৈ থাকে। দুয়ো পক্ষই কোঠ বা গড়ৰ ভিতৰত সোমাই থাকে, মাজে মাজে সুযোগ বুজি আক্ৰমণ কৰে। হৰা পক্ষই পিছুৱাই গৈ থাকে আৰু জিকা পক্ষই কোঠ মাৰি মাৰি আগুৱাই যায়। এইবাৰ কিন্তু যুঁজত একো হৰা-জিকা হোৱা নাই বাবেই দুয়ো পক্ষই নিজৰ ঠাইতে স্থিতি লৈ আছে।

প্ৰথম যুঁজ হোৱাৰ পাছত দুয়ো পক্ষই আক্ৰমণ কৰিবলৈ চল চাই থাকোঁতেই পাঠান সেনাৰ এটা দলে আহি কোঠৰ কাষৰ এশাৰী ঘৰত জুই লগাই দিলে। ঘৰৰ ওপৰত থকা পহৰাদাৰী ঘৰৰ পৰা অসমীয়া সেনাই তপত পানী ঢালিবলৈ ধৰিলে। এইদৰে তপত পানী ঢলাৰ ব্যৱস্থা আগৰ পৰাই কৰি ৰখা হয়। শত্ৰু জাক পাতি আহিলে হিলৈ মৰা হয়, বৰতোপ মৰা হয়; কিন্তু তাকৰীয়া সৈন্যই নাও আদিৰে খাবৈ পাৰ হৈ আহি কোঠত জুই দিয়ে বা সৈন্য দুই-চাৰিটাক পালে কাটে। এনেবোৰ সৈন্যক কাঁড় মৰা বা দুৰ্গৰ দুৱাৰ খুলি আক্ৰমণ কৰাত অসুবিধা। সেইবাবে এইবোৰক তপত পানী ঢালি দিয়া হয়। তপত পানী ঢলাত পাঠানবোৰ পলাল।

এনে কথাত সেনাপতি কনচেঙৰ বৰ খং উঠিল। ডেকাৰজাৰ সৈতে আলোচনা কৰি পাছদিনা পুৱতি নিশাতে মোগলক আক্ৰমণ কৰিবলৈ আগবাঢ়ি গ'ল। মোগল সম্পূৰ্ণ সাজু হৈ আছিল। সিহঁতে প্ৰথমতে বৰতোপেৰে আক্ৰমণ চলালে। আমাৰ সৈন্যয়ো হিলৈৰে উত্তৰ দি ক্ৰমে আগুৱাই গ'ল। মোগলৰ অশ্বাৰোহী সৈন্য সৰহ। সিহঁতৰ ঘোঁৰাবোৰো বেছ ডাঙৰ ডাঙৰ। আমাৰ মাত্ৰ মূলাৰ লগত যোৱা গাভৰু দলটোৰ বাহিৰে বাকীবোৰ পদাতিক সৈন্য। সেনাপতিকেইজনেহে ঘোঁৰাত উঠি যুদ্ধ কৰে। অসমীয়া সৈন্য গড়ৰ কাষ পোৱাৰ আগতেই পাঠান সৈন্যই ওলাই আহি বাধা দিয়াত তুমুল ৰণ আৰম্ভ হ'ল। অসমীয়া সৈন্যই গড়ৰ কাষলৈ যাবলৈ চেষ্টা কৰিছিল; কাৰণ মোগলৰ গড় আহোমৰ দৰে শত্ৰুক বাধা দিব পৰা

বিধৰ নাছিল। কেনেবাকৈ গড়ৰ ভিতৰত সোমাব পাৰিলে সিহঁতক হেঁচা মাৰি ধৰিব পাৰিলেহেঁতেন। তাতে গড়ৰ পৰা কামান দাগিবলৈ সহজ। গতিকে আহোম সেনাৰ প্ৰধান লক্ষ্য আছিল গড়টো। ইফালে মোগল সেনায়ো আহোমৰ কোঠটোত সোমাবলৈ চেষ্টা কৰিছিল। আহোম সৈন্য আগবঢ়া দেখি গড়ৰ পৰা ওলাই মোগলে বাধা দিলে। তুমুল যুদ্ধ আৰম্ভ হ'ল।

তুৰ্বকে আগৰ দিনাৰ যুদ্ধত ঘাটি যোৱাৰ আৰু এটা কাৰণ আছিল। তিৰোতাই যুদ্ধ কৰা মোগলে আগতে দেখা নাছিল। এইবাৰ তিৰোতাৰ অশ্বাৰোহী সৈন্য দেখি সিহঁত অবাক হৈছিল আৰু সিহঁতৰ মাজত ভাব হৈছিল যে মূলা গাভৰু কোনোবা গোসাঁনী। তাতে যাদু-মন্ত্ৰৰ দেশ অসমত যাদু-মন্ত্ৰ হয় বুলি বিশ্বাস কৰিছিল। অৱশ্যে সেনাপতিবোৰে কৱচ কাপোৰ আৰু মন্ত্ৰপূত অলংকাৰ পিন্ধিছিল সঁচা। মূলাৰ দলটোৰ লগত যুদ্ধ কৰিবলৈ মোগল সৈন্যই ভয় কৰিছিল। কিন্তু তুৰ্বক সেনাপতি, সি যেনে-তেনে যুদ্ধত জিকিবই লাগিব। সৈন্যবোৰৰ মাজত প্ৰচাৰ হৈছিল যে সৰু হিলৈৰ গুলীবোৰ মূলাই গিলি থয়। গতিকে তুৰ্বকে এইবাৰ যেনে-তেনে মূলাৰ বাহিনীক ধ্বংস কৰাৰ চেষ্টাত আছিল। তুৰ্বকে সেইবাবে বছা বছা সৈন্য কিছুমানক মূলাক আক্ৰমণ কৰিবলৈ নিৰ্দেশ দিছিল। অসমৰ যাদুৰ প্ৰভাৱ নষ্ট কৰিবলৈ প্ৰত্যেক আক্ৰমণকাৰীয়ে লগত কিছুমান মৌলবী লৈ আহিছিল। তুৰ্বকে মূলাক আক্ৰমণ কৰিবলগীয়া সৈন্যবোৰক মৌলবীৰ হতুৱাই বিশেষভাৱে যাদু প্ৰতিৰোধৰ বাবে কিবা কৰাইছিল।

মূলায়ো তাইৰ বাহিনী লৈ দুগুণ উৎসাহেৰে মোগল সৈন্যৰ ওপৰত জঁপিয়াই পৰিছিল। লাহে লাহে অসমীয়া সৈন্য মোগলৰ গড়ৰ ওচৰ চাপিছিল। ঠিক সেই সময়তে তুৰ্বকে এদল সৈন্য লৈ মূলা গাভৰুক বেৰি ধৰিলে। মোগলৰ আচল শক্তি আছিল হাতহিলৈ। হঠাৎ হিলৈৰ এটা গুলীয়ে মূলাৰ বাহুত আঘাত কৰিলে। তাৰ পৰা হো-হোকৈ তেজ ওলাল। চেং তাইৰ সহায়ৰ বাবে আগবাঢ়ি আহিল। চেঙৰ তৰোৱালৰ আগত এটাও পাঠান সৈন্য আগবাঢ়ি আহিব পৰা নাছিল। এনেতে এটা গুলীৰে চেঙৰ ঘোঁৰাটো বগৰাই পেলালে তুৰ্বকৰ দেহৰক্ষী এটাই। চেং এইবাৰ মাটিত বৈ যুদ্ধ কৰাত লাগিল। ঘোঁৰাৰ ওপৰৰ পৰা কেইবাটাও সৈন্যই চেঙক হানিবলৈ ধৰিলে। ইফালে মূলা গাভৰু তুৰ্বকৰ মুখামুখি হ'ল। বেছ ডাঙৰ ঘোঁৰাৰ ওপৰৰ পৰা আহত হোৱা মূলাৰ লগত তুৰ্বকৰ দেহৰক্ষীকেইটাই যুদ্ধ কৰিবলৈ ধৰিলে। তাৰে এটাই মূলাৰ বুকুলৈ এপাট যাঠি মাৰি পঠিয়ালে। মূলা

ঘোঁৰাৰ ওপৰতে বাগৰি পৰিল। তাকে দেখি মোগল সৈন্যৰ উৎসাহ বাঢ়ি গ'ল। সিহঁতে মূলাৰ বাহিনীৰ ওপৰত জঁপিয়াই পৰি দুগুণ উৎসাহেৰে আক্ৰমণ কৰিলে। চেঙো এটা সময়ত মাটিত বাগৰি পৰিল। মূলাৰ ঘোঁৰাটোৱে বিপদ দেখি তাইক পিঠিত লৈ উভতি দৌৰ মাৰিলে। পিঠিত যাঠিয়ে বিন্ধা মূলা তেনেদৰেই আহি আহোম সেনাৰ মাজ পালে।

ইফালে কনচেঙে এদল সৈন্য লৈ গড়ৰ ফালে আগবাঢ়ি গ'ল। কিন্তু পাঠান সৈন্যই হিলৈ মাৰি মাৰি তেওঁক বাধা দি লাহে লাহে গড়ত সোমাবলৈ ধৰিলে। মূলা গাভৰুক মাৰিব পৰাটোকে এটা ডাঙৰ জয় বুলি ধৰি সিহঁতে হিলৈ দাগি দাগি লাহে লাহে গড়ৰ ভিতৰত সোমাই গড়ৰ ভিতৰৰ পৰা হিলৈ মাৰি, কামান দাগি অসমীয়া সৈন্যক বাধা দিবলৈ ধৰিলে। এটা সময়ত কিছুমান সৈন্য গড়ৰ বাহিৰত ৰৈ গ'ল। কনচেং সেনাপতিয়ে গড়ৰ বাহিৰত থকা মোগল সৈন্যক কাটি-মাৰি এটা সময়ত গড় আক্ৰমণ কৰাৰ আশা বাদ দি আকৌ কোঠলৈ উভতি আহিল।

সাতচল্লিশ

অসমীয়া সৈন্যৰ শিবিৰত শোকে বিৰাজ কৰিছে। যদিও যুদ্ধত মোগল সৈন্যই হাৰ মানি গড়ৰ ভিতৰত সোমাইছে, তথাপি অসমীয়া সৈন্যই মূলা গাভৰুক হেৰুৱাই ভীষণ কষ্ট পাইছে। যুদ্ধত দেশৰ কাৰণে প্ৰাণ দিয়াজন বীৰ। অনন্দেৰে দেশৰ বাবে যুঁজ দিয়ে সকলোৱে। কিন্তু মূলাৰ কথা আছিল সম্পূৰ্ণ সুকীয়া। এনেয়ে ডাঙৰীয়াৰ ঘৈণীয়েক, তাতে স্বয়ং ৰজাদেৰৰ জীয়েক— এনে এজনী মানুহে দেশৰ বাবে যুঁজ কৰিবলৈ ওলাই অহাটো কম ডাঙৰ কথানে। আহোম সৈন্যই এইবাৰ এক বেলেগ উদ্দীপনা পাইছিল। এক বেলেগ উৎসাহেৰে যুদ্ধ কৰিছিল। মূলাৰ মৃত্যুত সকলো যেন জঁই পৰি গৈছে। মূলাৰ দলৰ দুই-এজনী গাভৰুৰ বাদে বাকীবোৰে যুদ্ধক্ষেত্ৰতেই প্ৰাণ দিলে। বাকী সৈন্যৰো বহুতে প্ৰাণ দিছে; কিন্তু সৈন্যসকলে সহজভাৱে ল'ব পৰা নাই এই মৃত্যুক।

কনচেঙৰ মনত দুখ। অসমীয়া গাভৰুৱে এনেদৰে যুদ্ধলৈ অহা এয়াই প্ৰথম। কিন্তু সেনাপতি হিচাপে তেওঁ যেন তাইক ৰক্ষা কৰিব পাৰিব লাগিছিল। দেশৰ কাৰণে যুঁজ দিবলৈ অহা প্ৰথম আহোম ৰমণী হিচাপে হয়তো কাললৈ খ্যাতি থাকি যাব। অসমীয়া ৰমণীয়ে হয়তো আগলৈও এইদৰে শত্ৰুক ৰুধিবলৈ ওলাই আহিব। এইবাৰ মনটো দৃঢ় কৰিলে কনচেঙে। নাই, মূলাৰ তেজৰ মূল্য তুৰ্বকে দিবই লাগিব। স্বৰ্গদেউৰ মান ৰাখিবই লাগিব। এয়াই সোণালী সুযোগ অসমৰ ৰাজনীতিত সৰ্বেসৰ্বা হোৱাৰ। মোগলৰ পৰা দেশক মুক্ত কৰিবই লাগিব। স্বৰ্গদেৱে ডাঁৰৰ বাতৰি ডাঁৰে পাই আছে। অসমীয়া সৈন্য যে মোগলতকৈ আগবাঢ়ি আছে, তাক জানিছে স্বৰ্গদেৱে। কিন্তু মোগলক খেদা যেন এক অসম্ভৱ কাৰ্যত পৰিণত হৈছে। মূলাৰ বাহিনীক ধ্বংস কৰি মোগল উল্লাসত মত্ত হৈ আছে। সিহঁতৰ সৈন্যৰ সাহস বাঢ়িছে। এইবাৰ দুগুণ উৎসাহেৰে আক্ৰমণ কৰিব সিহঁতে। ইপিনে চোৰাংচোৱাৰ বতৰা মতে তুৰ্বকক সহায় কৰিবলৈ বঙ্গৰ পৰা হুছেন খাঁ নামৰ নবাব এজনে এদল সৈন্য লৈ আকৌ যোগ দিছেহি।

স্বৰ্গদেৱে জীয়াৰী মূলাৰ মৃতদেহটো দেখি মনত বৰ দুখ পালে। ইফালে হুছেন খাঁৰ আগমনৰ বতৰা পাই স্বৰ্গদেৱে এদল সৈন্য লৈ যুঁজৰ দিহা দিবলৈ সলা আৰু দুইমুনি শিলালৈকে আগবাঢ়ি আহিল। স্বৰ্গদেৱো আগবাঢ়ি অহাৰ বতৰা পাই আমাৰ সৈন্যই আকৌ সাহ গোটাই মোগলৰ ফালে আগবাঢ়ি গ'ল। দিকৰাইমুখত তুমুল যুদ্ধ হ'ল যদিও দুয়ো পক্ষৰ বিস্তৰ হানি হ'ল।

কনচেং বৰসেনাপতিয়ে এনেকৈ যুদ্ধ কৰি থাকি শক্তি ক্ষয় কৰাতকৈ অন্য এক উপায় চিন্তা কৰি গোপনে অন্য সেনাপতিৰ লগত মন্ত্ৰণাত বহিল। স্বৰ্গদেউলৈও গোপনে বাৰ্তা পঠিয়ালে। স্বৰ্গদেৱে কৈ পঠিয়ালে যে যেনেকৈ হওক ছলে-বলে-কৌশলে বঙালক মাৰিবহে লাগে। বঙালক নামাৰি উভতি আহিলে সকলোকে কাটিম। আহোম ৰাজ্যত বিষয়াৰ অভাৱ হোৱা নাই।

কনচেঙে আহোমৰ দুজন কটকীক তুৰ্বকৰ ওচৰলৈ পঠিয়াবলৈ আয়োজন কৰিলে। সকলোফালে শিকাই-বুজাই মোগলৰ শিবিৰলৈ দুই কটকীক পঠিয়ালে। তুৰ্বক অন্য সেনাপতিৰ সৈতে গড়ৰ ভিতৰত আছিল যদিও বাকী বহুত সৈন্য ছাউনী পাতি আগবাঢ়ি আছিল। কটকী গৈ সেই ছাউনী ওলালকৈ। সিহঁতৰ পালি সেনাপতিয়ে কটকীক গড়ৰ ভিতৰলৈ নিয়াৰ পৰিৱৰ্তে তুৰ্বক আৰু হুছেন খাঁ নিজেই ছাউনীলৈ আহিল।

আহোম কটকীয়ে যথাযোগ্য সন্মান সহকাৰে জনালে বোলে সেনাপতি তুৰ্বক নবাবলৈ সেনাপতি কনচেং ডাঙৰীয়াই এটা বাৰ্তা পঠিয়াইছে। লগতে হাতীদাঁতৰ দুটা হাতীৰ মূৰ্তি সহিতে এধাৰ সোণৰ মালাও দিছে। কটকীৰ কথা শুনি তুৰ্বকে আনন্দ পালে যদিও তাক প্ৰকাশ নকৰি কটকীক ছাউনীতে থকাৰ ব্যৱস্থা কৰি আকৌ গড়ৰ ভিতৰলৈ ঘূৰি গ'ল।

সম্পূৰ্ণ এটা দিন আলোচনা কৰিলে তুৰ্বকে নিজৰ পালি সেনাপতিৰ লগত। অসমীয়া সেনা যে দুৰ্বল নহয়, সেই কথা তুৰ্বকৰ জনা আছিল। যোৱাবাৰৰ যুদ্ধত জিকিছিল যদিও সেয়া কোনোমতেহে সম্ভৱ হৈছিল। বিশেষকৈ অসমীয়া সেনাই সৰুহিলৈৰ বিপৰীতে যুদ্ধ কৰিবলৈ অসুবিধা পাইছিল। এইবাৰ কিন্তু যুঁজত আহোম সেনাহে বেছি আগবাঢ়ি আছে। উপায় নাপাই হুছেন খাঁক আৰু সৈন্যৰ সৈতে তলব কৰিবলগীয়া হৈছে। এইদৰে যুদ্ধ চলি থাকিলে এটা সময়ত মোগল সৈন্যই অসম জয়ৰ আশা বাদ দি উভতি যাব লাগিব। ইফালে অসমৰ ৰজায়ো আৰু

সৈন্য লৈ আহি আছে। তাতে আহোমৰ বৰতোপৰ দৰে মোগলৰ বৰতোপ নহয়। গতিকে অসম জয় কৰিবলৈ বহুত কষ্ট কৰিব লাগিব। যদি অসমৰ ৰজাই প্ৰীতি কৰিব খোজে, তেন্তে আপত্তি ক'ত? যোৱাবাৰ যুদ্ধত জিকিব নোৱাৰি অৱশেষত অসমৰ দুই সেনাপতিয়ে মনে মনে সিহঁতৰ লগত চুক্তি কৰিছিল। সেইবাবে কলিয়াবৰলৈকে মোগলৰ সীমা কৰি উভতি গৈছিল। এইবাৰো যদি তেনে কিবা হয়, কি আপত্তি আছে। আমি ৰাজ্য জয় কৰিবলৈ আহিছোঁ, আমি যি পাওঁ তাতে লাভ। যদি আমাৰ লাভ নহয়, প্ৰীতি নহ'ব তেতিয়া। যুদ্ধ কৰাৰ ৰাস্তা বন্ধতো হৈ যোৱা নাই। গতিকে আহোমৰ কটকীক আলোচনা কৰাৰ প্ৰস্তাৱত সন্মতি দি পঠিয়াই দিলে।

এইবাৰ সেনাপতি কনচেঙে বাকী ব্যৱস্থা কৰিলে। অন্যৰ সৈতে মন্ত্ৰণা কৰি অতি সাৱধানে মাত্ৰ বিশজন দুধৰ্ষ যুঁজাৰু বাছি উলিয়ালে। তাৰ মাজত আছিল এসময়ৰ তেওঁৰ বাল্যকালৰ সংগী নগা খুন্‌বাও কাৰংমাৰ পুতেক বাচুংমা। যুদ্ধলৈ যাত্ৰা কৰাৰ আগতেই নিজৰ গা-ৰখীয়া হিচাপে তাক লগত লৈ আহিছিল কনচেঙে। ইফালে ডেকাৰজা আৰু বাকী সেনাপতিবোৰক যি মন্ত্ৰণা দিব লাগে তাকে দি, তেওঁ নিশা দেৰিকৈ মোগলৰ ছাউনীলৈ যাত্ৰা কৰিলে। যুদ্ধ মানে ছলে-বলে-কৌশলে জয়ী হোৱা। যদি মোগলে ছল কৰি ছাউনীতে তেওঁক বন্দী কৰি থয়, তেওঁ তাৰ বাবেও সাজু হৈ আছিল। মাত্ৰ বিশটা গা-ৰখীয়া লৈ শত্ৰুৰ শিবিৰলৈ যোৱাটো কম কথা নহয়। এনেদৰে চল কৰি মাতি নি বন্দী কৰা বা বধ কৰাৰ আগতে বহুত উদাহৰণ আছে; তথাপি দেশৰ স্বাৰ্থত নিজৰ প্ৰাণৰ কথা ভাবিলে নহ'ব। এই বিশটা মানুহৰ একেলগে এশ মানুহৰ লগত যুঁজিব পৰা ক্ষমতা আছে। তেওঁ নিজেও জানো কমঙ্গ দহ-বাৰ হাত ওখ ঘৰ একে জাঁপে পাৰ হ'ব পাৰে। বিশ-পঁশিচ বেওৰ নৈ একে জাঁপে পাৰ হ'ব পাৰে। এলাপেচা মানুহ কুৰিটায়ো বলে নোৱাৰে তেওঁক। গতিকে চিন্তা নকৰি মোগলৰ ছাউনীৰ ফালে আগবাঢ়ি গ'ল কনচেং।

আঠচল্লিশ

কনচেঙৰ বাবে সাজু হৈ আছিল তুৰ্বক। ছাউনীত তুৰ্বকৰ তামীঘৰাৰ ভিতৰত খোৱা-বোৱা আৰু মদৰ ব্যৱস্থা হৈছিল। নৃত্য-গীতৰো ব্যৱস্থা হৈছিল। মাজনিশাৰ আগে আগে আলোচনাত বহিল তুৰ্বক আৰু কনচেং। বাকী লগত যোৱা সৈন্যবোৰ ছাউনীত বেলেগ সৈন্যৰ লগত খোৱা-বোৱাত ব্যস্ত আছিল। মাত্ৰ কনচেঙৰ লগত আছিল বাচুংমা। ইফালে তুৰ্বকে অকলেই আলোচনাত ভাগ লৈছিল। মিত্ৰতা কৰিবলৈ অহা বাবে কনচেঙে লগত কোনো অস্ত্ৰ অনা নাছিল। মাত্ৰ হাতত লৈ আহিছিল এডাল বাঁহৰ টাঙোন। বাকীবোৰৰ হাততো একো অস্ত্ৰ নাছিল। তুৰ্বকৰ অনন্দই নধৰা হৈছিল। যোৱাবাৰ আহোম সাম্ৰাজ্যৰ এডোখৰ অধিকাৰ কৰি সি যথেষ্ট সন্মান পাইছিল। তুৰ্বকো কম বীৰ নাছিল। যুদ্ধত বেছ পাৰ্গত আছিল বাবেই আহোম সৈন্যই তাক ঘটুৱাব পৰা নাছিল। ইফালে হুছেন খাঁই গড়ৰ ভিতৰত তুৰ্বকৰ বাবে অপেক্ষা কৰি আছিল। তুৰ্বকৰ তামীঘৰাত আহোমৰ নিৰস্ত্ৰ সেনাপতিয়ে আলোচনাত ব্যস্ত থকা বাবে সৈন্যবোৰো সষ্টম হৈ থকা নাছিল। মোগলে ভাবিছিল যে যুদ্ধ এতিয়া শেষ হ'ব। আহোম সেনাপতিয়ে যেতিয়া নিজেই বৰিবলৈ আহিছে, তেনেহ'লে আৰু কিহৰ যুদ্ধঙ্গ

তুৰ্বকৰ তামীঘৰাৰ বাহিৰত মোগলৰ সৈন্য দুই-এটা আছিল যদিও বিশেষ সাৱধনতা অৱলম্বন কৰা নাছিল। তুৰ্বকে আহোম ৰজাক তলতীয়া হিচাপে কৰ-কাটল দি থকাৰ প্ৰস্তাৱ আগবঢ়াই মোগলৰ লগত সন্ধি কৰাৰ প্ৰস্তাৰ দিছিল। সদ্যহতে হাতী-ঘোঁৰা আৰু নগদ ধনেৰে বশ্যতা স্বীকাৰ কৰিবলৈ কৈছিল। এনেদৰে আলোচনা কৰি থাকোঁতেই নিশা মাজ পালেহি। সেই সময়ত ছাউনীৰ বাহিৰত ক'ৰবাত ম'হৰ শিঙৰ পেঁপা বাজি উঠিল। লগে লগে শিয়ালে হোৱা দিলে ছাউনীৰ ভিতৰত। কনচেং এইবাৰ জাঁপ মাৰি বহাৰ পৰা উঠিল আৰু হাতৰ টাঙোন ডাল মাজতে ভাঙি, তাৰ পৰা এপাট যাঠি উলিয়াই ল'লে। তুৰ্বকে কি হৈছে বুজি উঠাৰ আগতেই যাঠিৰে তুৰ্বকক শালি পেলালে। তুৰ্বকেও পৰিস্থিতি বুজি যাঠিৰ

হান খায়ো উঠি অহাৰ চেষ্টা কৰিছিল যদিও কনচেঙে তুৰ্বকৰ তৰোৱালেৰে তৎক্ষণাৎ তাৰ মূৰটো কাটি পেলালে। তুৰ্বকৰ দৰে এজন বীৰ সেনাপতিৰ যে এনেকৈ মৃত্যু হ'ব, কোনেও ভাবিব পৰা নাছিল। বাচুংমা বাহিৰত সাজু হৈয়ে আছিল। বাহিৰত থকা মোগলৰ পৰীয়া দুটাক কাটি পেলালে। হাতত তেজ লগা দাখন লৈ সি তামীঘৰাৰ ভিতৰলৈ আহিল। তুৰ্বকৰ কটা মূৰটো এখন হাতত লৈ আৰু তুৰ্বকৰ তৰোৱাল আনখন হাতত লৈ কনচেং আৰু তেওঁৰ লগতে বাচুংমা মনে মনে তামীঘৰাৰ পৰা ওলাই আহিল।

আগতেই বাচুংমাই ঘোঁৰাশালৰ হিচাপ কৰি থৈছিল। দুয়ো ঘোঁৰাশাললৈ আহিল। ঘোঁৰাশালত তেতিয়া কোনো ৰখীয়া নাছিল। দুটা তেজী ঘোঁৰা বাচুংমাই উলিয়াই আনিলে। দুয়ো ঘোঁৰাত উঠি তীব্ৰ বেগে চেঁকুৰি ছাউনীৰ পিছফালেৰে ওলাই আহিল। তেওঁলোকৰ পাছতেই লগত যোৱা আহোম সেনাবোৰ কামত লাগি গ'ল। যাক যেনেকৈ পাৰে কাটি-মাৰি সিহঁতৰ খাৰঘৰটোত জুই লগাই দিলে মনে মনে। দাও দাওকৈ জ্বলি উঠিল খাৰঘৰ। হুৱাদুৱা লাগিল মোগল ছাউনীত। আহোমৰ সৈন্য যিয়ে যেনেকৈ পাৰে ছাউনীৰ পৰা ওলাই আহিল। ঠিক সেই সময়তে ডেকাৰজা আৰু দুজন সেনাপতিয়ে সাজু হৈ থকাৰ পৰা আগবাঢ়ি আহি মোগল সৈন্যৰ ওপৰত জঁপিয়াই পৰিল। মোগল সৈন্যৰ বেছিভাগকে কাটি শেষ কৰিলে। বাকীবোৰে আত্মসমৰ্পণ কৰাত বন্দী কৰি লৈ আহিল। পুৰতি নিশালৈ মোগল ছাউনী মৰিশালিত পৰিণত হ'ল।

ইফালে হুছেন খাঁই নিশা ছাউনীত জুই দেখি অৱস্থাৰ গুৰুত্ব বুজিলে। লগে লগে সৈন্য সাজু কৰিলে যদিও নিশা আক্ৰমণ কৰিবলৈ বা আগবাঢ়ি আহিবলৈ সাহস নকৰিলে। আহোম সৈন্যই আৰু পিছুৱাই আহি কোঠ মাৰি ৰ'ল। পুৱা নিজৰ ছাউনীৰ বিধ্বস্ত অৱস্থা আৰু প্ৰধান সেনাপতিৰ মুণ্ডহীন দেহ দেখি তেওঁৰ বুজিবলৈ একো বাকী নাথাকিল। গড়ৰ ভিতৰত অলপীয়া সৈন্য আৰু তুৰ্বকবিহীন ফৌজেৰে সৈতে হুছেন খাঁই আহোমক আক্ৰমণ কৰিবলৈ সাহস নকৰিলে। যি য'ত আছিল, গোটাই লৈ হুছেন খাঁ ততাতৈয়াকৈ ওভতাৰ বাবে সাজু হ'ল। তেওঁ বুজিছিল যে আহোম সৈন্যই যি বুদ্ধিৰে সিহঁতৰ সেনাপতিসহ ছাউনী ধ্বংস কৰিলে, এতিয়াও সিহঁত বৈ নাথাকে। গড় যদি অৱৰোধ কৰে, তেন্তে গড়ৰ ভিতৰতে অনাহাৰে মৰিব লাগিব। গতিকে প্ৰাণ ৰক্ষা কৰি উভতি যোৱাই মঙ্গল।

কনচেঙে এই সুযোগ এৰি দিব নুখুজিলে। সৈন্যসকল আৰু বাকী সেনাপতিৰে

সাজু হৈ মোগলৰ ওপৰত জঁপিয়াই পৰিল। মোগল সৈন্যই যুদ্ধ কৰাতকৈ পিছুৱাই গ'ল। আহোমে যি পাৰে কাটিলে আৰু বন্দী কৰিলে। বাকীবোৰ পিছুৱাই গৈ থাকিল। কনচেং আৰু ডেকাৰজাই কিছু সৈন্য লৈ আগুৱাই গৈ হুছেন খাঁক ধৰিলে। তুমুল যুদ্ধ হ'ল কৰতোৱা নৈৰ পাৰত। বৰসেনাপতি কনচেঙে হুছেন খাঁক তাতে বধ কৰি মূৰটো কাটি লৈ আহিল। বাকী সৈন্যবোৰ পলাল।

কৰতোৱা নৈত কনচেং আৰু বাকীবোৰে তেজ ধুই অস্ত্ৰ সামৰিলে। কিছুদিন তাতে ৰৈ, কনচেঙে পুখুৰী খন্দাই এটা মন্দিৰ সজালে। সৈন্যবোৰৰ হতুৱাই কোঠ মৰালে। কোঠত কিছু সৈন্য আৰু এজন বৰুৱাক ৰাখি, অসমৰ সীমা কৰি উভতি আহিল।

কনচেঙক স্বৰ্গদেৱে আদৰি নি প্ৰধানমন্ত্ৰীৰ বাব দিলে। কনচেঙে শতৰুক মাৰি অনা হাতী আঠাইশটা সেনাপতিসকলক বিলাই দিলে। আঠশতকৈ অধিক ঘোঁৰা নিজৰ ঘোঁৰাশালত দিলে। বিস্তৰভাৱে পালে বৰহিলৈ, খোঁকা হিলৈ। স্বৰ্গদেৱে আদেশ দিলে খাৰঘৰীয়া ফুকনক মোগলৰ দৰে হিলৈ সাজিবলৈ। সোণ এপেৰা আৰু ৰূপ যাঠি চলা বিলাই দিলে সৈন্যবোৰক।

মূলাৰ লগত যোৱা প্ৰাণে বাচি অহা দুজনী গাভৰুৱে স্বৰ্গদেউক সেৱা কৰিলে। চকুৰ পানীৰে তিতিল স্বৰ্গদেউৰ বৰঘৰৰ মজিয়া। একো নল'লে সিহঁতে স্বৰ্গদেউৰ পৰা, মাত্ৰ বুকুৰ মাজত জীয়াই ৰাখিলে সিহঁতক লৈ যুঁজলৈ যোৱা মূলাৰ বীৰত্ব। মনে মনে ভাবিলে মূলাৰ কথা। ৰাজকুঁৱৰী মূলা— সোণ ৰত্নৰ দৰে উজ্জ্বল মূলা। নাঙছিংখাম্— স্বৰ্গদেৱে মনে মনে উচ্চাৰিলে। স্বৰ্গদেৱে তুৰ্বক আৰু হুছেন খাঁৰ কটা মূৰ দুটালৈ চাই এটা হুমুনিয়াহ কাঢ়িলে। মনত পৰিল মূলালৈ— দেশৰ কাৰণে প্ৰাণ দিয়া নিজৰ বীৰ্যৰ মূলা গাভৰুলৈ। পিতৃ বীৰ্যৰ আহোম বীৰ কনচেঙলৈ চালে। আকৌ এবাৰ প্ৰণাম কৰিলে পিতৃলৈ আৰু কনচেঙৰ মাতৃ আজলীলৈ।

ঃঃ **নাঙছিংখাম্— উজ্জ্বল ৰত্ন।**

সহায়ক গ্ৰন্থপঞ্জী ঃ—

১) আহোমৰ বুৰঞ্জী ঃ হিতেশ্বৰ বৰবৰুৱা

২) সচিত্ৰ অসমৰ বুৰঞ্জী ঃ ৰায়বাহাদুৰ পদ্মনাথ গোহাঞিং বৰুৱা

৩) অসম বুৰঞ্জী ঃ পদ্মেশ্বৰ নাওবৈচা ফুকন

৪) অসম বুৰঞ্জী ঃ হৰকান্ত বৰুৱা সদৰামিন

৫) অসম বুৰঞ্জী ঃ কাশীনাথ তামুলী ফুকন

৬) অসম বুৰঞ্জী ঃ ড° সূৰ্য কুমাৰ ভূঞা সম্পাদিত

৭) আহোমসকলৰ উৎসৱ অনুষ্ঠান ঃ ড° সুখ বৰুৱা

৮) অসম বুৰঞ্জী ঃ ই এ গেইট